Als ich unsichtbar war

Der Autor

Martin Pistorius, geboren 1975 in Johannisburg, war zwölf, als eine rätselhafte Erkrankung ihn aus seinem Leben riss. Elf Jahre blieb er gelähmt, seine Familie und die Ärzte gingen davon aus, dass er geistig auf dem Stand eines Baby war. Er konnte sich nicht verständigen und war doch innerlich hellwach. Niemand merkte, dass sein Gehirn sich vollständig erholt hatte. Seine Rettung verdankte er dem Zufall. 2001 konnte er mithilfe eines Computers wieder kommunizieren. 2008 lernte er seine Frau Joanna kennen und wanderte mit ihr nach England aus, wo er seine eigene Firma für Webdesign gründete.

Martin Pistorius
mit Megan Lloyd Davies

Als ich unsichtbar war

Die Welt aus der Sicht eines Jungen,
der 11 Jahre als hirntot galt

Aus dem Englischen
von Axel Plantiko

Weltbild

Besuchen sie uns im Internet:
www.weltbild.de

Genehmigte Lizenzausgabe für Verlagsgruppe Weltbild GmbH, Steinerne Furt,
86167 Augsburg

Copyright der Originalausgabe © 2011
by Martin Pistorius und Megan Lloyd Davies
Oxana Kalemi asserts the moral right to be identified as the author of this work.
Titel der englischen Originalausgabe: »Ghost Box«
Originalverlag: Simon & Schuster UK Ltd, 2011 A CBS COMPANY

Copyright der deutschsprachigen Ausgabe © 2012
by Bastei Lübbe GmbH & Co. KG, Köln
Umschlaggestaltung: atelier seidel, teising
Umschlagmotiv: © istockphoto; Thinkstockphoto
Autorenfoto / Bildtafelteil:
Nr. 1-12: copyright © Martin Pistorius / privat
Nr. 13.14: copyright © by Jeff Turnbull
Gesamtherstellung: GGP Media GmbH, Pößneck
Printed in the EU
978-3-8289-2966-1

2015 2014
Die letzte Jahreszahl gibt die aktuelle Lizenzausgabe an.

*Für meine Frau, Joanna,
die dem Geflüster meiner Seele zuhört
und die mich liebt so wie ich bin*

INHALTSVERZEICHNIS

PROLOG 11

1. Zeit zählen........................... 15
2. Die Tiefe............................. 20
3. Nach Luft schnappend 25
4. Die Schublade........................ 29
5. Virna................................ 37
6. Erwachen 43
7. Meine Eltern 52
8. Veränderungen 58
9. Der Anfang und das Ende 62
10. Tag für Tag 70
11. Die Kreatur.......................... 77
12. Leben und Tod 83
13. Meine Mutter 88
14. Andere Welten....................... 98
15. Spiegelei 103
16. Ein Geheimnis gestehen 107
17. Der Biss............................. 114
18. Die Furien........................... 116
19. Pfauenfedern......................... 123
20. Einen Traum wagen................... 131
21. Geheimnisse 143
22. Aus dem Kokon....................... 147

23 Ein Angebot, das ich nicht ablehnen kann... 150
24 Ein Sprung nach vorne 154
25 In der Brandung stehen................ 161
26 Sie kommt zurück..................... 165
27 Die Party............................ 168
28 Henk und Arrietta.................... 177
29 Der Heiler........................... 181
30 Dem Käfig entrinnen.................. 188
31 Die Rede............................. 197
32 Eine neue Welt 206
33 Der Laptop 210
34 Der ›Berater‹ 212
35 Erinnerungen 218
36 XXX 223
37 Fantasien............................ 229
38 Ein neuer Freund..................... 235
39 Ob er je lernt?....................... 238
40 GD und Mimi........................ 246
41 Leben lieben und Liebe leben 251
42 Welten prallen aufeinander 259
43 Fremde 265
44 Alles wird anders.................... 272
45 Mickey Maus treffen? 277
46 Die Wahrheit über mich 283
47 Löwenherz........................... 286
48 Ich offenbare mich................... 291
49 Zucker und Salz..................... 294
50 Fallen.............................. 303

51 Klettern	311
52 Das Ticket	315
53 Heimkehr	321
54 Zusammen	324
55 Ich kann mich nicht entscheiden	335
56 Ginger und Fred	341
57 Abreise	343
58 Scheideweg	346
59 Geständnisse	349
60 Auf, auf und davon	355
61 Abschied	361
62 Loslassen	368
63 Ein neues Leben	371
64 Warten	378
DANKSAGUNG	383

PROLOG

Im Fernsehen läuft wieder mal Barney, der Dinosaurier. Ich hasse Barney – und diese scheußliche Erkennungsmusik. Sie wird zur Melodie von ›Yankie Doodle Dandy‹ gesungen.

Auf dem Bildschirm sehe ich, wie Kinder in die ausgebreiteten Arme des riesigen violetten Dinosauriers hüpfen, hopsen und springen, und danach schaue ich mich in meinem Zimmer um. Die Kinder hier liegen regungslos auf dem Boden oder sitzen zusammengesunken auf ihren Stühlen. Ein Gurt hält mich aufrecht in meinem Rollstuhl. Mein Körper ist genau wie bei den anderen ein Gefängnis, dem ich nicht entrinnen kann: Wenn ich sprechen möchte, bleibe ich stumm, wenn ich meinen Arm bewegen will, gehorcht er mir nicht.

Es gibt nur einen Unterschied zwischen mir und den anderen Kindern: Mein Verstand ist hellwach. Er schlägt Purzelbäume und macht Saltos in dem Versuch, seine Fesseln zu sprengen und einen Feuerstrahl prachtvoller Farben in meine graue Welt schicken zu können. Doch niemand weiß davon, da ich es niemandem erzählen kann. Die Leute meinen, ich sei eine leere Hülle, weil ich hier seit neun Jahren tagaus, tagein sitze und mir *Barney* oder *Den König der Löwen* reinziehen muss; und als ich dachte, schlimmer könne es nicht kommen, kreuzten auch noch die *Teletubbies* auf.

Ich bin fünfundzwanzig Jahre alt, doch meine Erinnerungen an die Vergangenheit beginnen erst mit jenem Moment, in dem ich wieder zum Leben erwachte und aus irgendeiner Welt auftauchte, in der ich mich verloren hatte. Es war, als blendeten mich plötzlich Blitzlichter in der Dunkelheit. Ich hörte Leute über meinen sechzehnten Geburtstag reden und darüber diskutieren, ob sie mir die Bartstoppeln abrasieren sollten. Mir machte Angst, was ich da mit anhören musste, denn obgleich ich mich an nichts erinnern konnte und keine Vorstellung von der Vergangenheit hatte, war ich mir sicher, ein Kind zu sein, und die Leute unterhielten sich über einen Menschen auf der Schwelle zum Mann. Langsam wurde mir jedoch klar, dass sie mich meinten, genauso wie ich zu begreifen begann, dass ich eine Mutter und einen Vater, einen Bruder und eine Schwester hatte, die ich jeden Abend zu Gesicht bekam.

Haben Sie mal einen dieser Filme gesehen, in dem jemand als Geist aufwacht, aber die Menschen haben keine Ahnung davon, dass sie längst gestorben sind? So war das, als ich mitbekam, wie die Leute durch mich hindurch und an mir vorbei schauten, und ich verstand nicht, weshalb. Ich konnte anstellen, was ich wollte, ich konnte betteln und bitten, schreien und brüllen – durch nichts brachte ich sie dazu, Notiz von mir zu nehmen. Mein Geist war in einem nutzlosen Körper gefangen,

Arme und Beine waren außer Kontrolle, meine Stimme blieb stumm. Ich konnte weder Zeichen noch Geräusche von mir geben, um irgendjemanden wissen zu lassen, dass ich das Bewusstsein wiedererlangt hatte. Ich war unsichtbar – der Geisterjunge.

So lernte ich es, mit meinem Geheimnis umzugehen und wurde zum stummen Zeugen meiner Umwelt, während sich mein Leben als triste Aneinanderreihung gleichförmiger Tage träge dahinschleppte. Neun Jahre sind vergangen, seit ich das Bewusstsein wiedererlangt habe, und in dieser Zeit konnte ich mit Hilfe der einzigen Kraft, über die ich verfüge – meinen Geist – alles ergründen, vom schwarzen Schlund der Verzweiflung bis hin zum psychedelischen Land der Fantasie.

In diesem engen Rahmen bewegte sich mein Leben, bis ich Virna begegnete, die als Erste und Einzige vermutete, dass in meinem Inneren ein aktives Bewusstsein verborgen ist. Sie möchte, dass ich es morgen unter Beweis stelle, wenn ich in einer Klinik untersucht und getestet werde, die darauf spezialisiert ist, Stummen zu einer Stimme zu verhelfen, die allen Betroffenen – Menschen mit Downsyndrom und Autismus oder mit Gehirntumor und Schlaganfall – Kommunikation ermöglicht.

Ein Teil von mir weigert sich, daran zu glauben, dass sich die Person in der Hülle während dieser Untersuchung befreien könnte. Ich hatte lange gebraucht, mich mit dem Unvorstellbaren abzufinden und endlich zu akzeptieren, dass ich in meinem Körper gefangen war, und jetzt habe ich bereits Angst, nur daran zu denken, ich könnte in der Lage sein, meinem Schicksal eine Wendung zu geben. Doch wie bange mir auch sein mag, wenn ich die Möglichkeit in Betracht ziehe, dass letzten Endes doch jemand meine Anwesenheit bemerken sollte, dann darf ich hoffen, mein Heil in der Flucht suchen zu können.

1
Zeit zählen

Meine Tage verbringe ich in einem Pflegeheim, das im Vorort einer großen südafrikanischen Stadt gelegen ist. Nur ein paar Stunden entfernt erheben sich mit gelbem Buschwerk bedeckte Berge, in denen Löwen auf der Suche nach Beute umherstreifen. Diesen folgen Hyänen, die sich über die Überreste hermachen, und zum Schluss kommen Geier in der Hoffnung, letzte Fleischfetzen von den Knochen reißen zu können. Nichts wird verschwendet. Das Königreich der Tiere ist ein perfekter Kreislauf von Leben und Tod, endlos wie die Zeit selbst.

Mir ist die Unendlichkeit von Zeit derart bewusst geworden, dass ich gelernt habe, mich darin zu verlieren. Tage, wenn nicht Wochen, können vorüberziehen, in denen ich mich in mich selbst zurückziehe und nur noch ein schwarzes Loch bin – ein Nichts, das gewaschen und gefüttert wird, vom Rollstuhl ins Bett gehoben – oder in denen ich mich in die winzigen Fleckchen Leben vertiefe, die ich um mich herum wahrnehme. Auf dem Boden krabbelnde Ameisen existieren in einer Welt von Kriegen und Gefechten, Schlachten werden geschlagen und verloren, und ich bin einziger Zeuge eines Dramas, das so blutig und furchtbar ist wie das irgendeines Menschen.

Ich habe gelernt, Zeit zu beherrschen, statt sie passiv über mich ergehen zu lassen. Ich bekomme selten eine Uhr zu Gesicht, doch ich habe mir selbst beigebracht, die Uhrzeit vom Sonnenverlauf und den Schatten, die in meiner Nähe herabfallen, abzulesen. Ich kam dahinter, als mir auffiel, dass ich mir merken konnte, wohin die Sonnenstrahlen fielen, wenn ich jemanden nach der Uhrzeit fragen hörte. Danach benutzte ich die festen Zeiten, die mir das Leben hier so unerbittlich beschert – Morgengetränk um 10.00 Uhr, Mittagessen um 11.30 Uhr, Nachmittagsgetränk um 15.00 Uhr –, um meine Technik zu perfektionieren. Schließlich boten sich mir Gelegenheiten genug, das Ganze zu lernen.

Das führte dazu, dass ich die Tage jetzt gelassen auf mich zukommen lassen kann, dass ich sie Minute für Minute, Stunde für Stunde herunterzählen kann, während mich die stummen Geräusche der Zahlen erfüllen – die weichen Windungen der Sechsen und Siebenen, das befriedigende Stakkato von Achten und Einsen. Wenn ich auf diese Weise eine ganze Woche hinter mich gebracht habe, kann ich nur dankbar dafür sein, in einer sonnenreichen Gegend zu leben. Vermutlich wäre ich nie mit den Uhrzeiten zurechtgekommen, wenn ich in Island geboren worden wäre. Dann hätte ich die Zeit endlos über mich hinwegstreichen lassen müssen, und sie hätte mich Stück für Stück abgeschliffen wie einen Kieselstein in der Brandung.

Woher ich gewisse Dinge weiß – dass Island ein Land

mit extrem langer Dunkelheit und extrem langer Helligkeit ist oder dass nach den Löwen die Hyänen kommen, gefolgt von den Geiern –, ist mir selbst ein Rätsel. Außer den Informationen, die ich aufsauge, sobald der Fernsehapparat oder das Radio eingeschaltet sind – mit Stimmen, die wie das Ende des Regenbogens zu der Welt da draußen führen –, habe ich weder irgendwelchen Unterricht genossen, noch hat man mir aus Büchern vorgelesen. Ich frage mich, ob mein Wissen von dem herrührt, was ich gelernt habe, bevor ich krank wurde. Vielleicht hat sich die Krankheit meines Körpers bemächtigt, von meinem Geist aber nur zeitweise Besitz ergriffen.

Jetzt ist es kurz nach Mittag, das heißt, es dauert keine fünf Stunden mehr, bis mein Vater kommt und mich abholt. Das ist jeden Tag der schönste Moment, denn dann kann ich das Pflegeheim endlich verlassen, wenn mein Vater hier um 17.00 Uhr auftaucht. Wie glücklich ich an jenen Tagen bin, an denen mich meine Mutter nach Beendigung ihrer Arbeit bereits um 14.00 Uhr abholt, kann ich gar nicht beschreiben.

Ich fange jetzt an zu zählen – erst die Sekunden, dann die Minuten, danach die Stunden –, und hoffentlich sorgt das dafür, dass mein Vater dadurch etwas schneller bei mir ist.

Eins, zwei, drei, vier, fünf ...

Ich hoffe nur, dass Dad das Autoradio anstellt, damit wir uns auf dem Nachhauseweg die Übertragung vom Cricketspiel anhören können.

»Wahnsinn!«, brüllt er dann manchmal, wenn ein Schlagmann ausscheiden muss.

So ist das auch bei meinem Bruder David, wenn er ein Computerspiel spielt und ich mit im Zimmer bin. »Nächster Level erreicht!«, schreit er dann hin und wieder begeistert, während seine Finger über die Tastatur fliegen.

Keiner von beiden ahnt auch nur, wie sehr ich diese Momente genieße. Während mein Vater jubelt, sobald jemand mit einem Schlag sechs Punkte gemacht hat, oder mein Bruder frustriert die Stirn runzelt, wenn er verzweifelt versucht, seine Punktzahl zu erhöhen, stelle ich mir im Geiste vor, welche Witze ich machen, welche Flüche ich gemeinsam mit ihnen ausstoßen würde, falls ich dazu in der Lage wäre, und für ein paar kostbare Momente habe ich nicht mehr das Gefühl, nur Zuschauer zu sein.

Ach, wenn Dad doch nur schon da wäre.

Dreiunddreißig, vierunddreißig, fünfunddreißig ...

Mein Körper fühlt sich heute schwer an, und der Gurt, der mich aufrecht hält, schneidet mir durch die Kleidung ins Fleisch. Meine rechte Hüfte tut weh. Jemand sollte mich hinlegen und von dem Schmerz befreien. Stundenlang ruhig zu sitzen ist nicht annähernd so erholsam, wie ein Außenstehender es sich vielleicht vorstellt. Kennen Sie diese Comics, in denen jemand von einer Klippe stürzt, den Boden berührt und – wumms! – zersplittert? So fühle ich mich – als wäre ich in Millionen Splitter zersprungen, und jedes Teil tut weh. Die Schwerkraft wirkt schmerzhaft, wenn sie auf einem Körper lastet, der seinen Zweck nicht erfüllt.

Siebenundfünfzig, achtundfünfzig, neunundfünfzig. Eine Minute.

Noch vier Stunden und neunundfünfzig Minuten.

Eins, zwei, drei, vier, fünf ...

Auch wenn ich mir noch so große Mühe gebe, meine Gedanken kehren immer wieder zu diesem verdammten Schmerz in der Hüfte zurück. Ich denke an den zersplitterten Mann aus dem Comic. Manchmal wünschte ich, ich könnte wie er auf dem Boden aufprallen und in Millionen Einzelteile zerspringen. Denn vielleicht könnte ich dann genau wie er aufspringen und auf wundersame Weise wieder zusammengefügt sein, bevor ich losrenne.

2
Die Tiefe

Bis zu meinem zwölften Lebensjahr war ich ein ganz normaler Junge – vielleicht etwas scheuer als die meisten anderen und nicht so zu Raufereien aufgelegt, aber glücklich und gesund. Was mich am meisten begeisterte, war Elektronik, und ich besaß dafür eine derart natürliche Begabung, dass meine Mutter mir im Alter von elf Jahren das Anbringen einer äußerst komplizierten Steckdose anvertraute, da ich mich schon seit Jahren mit Stromkreisen beschäftigt hatte. Mein Talent reichte auch aus, um im museumsreifen Computer meiner Eltern einen Reset-Button unterzubringen und ein Alarmsystem zu basteln, mit dem ich mein Schlafzimmer gegen meine jüngeren Geschwister David und Kim schützen konnte. Beide versuchten ständig, in mein kleines, mit Lego-Teilen vollgestopftes Königreich einzudringen. Doch das einzige Lebewesen, dem ich außer meinen Eltern den Zutritt gestattete, war unser kleiner gelber Hund namens Pookie, der mir überallhin folgte.

Über die Jahre hinweg habe ich bei den unzähligen Untersuchungen und Arztterminen genau zugehört, und so erfuhr ich, dass ich im Januar 1988 aus der Schule nach Hause kam und über Halsschmerzen klagte. Danach konnte ich nicht mehr am Unterricht teilnehmen, und in den folgenden Wochen und Monaten hörte ich auf zu essen, begann tagsüber stundenlang zu schlafen und beschwerte mich darüber, dass das Laufen immer schmerzhafter für mich wurde. Mein Körper wurde zunehmend schwächer, da ich ihn nicht mehr forderte, und dasselbe geschah mit meinem Geist: Zunächst vergaß ich Fakten, dann private Dinge wie das Wässern meines Bonsai-Bäumchens und am Ende sogar Gesichter.

Um mein Erinnerungsvermögen zu unterstützen, gaben mir meine Eltern eine Mappe mit Familienfotos, die ich bei mir tragen sollte, und meine Mutter Joan zeigte mir jeden Tag ein Video von meinem Vater Rodney, wenn dieser auf Geschäftsreise war. Doch auch wenn meine Eltern hofften, durch die ständige Wiederholung das Abdriften meiner Erinnerung verhindern zu können, blieb das Ganze erfolglos. Mein Sprachvermögen verschlechterte sich, während ich langsam vergaß, wer und wo ich war. Die letzten Wörter, die ich je von mir gab, kamen ungefähr ein Jahr nach den ersten Krankheitssymptomen, als ich im Krankenhaus lag.

»Wann nach Hause?«, fragte ich meine Mutter.

Nichts drang zu mir durch, während meine Muskeln verkümmerten, die Gliedmaßen spastisch wurden und Hände und Füße sich wie Klauen einrollten. Um sicherzustellen, dass ich nicht verhungerte, nachdem ich immer dünner wurde, weckten mich meine Eltern auf und fütterten mich. Mein Vater stützte mich, meine

Mutter schob mir mit einem Löffel Essen in den Mund, und ich schluckte instinktiv. Abgesehen hiervon bewegte ich mich nicht. Ich reagierte auf absolut nichts. Ich befand mich in einer Art von Wachkoma, für das niemand eine Erklärung hatte, da die Ärzte nicht feststellen konnten, wodurch es verursacht worden war.

Anfangs vermuteten die Mediziner, meine Probleme seien psychischer Natur, und so verbrachte ich mehrere Wochen in einer psychiatrischen Abteilung. Erst als ich auszutrocknen drohte und auf die Intensivstation kam, und nachdem es den Psychologen nicht gelungen war, mich zum Essen oder Trinken zu bewegen, sahen diese schließlich ein, dass meine Krankheit physischer und nicht psychischer Natur war. In der Folge wurden Gehirnscans und EEGs, Kernspintomographie-Untersuchungen und Bluttests gemacht, ich wurde gegen Tuberkulose und Kryptokokkenmeningitis behandelt, doch zu einer abschließenden Diagnose kam es nicht. Medikation um Medikation wurde versucht – ohne jeglichen Effekt. Ich hatte die Grenzen medizinischen Verständnisses überschritten. Ich war verloren in einem Land, in dem Drachen hausen und mich niemand retten konnte.

Meinen Eltern blieb nichts anderes übrig, als zuzuschauen, wie ich ihnen von Tag zu Tag mehr entglitt: Sie versuchten, mich zum Gehen zu bewegen, doch ich musste aufgerichtet und festgehalten werden, da meine Beine schwächer und schwächer wurden; sie brachten mich in die unterschiedlichsten südafrikanischen Krankenhäuser, und Test um Test wurde gemacht, aber es kam zu keinem Befund; und sie schrieben verzweifelte Briefe an Spezialisten in Amerika, Kanada und England, woraufhin diese lapidar antworteten, ihre südafrikanischen Kollegen unternähmen sicherlich alles was in ihrer Macht stünde und was die moderne Medizin ermöglicht.

Es dauerte ungefähr ein Jahr, bis die Ärzte eingestanden, dass sie mit ihrem Latein am Ende waren. Ihnen fiel nicht mehr ein, als dass ich an einer degenerativen neurologischen Störung litt, Ursache und Prognose unbekannt, und so rieten sie meinen Eltern, mich in ein Heim zu geben und die Krankheit ihren Lauf nehmen zu lassen. Höflich, aber bestimmt erklärte sich der Berufsstand der Mediziner für nicht mehr verantwortlich für mich. Meiner Mutter und meinem Vater wurde mehr oder minder deutlich vermittelt, sie sollten warten, bis mein Tod uns alle erlösen würde.

So kam ich nach Hause, wo meine Mutter, die meinetwegen ihren Job als Röntgenassistentin aufgegeben hatte, sich um mich kümmerte. Mein Vater musste als Maschinenbauingenieur so lange arbeiten, dass er abends häufig erst das Haus betrat, wenn David und Kim bereits im Bett lagen. Die Situation war unhaltbar. Nachdem ich ungefähr ein Jahr zu Hause zugebracht hatte, wurde beschlossen, ich solle tagsüber in dem Pflegeheim betreut werden, in dem ich jetzt bin, die Nacht jedoch solle ich immer zu Hause verbringen. Damals war ich vierzehn.

Die Jahre vergingen, und ich war verloren in meiner dunklen, blicklosen Welt. Meine Eltern deponierten auf dem Fußboden des Wohnzimmers sogar Matratzen, damit sie, Kim und David so leben konnten wie ich – in Bodenhöhe –, denn sie erhofften sich davon, Kontakt mit mir aufnehmen zu können. Doch ich lag dort nur wie eine leere Hülle, nichts ahnend von all dem, was um mich herum geschah. Und dann begann ich eines Tages doch ins Leben zurückzukehren.

3
Nach Luft schnappend

Ich bin ein Meeresbewohner und bewege mich auf dem Boden des Ozeans. Dunkel ist es hier. Kalt. Um mich herum, oben und unten, ist nichts als Dunkelheit.

Doch dann wird es plötzlich hell, gleißende Blitzlichter tauchen über mir auf. Ich weiß nicht, was es ist.

Irgendetwas sagt mir, dass ich versuchen muss, dorthin zu gelangen, wo das Licht herkommt. Es zieht mich in die Höhe, und so stoße ich mich in Richtung der Lichter ab, die über die Wasseroberfläche hoch über mir hinweghuschen. Sie tanzen verlockend und weben Muster aus Gold und Schatten.

*

Mein Blick fokussiert sich. Ich starre auf einen wandernden Tisch. Ich bin mir sicher, dass er anders aussieht als normal, doch ich weiß nicht, wieso ich das weiß.

*

Ein Hauch auf meinem Gesicht – Wind.

*

Ich rieche Sonnenschein.

*

Musik, schrill und blechern. Kinder singen. Ihre Stimmen schwingen auf und ab, werden laut, dann gedämpft, bis sie ganz verstummen.

*

Ein Teppich schwimmt ins Blickfeld. Ein Gemisch aus Schwarz, Weiß und Braun. Ich starre darauf und versuche mich darauf zu konzentrieren, doch die Dunkelheit hüllt mich wieder ein.

*

Ein kalter Waschlappen wird mir aufs Gesicht gepresst, und ich spüre, wie eine Hand mein Genick fest umklammert.

»Es dauert nur eine Sekunde«, sagt eine Stimme. »Wir wollen doch dafür sorgen, dass du ein sauberer Junge bist, stimmt's?«

*

Die Blitzlichter werden heller. Ich komme der Oberfläche näher. Ich möchte sie durchbrechen, doch es gelingt mir nicht. Alles geht viel zu schnell, während ich unbeweglich bin.

*

Ich rieche etwas: Scheiße!

Ich öffne meine Lider. Sie sind so schwer. Ein kleines Mädchen steht vor mir. Von den Hüften abwärts ist es nackt. Die Hand ist braun beschmiert. Es kichert und versucht die Tür zu öffnen.

»Wohin willst du, Miss Mary?«, fragt eine Stimme, während am Rand meines Blickfelds zwei Füße auftauchen.

Ich höre, dass die Tür zufällt, danach ein verärgertes Brabbeln: »Nicht schon wieder, Mary!«, schimpft die Stimme. »Schau dir meine Hand an!«

Das kleine Mädchen lacht. Sein Entzücken ist wie ein leichter Wind, der sanft über einen einsamen Strand streicht und eine feine Spur im Sand hinterlässt. Ich spüre, wie es in mir vibriert.

*

Eine Stimme. Jemand spricht. Zwei Wörter: sechzehn und Tod. Ich weiß nicht, was damit gemeint ist.

Es ist Nacht. Ich liege in meinem Bett. Zu Hause. Ich starre ins Halbdunkel. Ein Haufen Teddybären liegt neben mir, und etwas ruht auf meinen Füßen: Pookie.

Doch als das vertraute Gewicht verschwindet, merke ich, wie ich aufsteige. Ich bin verwirrt. Ich bin nicht im Meer. Ich befinde mich mitten in der Realität. Dennoch habe ich immer noch das Gefühl, als steige ich auf, als verlasse ich meinen Körper und bewege mich zur Decke meines Schlafzimmers empor.

Plötzlich weiß ich, dass ich nicht allein bin. Beruhigende Wesen sprechen mir Mut zu. Ich soll ihnen folgen. Ich möchte loslassen, möchte mich der Tiefe überlassen oder den unbekannten Wesen, die jetzt bei mir sind – egal, wer mich zuerst erfasst.

Da aber erfüllt mich ein Gedanke: Ich darf meine Familie nicht verlassen! Meinetwegen sind sie alle so traurig. Ihr Kummer ist wie ein Leichentuch, das mich jedes Mal umschließt, wenn ich die Wasseroberfläche durchstoße. Sie haben nichts mehr, woran sie sich klammern können, wenn ich mich davonmache. Ich kann nicht gehen.

Luft dringt in meine Lungen. Ich öffne die Augen. Ich bin wieder allein. Was oder wer auch immer bei mir war, es ist verschwunden.

Engel.

Ich habe beschlossen, zu bleiben.

4
Die Schublade

Als ich das Bewusstsein wiedererlangte, war mir noch nicht vollkommen klar, was mit mir geschehen war. Wie ein Baby, das ohne Wissen geboren wird und weder seine Bewegungen kontrollieren noch sprechen kann, dachte auch ich nicht darüber nach, was ich konnte oder nicht. Gedanken schossen mir durch den Kopf, von denen ich nicht annahm, dass sie jemals laut geäußert würden, und ich realisierte auch nicht, dass der Körper, den ich zuckend oder regungslos bei mir liegen sah, meiner sein könnte. Es dauerte eine ganze Weile, bis ich begriff, dass ich völlig allein war inmitten eines Meeres von Menschen.

Doch als mein Bewusstsein und meine Erinnerung sich langsam zu verzahnen begannen und sich der Geist wieder mit meinem Körper verband, dämmerte mir die Erkenntnis, dass ich anders war als andere. Ich lag auf dem Sofa, während mein Vater sich im Fernsehen eine Sportsendung über Kunstturnen anschaute, und ich war fasziniert von den Körpern, die sich so mühelos bewegten, der Kraft und Stärke, die sie bei jeder Drehung und jedem Schwung offenbarten. Dann blickte ich hinab auf ein Paar Füße und Beine, die ich häufig sah, und ich stellte fest, dass sie mir gehörten. Genauso war es mit den beiden Händen, die jedes Mal unkontrollierbar zitterten, wenn ich sie betrachtete. Sie waren ein Teil von mir, aber ich hatte keinerlei Gewalt über sie.

Ich war nicht gelähmt: Mein Körper bewegte sich, doch er tat es unabhängig von mir. Meine Gliedmaßen waren spastisch geworden. Sie fühlten sich fremd an, als seien sie in Zement gegossen, und ich konnte sie nicht steuern. Die Leute versuchten ständig, mich dazu zu bringen, meine Beine zu benutzen: Physiotherapeuten krümmten und verbogen sie in schmerzhaften Übungen, um die Muskeln zu aktivieren, aber ohne fremde Hilfe konnte ich sie nicht bewegen.

Wenn ich einmal ging, dann waren es lediglich ein paar schlurfende Schritte, bei denen mich jemand halten musste, da ich sonst zusammengesackt wäre. Meine Arme waren nicht in der Lage, instinktiv nach vorne zu schnellen, um mich bei einem Sturz zu schützen, daher wäre ich mit dem Gesicht voran auf den Boden geknallt. Wenn ich aus eigener Kraft zu essen versuchte, schmierte ich mir mit der Hand das Essen über die Wangen. Ich konnte mich nicht selbst auf die Seite rollen, wenn ich im Bett lag, daher musste ich stundenlang in derselben Position verharren, bis jemand kam und mich umdrehte. Meine Extremitäten wollten sich nicht öffnen und beweglich werden, sie rollten sich ein wie Schnecken, die in ihrem Haus verschwinden.

Vergleichbar mit einem Fotografen, der sein Kameraobjektiv erst sorgfältig einstellen muss, bevor er ein gestochen scharfes Bild machen kann, erforderte es für meinen Geist Zeit, sich auf etwas zu konzentrieren. Doch obgleich mein Körper und ich in einen endlosen Kampf verstrickt waren, wurde mein Geist immer stärker, je mehr sich die Teile meines Bewusstseins miteinander verknüpften.

Nach und nach wurde mir jeder Tag und jede einzelne Stunde desselben bewusst. Das meiste verschwand in der Vergessenheit, aber es gab Momente, in denen ich Ereignisse von historischer Bedeutung eindeutig mitbekam. Die Vereidigung von Nelson Mandela als Präsident im Jahre 1994 ist eine schemenhafte Erinnerung, während Dianas Tod 1997 als klares Bild vor mir steht.

Ich glaube, mein Geist begann zu erwachen, als ich ungefähr sechzehn war, und mit neunzehn war er wieder in vollem Umfang funktionsfähig: Ich wusste, wer ich war, wo ich mich befand, und ich war mir darüber im Klaren, dass ich eines echten Lebens beraubt war. Wenn ich aufwachte und dachte, ich habe in einem Iglu geschlafen, erkannte ich sehr schnell, dass ich unter einem Gletscher beerdigt war. Ich war lebendig begraben, gefangen im eigenen Körper.

Das war vor sechs Jahren. Anfangs wollte ich gegen mein Schicksal ankämpfen, indem ich irgendwelche winzigen Zeichen zurückließ, um die Menschen auf meine Spur zu führen; wie die Brotkrumen, die Hansel und Gretel fallen ließen, um den Rückweg aus dem dunklen Wald zu finden. Doch nach einiger Zeit kam ich dahinter, dass meine Anstrengungen nie zum Ziel führen würden: Selbst als ich wieder ins Leben eintrat, verstand niemand so richtig, was geschah.

Obwohl ich langsam genügend Kontrolle über Genick und Hals gewonnen hatte, um den Kopf ruckartig nach unten und rechts bewegen zu können, erkannten die Menschen um mich herum nicht, was meine neuen Bewegungen im Grunde bedeuteten. Sie glaubten nicht, dass Wunder im Doppelpack geschehen: Nachdem ich bereits die Prognose der Ärzte, schon bald sterben zu müssen, überlebt hatte, hoffte wohl keiner mehr auf ein zweites göttliches Einlenken. Als ich auf einfache Fragen mit einem Ja oder Nein zu ›antworten‹ begann, indem ich den Kopf drehte oder lächelte, gingen sie davon aus, es handle sich nur um einen minimalen Fortschritt. Keiner kam auf die Idee, meine deutlichen Reaktionen könnten ein Zeichen intakter Hirnfunktionen sein. Vor langer Zeit schon hatte man ihnen zu verstehen gegeben, ich habe einen schweren Gehirnschaden erlitten, daher sahen sie jetzt nicht mehr, als dass dieser junge Mann mit seinen Storchenbeinen, verkrüppelten Gliedmaßen, leerem Blick und aus dem Mund laufenden Speichel hin und wieder seinen Kopf hob.

Und so wurde ich denn versorgt – gefüttert und getränkt, abgerieben und geputzt –, doch Notiz nahm man von mir nicht. Ein ums andere Mal flehte ich meine widerspenstigen Gliedmaßen an, ein Zeichen zu setzen und jemandem zu zeigen, dass ich immer noch existierte, doch sie ließen mich im Stich.

Ich sitze auf meinem Bett. Mein Herz pocht, während mein Vater mich auszieht. Ich möchte es ihn wissen lassen, er soll verstehen, dass ich zu ihm zurückgekommen bin. Er muss mich doch sehen!

Mit dem festen Willen, ihn arbeiten zu lassen, starre ich auf meinen Arm. Jede Faser in mir konzentriert sich auf diesen Moment. Ich starre auf meinen Arm – bittend, schmeichelnd, mahnend und flehend. Mein Herz will vor Freude zerspringen, als ich spüre, dass er meiner Bitte nachkommt: Der Arm wedelt hoch über meinem Kopf! Endlich ist es mir gelungen, mit diesem Zeichen, das zu geben mir so lange die größten Mühen abverlangt hat, den Weg zu mir zurückzufinden.

Doch als ich meinen Vater anschaue, sehe ich in seinen Augen weder Schock noch Überraschung. Er fährt einfach fort, mir die Schuhe auszuziehen.

Dad! Ich bin hier! Siehst du es denn nicht?

Mein Vater beachtet mich nicht. Er zieht mich weiter aus, und mein Blick wandert verdrossen zu meinem Arm. Da erst bemerke ich, dass er sich nicht bewegt. Wie mächtig die Kraft meiner geistigen Anstrengung auch erscheinen mag, ihre einzige äußere Offenbarung ist ein zuckender Muskel in der Nähe meines Ellbogens. Die Bewegung ist so winzig, dass ich sicher sein kann, mein Vater wird sie nie bemerken.

Zorn überkommt mich. Ich könnte platzen vor Wut. Ich ringe nach Luft.

»Alles in Ordnung, mein Junge?«, fragt mein Vater, als er mein Keuchen hört, und schaut hoch.

Mir bleibt nichts anderes, als ihn anzustarren und zu beten, dass sich meine stumme Verzweiflung irgendwie selbst vermitteln wird.

»Jetzt gehen wir brav ins Bett, ja?«

Das Oberteil eines Schlafanzugs wird mir über den Kopf gezogen, und ich werde aufs Bett gelegt. Ärger macht sich in mir breit. Ich weiß, dass ich ihn überwinden muss: Wenn es mir nicht gelingt, wird der Schmerz zu groß. Ich muss mich im Nichts verlieren, sonst werde ich noch verrückt.

Manchmal versuchte ich zu stöhnen, in der Hoffnung, jemand könne sich fragen, was es zu bedeuten hat, wenn sich meiner Brust ein Geräusch entringt, doch ich brachte keinen Ton heraus. In späteren Jahren bemühte ich mich zuweilen, zu sprechen, aber ich blieb stumm. Ich war unfähig, einen Stift zu halten, um eine Nachricht zu kritzeln oder einen Hilferuf zu senden. Ich war auf meiner eigenen Insel gestrandet, und der Traum, gerettet zu werden, verflüchtigte sich in dem Maße, wie die Hoffnung in meinem Inneren erstarb.

Am Anfang war es Horror, dann kam Enttäuschung auf, bis ich mich in mich selbst zurückzog, um zu überleben. Wie eine Schildkröte, die in ihrem Panzer Schutz sucht, lernte ich es, der Realität durch Fantasien zu entfliehen. Mir war schmerzlich klar geworden, dass ich den Rest meines Lebens so ohnmächtig verbringen würde wie jeden gegenwärtigen Tag, und schließlich gab ich den Versuch auf, noch irgendwelche Reaktionen zu zeigen. Stattdessen starrte ich ausdruckslos in die Welt hinein.

Auf andere Menschen wirkte ich wie eine Topfpflanze: Etwas, dem man Wasser gibt und achtlos in der Ecke stehen lässt. Jeder war so daran gewöhnt, mich als nicht anwesend zu betrachten, dass keiner Notiz davon nahm, als ich langsam wieder präsent wurde. Schließlich hatte man mich bereits vor langer Zeit in eine Schublade gesteckt. Schubladen erleichtern uns das Verständnis, doch sie kerkern uns auch ein, da der Mensch nicht an ihnen vorbeischaut.

Wir alle haben eine klare Meinung über einander, obwohl die Wahrheit weit entfernt von dem sein kann, was wir zu sehen glauben. Dies ist der Grund, weshalb sich keiner Gedanken darüber machte, was es bedeuten könnte, als ich so große Fortschritte machte, dass ich einfache Fragen wie »Möchtest du Tee?« mit einem Wenden des Kopfes oder einem Lächeln beantwortete.

Für die meisten Leute, denen ich begegnete, war ich nichts weiter als ein Job. Für das Personal des Pflegeheims war ich ein vertrautes Stück Inventar, das man nach so vielen Jahren nicht mehr beachtete; für Pfleger in anderen Einrichtungen, in die ich geschickt wurde, wenn meine Eltern verreisten, war ich lediglich ein Übergangspatient; und für die Ärzte, die mich untersuchten, war ich »der Junge, der nicht viel machen kann«, wie einer von ihnen bezeichnenderweise zu seinem Kollegen sagte, während ich wie ein Seestern auf einem Röntgentisch lag.

Meine Eltern hatten Fulltime-Jobs und zwei weitere Kinder, um die sie sich ebenso wie um mich kümmern mussten, doch sie taten alles – vom Wechseln der Windeln bis zum Schneiden meiner Zehennägel. Die Sorge um meine physischen Bedürfnisse kostete ungeheuer viel Zeit und Kraft; daher war es kein Wunder, dass meine Eltern nicht dazu kamen, darüber nachzudenken, ob ich mich über die medizinischen Erfolgsaussichten hinweggesetzt und eine Genesung durchgemacht hatte, die an ein Wunder grenzte.

Dies ist der Grund, weshalb ich in der Schublade blieb, in die man mich vor so langer Zeit gesteckt hatte. Es war jene, für die ein einziges Wort genügte: ›Idiot‹.

5
Virna

Der Geruch des Mandarinenöls ist scharf, aber süßlich, als Virna meinen Arm massiert. Ihre Hände gleiten geschmeidig über meine Haut, während sie meine bleiernen Muskeln bearbeitet. Ich starre sie an, und sie hebt den Kopf, um mich anzulächeln. Ich frage mich einmal mehr, wieso nicht gleich Hoffnung in mir keimte, als mich dieses Lächeln zum ersten Mal berührte.

Anfänglich war alles, was ich wusste, dass Virna niemals den Mund öffnete, wenn sie lachte, und dass sie nervös die Position wechselte, wenn sie mit übereinandergeschlagenen Beinen auf einem Stuhl saß. Sie hatte in meinem Pflegeheim als Aushilfsschwester angefangen, und mir fielen diese Details auf, weil man derartige Dinge bemerkt, wenn die Menschen nicht mit einem reden. Doch dann begann Virna zu mir zu sprechen, und mir wurde klar, dass ich sie nie vergessen würde. Die meisten Menschen sprechen über mich oder an mir vorbei, wenn sie sich an mich wenden. Daher wird jeder, der mich einfühlsamer als ein Stück Holz behandelt, unvergesslich.

Eines Tages erzählte mir Virna, sie habe Magenbeschwerden. Diese Gattung Allerweltsbekenntnisse hatte ich schon seit Jahren von den Leuten um mich herum gehört, wenn sie unbedacht vor sich hin schwatzten und meinten, ich sei ja doch nicht anwesend. So erfuhr ich ziemlich alles Wichtige über die gesundheitlichen Probleme einiger Pfleger und Pflegerinnen: Einer hat eine Frau mit Alzheimer, eine Pflegerin hat Probleme mit ihren Nieren, und bei einer anderen sorgt ein Unterleibskrebs vermutlich dafür, dass sie kinderlos bleibt.

Doch als Virna zu mir sprach, war das anders. Sie redete nicht mit sich selbst, jemand anderem oder in den leeren Raum hinein. Sie sprach zu mir und plapperte, wie sie es gegenüber jedem anderen ihrer Altersgruppe auch getan hätte. Sie teilte mir ihre Gedanken mit, die ihr wie Staubkörner im Sonnenlicht durch den Kopf schwirrten. Es war ein Gespräch, wie es vermutlich viele Freunde von etwas über zwanzig untereinander führen, doch ich hatte diese Erfahrung noch nie gemacht. Es dauerte nicht lange, da begann Virna mir alles zu erzählen, über die traurige Krankheit ihrer Großmutter, ihren neuen Hundewelpen, den jungen Mann, mit dem sie eine Verabredung hatte, worauf sie sich freute. Ich hatte fast das Gefühl, eine erste Freundschaft zu schließen.

Dies war der Grund, weshalb ich anfing, Virna anzuschauen, was ich sonst nicht häufig tue. Normalerweise fühlt sich mein Kopf wie aus Beton an, wenn ich ihn zu heben versuche, und ich schaffe es selten bis auf Augenhöhe mit anderen Menschen, da ich immer in einem Rollstuhl sitze oder liege. Es kostet mich so viel Kraft, dass ich es schon vor langem aufgab, Augenkontakt mit anderen Leuten zu suchen, die mich zwar anschauen, aber nicht wirklich sehen. Stundenlang sitze ich jeden Tag da und starre blicklos in die Gegend. Doch das änderte sich, als Virna damit begann, bei mir und einigen meiner Gefängnisgenossen Aromatherapie-Massagen anzuwenden, um unsere verbogenen Gliedmaßen zu lockern. Während sie meine schmerzenden Muskeln durchknetete, gelang es mir, ihr zuzuschauen, wie sie mit mir sprach, und Schritt für Schritt begann ich aus dem Schneckenhaus herauszulinsen, in das ich mich verkrochen hatte.

Virna schaute mich direkt an. So, wie es seit langem keiner mehr bei mir getan hatte. Sie erkannte, dass meine Augen wahrhaftig die Fenster zu meiner Seele waren, und sie kam mehr und mehr zu der Überzeugung, dass ich verstand, was sie sagte. Doch wie sollte sie anderen erklären, dass der nicht reagierende Geisterjunge zu mehr imstande war, als alle dachten?

Monate wurden zu einem Jahr und bald zu einem zweiten. Virna hatte vor ungefähr sechs Monaten im Fernsehen den Bericht über eine Frau gesehen, der man das Kommunizieren ermöglicht hatte, nachdem sie infolge eines Schlaganfalls ihre Sprache verloren hatte. Kurz darauf ging Virna an einem Tag der offenen Tür in ein nahe gelegenes Institut, in dem Fachleute darüber berichteten, welche Möglichkeiten es gab, Menschen zu helfen, die ihr Sprachvermögen verloren hatten. Als sie zurückkam, erzählte sie mir total begeistert, was sie dort erfahren hatte.

»Die setzen Tastaturen und elektronische Geräte ein, mit deren Hilfe die Menschen kommunizieren können«, sagte sie. »Glaubst du, du könntest so etwas auch, Martin? Ich bin sicher, dass du es kannst.«

Andere Pfleger unseres Heims waren ebenfalls zu diesem Tag der offenen Tür gegangen, doch sie waren weniger überzeugt als Virna, dass ich ein geeigneter Kandidat für diese Technik sein könnte.

»Glaubst du wirklich, er hätte das Zeug dazu?«, fragte eine Pflegerin, nachdem Virna ihre Hoffnung für mich geäußert hatte.

Die Frau beugte sich mit dem Anflug eines Grinsens über mich, und ich versuchte zu lächeln und ihr zu zeigen, dass ich verstanden hatte, was sie sagte. Doch meine beiden einzigen Gesten – den Kopf nach rechts schleudern und lachen – wurden als reflexhafte Reaktionen eines unentwickelten Verstandes interpretiert, als eine Form von Antwort, wie sie auch ein sechs Monate altes Baby geben könnte. Die Frau ging nicht darauf ein. Stattdessen schaute sie mich an und seufzte, während ihr Grinsen verschwand. Ich überlegte, ob sie wohl wusste, dass ihr Atem nach dem Kaffee, den sie vor kurzem getrunken hatte, bitter roch.

»Kannst du dir etwas derart Blödsinniges vorstellen?«, fragte sie später ihre Freundin, nachdem Virna gegangen war. »Da besteht doch nicht die geringste

Chance, dass irgendjemand von denen kommunizieren könnte.«

Die beiden Frauen blickten sich im Raum um.

»Gertje vielleicht?«

Sie schauten auf einen kleinen Jungen, der in der Nähe mit einem Spielzeugauto hantierte.

»Der ist ein bisschen besser dran als die anderen, meinst du nicht?«

Die Frauen schwiegen einen Moment, bevor sie ihren Blick wieder auf mir ruhen ließen. Sie sagten kein Wort und betrachteten mich, wie ich da in meinem Rollstuhl saß. Sie brauchten auch nichts zu sagen. Ich wusste, dass man mich an einem Ort, bei dem man als einzige Aufnahmebedingung einen IQ von 30 oder weniger vorweisen musste, für eines der am wenigsten funktionierenden Wesen hielt.

Allen Zweifeln zum Trotz ließ sich Virna nicht beirren. Nachdem sie den Leuten ein ums andere Mal erzählt hatte, sie glaube fest daran, dass ich verstünde, was man zu mir sagte, redete sie mit meinen Eltern, und diese gaben ihre Zustimmung zu einem Test.

Morgen bringen sie mich an einen Ort, wo man mir möglicherweise endlich einen Schlüssel zu meiner Gefängnistür liefert.

»Du wirst dein Bestes geben, nicht wahr?«, sagt Virna jetzt, während sie mich anschaut.

Ich sehe, dass sie sich Sorgen macht. Zweifel huschen

über ihr Gesicht wie die Schatten von Wolken, die an einem sonnigen Tag über das Land rasen. Ich erwidere ihren Blick und würde ihr so gerne sagen, dass ich jede Faser meiner Existenz einsetzen werde, um das Beste aus einer Chance zu machen, von der ich nicht gedacht hatte, sie jemals zu bekommen. Es ist das erste Mal, dass ich so einer Beurteilung unterzogen werde, und ich werde alles in meiner Macht Stehende unternehmen, um ein kleines Zeichen zu geben, dass es sich lohnt, mir Beachtung zu schenken.

»Bitte, gib dir jede erdenkliche Mühe, Martin!«, sagt Virna. »Es ist so wichtig, ihnen zu zeigen, was du kannst. Ich weiß nämlich, dass du es kannst!«

Ich schaue sie an. Tränen schimmern in ihren Augen. Ihr Glaube an mich ist so unendlich stark, dass ich Virna keinesfalls enttäuschen darf.

6
Erwachen

Zischend gleiten vor mir zwei Scheiben einer Glastür zur Seite. Türen wie diese habe ich nie zuvor gesehen. Wieder einmal hat mich die Welt überrascht. Manchmal sehe ich etwas von ihr, wenn sie am Fenster eines Autos vorbeizieht, in dem ich sitze, doch ansonsten bleibt sie mir verschlossen. Die flüchtigen Eindrücke, die ich von der Welt bekomme, faszinieren mich jedes Mal. So verbrachte ich mal Tage damit, über das Handy eines Arztes zu grübeln, nachdem ich es an seinem Gürtel entdeckt hatte: Es war so viel kleiner als das meines Vaters, dass ich mich die ganze Zeit fragte, durch welche Art Batterie es wohl mit Energie versorgt wurde. Es gibt furchtbar viele Dinge, die ich gerne verstehen würde.

Mein Vater schiebt den Rollstuhl, als wir das Institut für augmentative und alternative Kommunikation an der Universität von Pretoria betreten. Wir schreiben Juli 2001 – dreizehn und ein halbes Jahr nach Beginn meiner Krankheit. Draußen auf dem Bürgersteig sah ich Studenten im Sonnenschein spazieren gehen und lachen, über ihnen wölbten sich Palisanderbäume, doch hier drinnen im Gebäude herrscht völlige Stille. Wir sind eine kleine Gruppe von Forschern auf Entdeckungsreise, auf der Erkundung einer unbekannten

Welt: meine Eltern, mein Bruder David und Virna, außerdem Marietta und Elize, eine Pflegerin und eine Physiotherapeutin, die mich seit Jahren kennen.

»Mr und Mrs Pistorius?«, fragt eine Stimme, und ich hebe den Blick, um eine Frau zu sehen. »Mein Name ist Shakila, und ich werde Martin heute testen und beurteilen. Wir sind noch dabei, den Raum vorzubereiten, aber es wird nicht lange dauern.«

Angst überkommt mich. Ich kann nicht in die Gesichter der anderen blicken; ich möchte nicht den Zweifel oder die Hoffnung in ihren Augen sehen, während wir stumm herumstehen. Dann werden wir in einen kleinen Raum geführt, in dem Shakila mit einer anderen Frau namens Yasmin wartet. Ich lasse den Kopf hängen, während sie mit meinen Eltern reden. Die Innenseite meiner Wange fühlt sich wund an. Ich habe mich versehentlich gebissen, als ich vorhin zu Mittag gefüttert wurde, und mein Mund ist immer noch empfindlich, obwohl die Blutung inzwischen aufgehört hat.

Als Shakila sich bei meinen Eltern nach meiner Krankheitsgeschichte erkundigt, frage ich mich, was sie nach so langer Zeit denken mögen. Haben sie genauso viel Angst wie ich?

»Martin?«, höre ich eine Stimme sagen, und mein Rollstuhl wird durch den Raum geschoben.

Wir halten direkt vor einer großen durchsichtigen Tafel aus Plexiglas auf einem Metallständer. Rote Linien verlaufen kreuz und quer über den Schirm und unterteilen ihn in kleine Kästchen, auf die bei manchen schwarze und weiße Bilder geklebt sind. Die Strichzeichnungen zeigen einfache Dinge – einen Ball, einen laufenden Wasserhahn, einen Hund –, und Shakila steht auf der anderen Seite der Tafel und beobachtet mich genau, während ich darauf starre.

»Ich möchte, dass du dir das Bild mit dem Ball anschaust, Martin«, sagt Shakila.

Ich hebe etwas den Kopf und lasse meine Augen die Tafel absuchen. Ich habe nicht genügend Kontrolle über meinen Kopf, um ihn präzise von einer Seite zur anderen zu bewegen, daher sind die Augen die einzigen Teile meines Körpers, die ich vollkommen beherrsche. Sie gleiten hin und her über die Bilder, bis ich den Ball finde. Ich fixiere ihn mit meinem Blick und starre darauf.

»Gut, Martin, das ist sehr gut«, sagt Shakila sanft und schaut mich an.

Plötzlich kommt Angst in mir auf. Blicke ich auf das richtige Bild? Sind meine Augen wirklich auf den Ball gerichtet, oder schauen sie auf ein anderes Symbol? Ich bin mir nicht sicher.

»Jetzt möchte ich, dass du dir den Hund anschaust«, sagt Shakila, und ich beginne wieder zu suchen.

Mein Blick wandert langsam über die Bilder, ich will nicht, dass ich einen Fehler mache oder etwas übersehe. Ich suche langsam weiter, bis ich das Bild mit dem Hund auf der linken Seite der Tafel entdecke, und starre darauf.

»Und jetzt der Fernsehapparat«, sagt sie.

Das Bild mit dem Fernsehapparat ist schnell gefunden. Obwohl ich meinen Blick starr darauf gerichtet halten möchte, um Shakila zu zeigen, dass ich gefunden habe, worum sie mich gebeten hat, fällt mir plötzlich das Kinn auf die Brust. Ich versuche, nicht in Panik zu geraten, und frage mich, ob ich beim Test durchgefallen bin.

»Wollen wir jetzt etwas anderes versuchen?«, fragt Shakila, und mein Rollstuhl wird zu einem Tisch geschoben, auf dem lauter Karten liegen.

Auf jeder Karte sind ein Wort und eine Zeichnung zu sehen. Panik! Ich kann die Wörter nicht lesen. Ich weiß nicht, was sie bedeuten. Wenn ich sie nicht lesen kann, habe ich dann den Test nicht bestanden? Und wenn ich beim Test durchfalle, muss ich dann zurück ins Pflegeheim und dort für immer rumsitzen? Mein Herz beginnt schmerzhaft in meiner Brust zu pochen.

»Kannst du bitte auf das Wort ›Mama‹ zeigen, Martin?«, fragt mich Yasmin, die andere Sprachtherapeutin.

Ich weiß nicht, wie das Wort ›Mama‹ aussieht, dennoch starre ich auf meine rechte Hand, weil ich will, dass sie sich bewegt, dass sie wenigstens mit einem kleinen Zeichen vermittelt, dass ich verstanden habe, was von mir verlangt wird. Meine Hand zittert unbändig, als ich versuche, sie von meinem Schoß zu heben. Im Raum herrscht Totenstille, während sich mein Arm langsam in die Luft bewegt, bevor er wild von einer Seite zur anderen ruckt. Ich hasse meinen Arm.

»Sollen wir es noch einmal versuchen?«, fragt Shakila.

Ich komme nur erschreckend langsam voran, als ich gebeten werde, Symbole zu identifizieren, indem ich auf sie zeige. Ich schäme mich meines nutzlosen Körpers, und ich bin wütend, dass ich es nicht gleich beim ersten Mal besser machen kann, wenn man mich dazu auffordert.

Dann geht Shakila zu einem großen Schrank und holt eine kleine rechteckige Scheibe hervor. Darauf befinden sich weitere Symbole, und in der Mitte ist ein roter Zeiger angebracht. Shakila stellt die Scheibe vor mich auf den Tisch, bevor sie einige Drähte anschließt, die aus einer gelben Platte kommen, welche am Ende eines beweglichen Gestells befestigt ist.

»Hier handelt es sich um eine Wählscheibe und einen Kopfschalter«, erklärt Yasmin. »Du kannst den gelben Schalter benutzen, um den Zeiger auf der Scheibe zu bedienen, sobald er sich dreht. Das heißt, du kannst den Zeiger anhalten, wenn du das gewünschte Symbol zeigen willst. Hast du das verstanden, Martin? Kannst du die Symbole auf der Scheibe erkennen? Wenn wir dich bitten, uns ein Symbol zu zeigen, sollst du mit dem Kopf gegen den Schalter stoßen, sobald der Zeiger das Symbol erreicht. Glaubst du, dass du das schaffst?«

Ich schaue auf die Symbole: Bei einem fließt Wasser aus einem Wasserhahn, ein anderes ist ein Teller mit Keksen, ein drittes besteht aus einer Tasse Tee. Insgesamt gibt es acht Symbole.

»Ich möchte, dass du den Zeiger anhältst, sobald er den Wasserhahn erreicht«, sagt Yasmin.

Der rote Zeiger beginnt sich Millimeter für Millimeter auf der Scheibe zu drehen. Er bewegt sich so langsam vorwärts, dass ich mich frage, ob er das Bild des Wasserhahns jemals erreichen wird. Ganz langsam schleppt er sich über die Scheibe, und ich warte darauf, dass sich dem Wasserhahn nähert. Dann stoße ich mit dem Kopf gegen den Schalter. Der Zeiger stoppt an der richtigen Stelle der Scheibe.

»Gut, Martin!«, sagt eine Stimme.

Ich bin total perplex. Noch nie zuvor habe ich irgendetwas bedient. Noch nie habe ich einen anderen Gegenstand dazu gebracht, etwas zu tun, das ich wollte. Ich habe ein ums andere Mal darüber fantasiert, doch ich habe nie eine Gabel zu meinem Mund geführt, nie aus einer Tasse getrunken oder einen Fernsehkanal gewechselt. Ich kann mir nicht die Schuhe zubinden, keinen Ball wegschießen oder Rad fahren. Den Zeiger auf der Scheibe anzuhalten vermittelt mir ein triumphales Gefühl.

Im Verlauf der nächsten Stunde lassen mich Yasmin und Shakila unterschiedliche Schalter ausprobieren, um herauszufinden, ob es irgendeinen Teil meines Körpers gibt, den ich so weit unter Kontrolle habe, dass ich damit Schalter vernünftig bedienen kann. Mein Kopf, meine Knie und die rebellischen Gliedmaßen werden alle so dicht an die Schalter herangeführt, dass ich versuchen kann, einen Kontakt mit ihnen herzustellen. Zuerst ist da ein schwarzer rechteckiger Kasten mit einem langen weißen elastischen Schalter, der vor mir an der Tischkante angebracht ist. Das Gerät nennt sich ›Wackelschalter‹. Ich hebe meinen rechten Arm und lasse ihn dann in der Hoffnung hinuntersausen, den Schalter zu berühren. Dabei ist mir klar, dass es eher Glück als eine gezielte Aktion ist, wenn ich treffe. Dann gibt es da einen großen gelben Schalter, so groß und rund wie eine Untertasse, auf den ich mit meiner widerspenstigen rechten Hand haue und nur knapp daneben lande, während meine linke Hand absolut unbrauchbar ist. Wieder und wieder fordern mich Yasmin und Shakila auf, die Schalter zu bedienen, um einfache Symbole zu identifizieren: ein Messer, ein Bad, ein Sandwich – die einfachsten Bilder, welche selbst Menschen mit dem niedrigsten Intelligenzgrad bestimmen können. Zuweilen versuche ich, meine rechte Hand zu benutzen, doch meistens starre ich auf das Bild, auf das ich deuten soll.

Nach einer gefühlten Ewigkeit wendet sich Shakila schließlich an mich. Ich starre angespannt auf ein Symbol, das einen großen gelben Schalter darstellt.

»Magst du McDonald's?«, fragt sie.

Ich weiß nicht, wovon sie spricht. Ich kann meinen Kopf nicht drehen oder lächeln, um Ja oder Nein zu sagen, da ich die Frage nicht verstehe.

»Magst du Hamburger?«

Ich lächle Shakila zu, um ihr mitzuteilen, dass ich Hamburger mag, und sie steht auf. Sie geht zum großen Schrank und nimmt einen schwarzen Kasten heraus. Die Oberseite ist durch einen aufliegenden Plastikrahmen in kleine Quadrate unterteilt, und in jedem erkenne ich ein Symbol.

»Das hier ist eine Kommunikationsvorrichtung, die sich Macaw nennt«, erklärt mir Shakila sanft. »Und wenn du lernst, einen Schalter zu bedienen, dann bist du vielleicht eines Tages in der Lage, eines dieser Geräte zu benutzen.«

Ich starre auf den Kasten, während Shakila das Gerät einschaltet und in der Ecke jedes Quadrats der Reihe nach langsam ein winziges rotes Licht aufleuchtet. Die Symbole in den Vierecken sind nicht schwarz und weiß wie die auf den Karten. Diese hier sind knallig bunt, und neben ihnen stehen Wörter. Ich erkenne ein Bild mit einer Tasse Tee und die Zeichnung einer Sonne. Ich beobachte Shakila, um zu sehen, was als Nächstes geschieht, und sie betätigt einen Schalter, durch den ein Symbol ausgewählt wird.

»Ich bin müde«, sagt eine aufgezeichnete Stimme plötzlich.

Sie kommt aus dem Kasten. Es ist eine weibliche Stimme. Ich starre auf den Macaw. Sollte dieser kleine schwarze Kasten mir etwa eine Stimme verleihen? Ich kann kaum glauben, dass irgendjemand auf den Gedanken kommen könnte, ich sei in der Lage, das Ding zu benutzen. Haben sie erkannt, dass ich zu mehr imstande bin, als auf einen Kinderball zu deuten, der mit dicken schwarzen Linien auf eine Karte gepinselt ist?

»Ich bin sicher, dass du uns verstehst«, sagt Shakila, als

sie sich vor mich auf einen Stuhl setzt. »An der Bewegung deiner Augen kann ich ablesen, dass du die Symbole identifizieren kannst, die wir dich suchen lassen, und du versuchst deine Hand einzusetzen, um dasselbe zu tun. Ich bin zuversichtlich, dass wir einen Weg finden werden, dir Kommunikation zu ermöglichen, Martin.«

Ich starre auf den Boden, unfähig, mich heute noch mehr zu bewegen.

»Wärst du nicht gerne in der Lage, jemandem mitzuteilen, dass du müde bist oder Durst hast?«, fragt Shakila einfühlsam. »Dass du lieber einen blauen Pullover anziehen möchtest als einen roten oder dass du schlafen gehen willst?«

Ich bin mir nicht sicher. Bis jetzt habe ich noch niemandem gesagt, was ich will. Wäre ich überhaupt fähig, eine Wahl zu treffen, wenn mir denn eine geboten wird? Könnte ich jemandem sagen, er solle meinen Tee stehen und abkühlen lassen, statt ihn mit hastigen Schlucken zu trinken, wenn man mir einen Strohhalm in den Mund schiebt und ich weiß, dass dies für etliche Stunden die einzige Gelegenheit ist, überhaupt etwas zu trinken? Ich weiß, die meisten Menschen treffen jeden Tag Tausende Entscheidungen darüber, was sie essen oder anziehen sollen, wohin sie gehen wollen und wen sie treffen möchten, aber ich bin mir nicht sicher, ob ich mir auch nur eine einzige zutrauen kann. Es ist so, als würde man einem Kind, das in der Wüste aufgewachsen ist, sagen, es solle sich ins Meer stürzen.

7
Meine Eltern

Auch wenn der Glaube meines Vaters an mich fast bis zur Grenze der Belastbarkeit strapaziert wurde, kann ich mir nicht vorstellen, dass er ihn irgendwann völlig aufgegeben hat. Das Fundament dieser Standfestigkeit wurde vor vielen Jahren gelegt, als Dad einem Mann begegnete, der seine Kinderlähmung überwunden hatte. Dieser hatte ein ganzes Jahrzehnt gebraucht, um damit fertig zu werden, doch die Erfahrung des Mannes überzeugte meinen Vater, dass alles möglich war. Jeden Tag legte Dad ein Zeugnis seines Glaubens an mich in Form vieler kleiner Taten ab: Indem er mich wusch und fütterte, mich ankleidete und trug, nachts alle zwei Stunden aufstand, um meinen gelähmten Körper umzudrehen. Ein Bär von einem Mann mit einem großen Rauschebart wie der Weihnachtsmann, sind seine Hände stets sanft und zärtlich.

Es dauerte eine ganze Weile, bis ich begriff, dass meine Mutter kaum einmal in meine Nähe kam, während sich mein Vater praktisch um meine sämtlichen physischen Bedürfnisse kümmerte. Groll und Verbitterung über das, was geschehen war, brachen aus meiner Mutter hervor, sobald sie sich mir näherte. Im Laufe der Zeit musste ich feststellen, dass meine Familie in zwei

Teile zerfallen war: mein Vater und ich auf der einen, meine Mutter, David und Kim auf der anderen Seite. Und mir wurde klar, dass meine Krankheit einen großen Keil in das Herz einer Familie getrieben hatte, die früher einmal sehr glücklich gewesen war, wie ich instinktiv ganz sicher wusste.

Schuldgefühle überkamen mich, wenn ich mitbekam, wie sich meine Eltern stritten, denn ich wusste, dass alle meinetwegen litten. Ich war der Grund für den ganzen Ärger, wobei sich die Auseinandersetzung zwischen meinen Eltern immer und immer wieder um einen Streitpunkt drehte: Meine Mutter wollte mich in ein Ganztagsheim mit Rundum-Pflege geben, wie es die Ärzte empfohlen hatten; mein Vater war dagegen. Sie war überzeugt, mein Zustand sei dauerhaft und ich erfordere derart viel spezielle Aufmerksamkeit und Pflege, dass David und Kim dabei zu kurz kämen, wenn ich zu Hause bliebe. Mein Vater hingegen hoffte immer noch, bei mir könne eine Besserung eintreten, und er glaubte, zu der würde es nie kommen, wenn ich in ein Heim käme. Dies war die fundamentale Meinungsverschiedenheit, die sich über Jahre hinweg zwischen meinen Eltern entlud, manchmal in Form von Brüllen und Tränen, manchmal in Form eisigen Schweigens.

Lange verstand ich nicht, weshalb meine Mutter so anders dachte als mein Vater, doch nach und nach fügte ich genügend Fakten zusammen, um zu begreifen, dass sie durch meine Krankheit fast am Ende ihrer Kräfte war und dass sie David und Kim vor einem ähnlichen Schicksal bewahren wollte. Ein Kind hatte sie bereits verloren, und jetzt sollten nicht auch noch ihre beiden überlebenden gesunden Kinder in Mitleidenschaft gezogen werden.

So war es aber nicht immer gewesen. In den ersten zwei Jahren meiner Krankheit hatte meine Mutter genau wie mein Vater unermüdlich nach einer Heilmethode gesucht, um ihren Sohn zu retten, für den sie fürchtete, er müsse sterben, wenn er täglich mehr ihrem Einflussbereich entglitt. Es übersteigt meine Vorstellungskraft, wie sehr meine Eltern litten, als sie mit ansehen mussten, wie ihr gesundes Kind ihnen genommen wurde, wie sie die Ärzte anflehten, wie sie die Verabreichung von Medikamenten verfolgten und schließlich ihre Zustimmung gaben, mich auf alles zu testen, von Gehirntuberkulose bis zu einer Unzahl genetischer Störungen, um letztendlich doch nur zu erfahren, dass es keine Hilfe für mich gebe.

Als die Schulmedizin mit ihrem Latein am Ende war, dachte meine Mutter nicht daran, einfach aufzugeben. Nachdem die Ärzte meinen Eltern mitgeteilt hatten, sie wüssten nicht, wie ich behandelt werden könnte, versorgte mich meine Mutter ein Jahr lang zu Hause und versuchte alles, vom Wunderheiler und Gesundbeter bis zu umfangreichen Vitaminkuren. Die Hoffnung trog, nichts half.

Meine Mutter wurde durch wachsende Schuldgefühle geplagt, da es ihr nicht gelungen war, mich zu retten. Sie war davon überzeugt, sie habe ihr Kind im Stich gelassen. Sie verzweifelte zusehends, als ihre Freundinnen und Verwandten wegblieben – einige, weil sie meine nicht diagnostizierte Krankheit bedrohlich fanden, andere, weil sie unsicher waren, wie sie Menschen trösten sollten, die mit dem für alle Eltern schlimmsten Albtraum konfrontiert waren. Welche Gründe auch immer vorliegen mochten, die Leute blieben auf Abstand und drückten ihre gesunden Kinder in stiller Dankbarkeit eng an sich, während meine Familie immer isolierter wurde.

Die Unzufriedenheit meiner Mutter steigerte sich bald dermaßen, dass sie ungefähr zwei Jahre nach Ausbruch meiner Krankheit eines Nachts versuchte, sich das Leben zu nehmen. Sie nahm eine Handvoll Tabletten und legte sich zum Sterben. Doch dann erinnerte sich Mam, was ihre Mutter ihr einmal über den plötzlichen Tod ihres Vaters nach einem Herzinfarkt erzählt hatte: Er hatte sich nie verabschiedet. Selbst in ihrem Nebel der Verzweiflung wollte meine Mutter ihrem Mann noch sagen, wie sehr sie uns alle liebe, und das rettete sie. Als Dad bemerkte, was sie getan hatte, packte er sie zusammen mit David, Kim und mir sowie einem Freund von David, der bei uns übernachtete, ins Auto und fuhr uns alle ins Krankenhaus.

Die Ärzte pumpten ihr den Magen aus, doch nach dieser Nacht wurde dem Freund meines Bruders nie mehr erlaubt, sich bei uns aufzuhalten, und die Isolation, die meine Eltern spürten, erfasste nun auch meine jüngeren Geschwister. Sie litten ebenfalls, während meine Mutter in einer psychiatrischen Abteilung behandelt wurde. Als sie wieder nach Hause kam, hatten die Ärzte beschlossen, sie dürfe sich nicht mehr an meiner Pflege beteiligen. Da sie dem Verlust ihres Kindes nachtrauere, solle sie so wenig wie möglich mit mir zu tun haben, um weitere Aufregung zu vermeiden. Sie – krank, gramerfüllt, gebeutelt und verzweifelt – hielt sich an das Verdikt der Ärzte und konzentrierte sich auf die Betreuung ihrer beiden gesunden Kinder. Nachdem sie sich wieder stark genug fühlte, kehrte sie in ihren Ganztags-Job zurück. Mein Vater schraubte seine anstrengende Arbeit zurück und kümmerte sich um mich, größtenteils ganz allein.

So lief es über viele Jahre hinweg, doch nach und nach hat sich die Situation geändert, in dem Maße, wie sich meine Mutter beruhigte und sich wieder an meiner Pflege beteiligte. Heute kümmert sie sich fast so viel um mich wie mein Vater, macht mir Spaghetti und Gehacktes mit Pfirsich-Chutneysoße, wovon sie weiß, dass ich es gerne mag, und manchmal bettet sie sogar meinen Kopf in ihren Schoß, wenn ich auf dem Sofa liege. Es macht mich glücklich, zu wissen, dass sie mich jetzt berühren kann, nachdem sie so lange davor zurückgeschreckt ist, so wie es mich traurig stimmt, wenn ich sie nachts Musik spielen höre, da ich weiß, dass sie dann von Kummer erfüllt ist und den Songtexten lauscht, um sich in der Vergangenheit und den Erinnerungen zu verlieren.

Traurigkeit erfasst mich auch, wenn ich an meinen Vater denke, der seine Ambitionen begrub, Beförderungen vergessen und Herabstufungen hinnehmen musste, um für mich sorgen zu können. Jeder Einzelne in unserer Familie – meine Eltern, mein Bruder und meine Schwester – hat einen hohen Preis für meine Krankheit gezahlt. Manchmal frage ich mich, ob all diese verlorenen Hoffnungen und Träume der Grund dafür sind, weshalb ein derart intelligenter Mann wie mein Vater gelernt hat, seine Gefühle so tief zu verbergen, dass ich zuweilen zweifle, ob er überhaupt noch weiß, wo sie sind.

8
Veränderungen

Man nennt es den ›Butterfly Effect‹ – die gewaltigen Veränderungen, die ein Paar seidiger Flügel mit kaum wahrnehmbaren Schlägen hervorrufen kann. Ich glaube, irgendwo in meinem Leben schlägt ein Schmetterling mit seinen Flügeln für mich. Für einen außenstehenden Beobachter haben sich die Dinge vermutlich kaum geändert, seit man mich getestet hat: Nach wie vor komme ich jeden Morgen in mein Pflegeheim und seufze erleichtert, wenn sich der Nachmittag dem Ende zuneigt und ich nach Hause kann, um gefüttert, gewaschen und für das Bett zurechtgemacht zu werden. Aber Monotonie ist ein vertrauter Feind, und selbst die kleinsten Veränderungen im Tagesablauf sind bemerkenswert.

Die Pflegerinnen, die ich in meinem Tagesheim, bei den Behandlungen in der Physiotherapie oder bei Terminen mit Ärzten im Krankenhaus sehe, scheinen sich nicht sonderlich den Kopf über die Aussage einer Spezialistin zu zerbrechen, dass ich möglicherweise bald in der Lage sei, zu kommunizieren. Wenn ich bedenke, was ich hier alles gesehen habe, bin ich überrascht, dass einige unter ihnen nicht etwas beunruhigter sind. Doch ganz gewiss spüre ich einen Wandel in der Art, wie meine Eltern mit mir reden, nachdem mich die Sprachtherapeuten untersucht haben. Wenn Mam fragt, ob ich genug gegessen habe, wartet sie etwas länger, bis mein Kopf nach unten fällt oder mein Mund zu lachen beginnt. Mein Vater spricht jetzt mehr und mehr zu mir, wenn er mir abends die Zähne putzt. Die Veränderungen sind so gering, dass sie meinen Eltern vielleicht nicht einmal bewusst sind, doch zum ersten Mal seit Jahren scheint Hoffnung in der Luft zu liegen.

Ich habe inzwischen genug gehört, um zu wissen, dass die ersten geeigneten Schritte zum Einüben einer Kommunikation auf dem niedrigsten Niveau beginnen müssen. Es wird also kein Hollywood-Film mit einem hübschen Happy End sein oder eine Reise nach Lourdes, wo den Stummen auf wundersame Weise eine Stimme geschenkt wird. Im Abschlussbericht der Sprachtherapeuten wird meiner Mutter und meinem Vater empfohlen, anfangs nur die allereinfachsten Formen der Kommunikation mit mir zu suchen. Offenbar sind meine Kopfbewegung und mein Lächeln weniger verlässlich, als ich dachte, daher muss ich einen eindeutigeren Weg beschreiten, mein Ja oder Nein zu signalisieren. Da meine Hände zu unzuverlässig sind, um klare Zeichen zu geben, ist das Starren auf Symbole die beste Möglichkeit für mich, mit dem ›Sprechen‹ zu beginnen.

Ich muss Symbole benutzen, weil ich weder lesen noch schreiben kann. Buchstaben haben für mich keinerlei Bedeutung, seitdem ich ins Leben zurückgekehrt bin. Fortan werden Bilder mein Dasein bestimmen: Ich werde sie leben und atmen, indem ich ihre Sprache lerne. Meinen Eltern wurde gesagt, sie sollten eine Mappe mit Wörtern und den entsprechenden Symbolen für mich zusammenstellen. ›Hallo‹ ist ein Bild mit einem Strichmännchen, das mit der Hand winkt, ›mögen‹ ist ein großer Mund mit einem breiten Grinsen, ›Danke!‹ ist das Bild eines ovalen Gesichts und zwei Händen, die flach auf das Kinn gelegt werden.

Sobald Mam und Dad alle Seiten fertig haben, die den Menschen mitteilen, wie ich heiße und wo ich wohne, dass man mir meinen Pullover anziehen soll oder dass ich aus der Sonne geschoben werden möchte, können sie diese in die Mappe einfügen. Dann können die Leute, mit denen ich mich unterhalte, langsam die Seiten umblättern, und ich starre besonders intensiv auf das Symbol, das ich meine. Wenn ich meinen Eltern mitteilen muss, dass das Essen zu heiß, kalt oder fade ist, kann ich auf eines der laminierten DIN-A4-Blätter starren, die sie an mein Platzdeckchen geheftet haben, wie ihnen empfohlen wurde.

Natürlich hat niemand auch nur die geringste Ahnung, wie viel ich von all dem verstehe, da sie noch nie den Versuch unternommen haben, dergleichen mit mir auszuprobieren. Während meiner Untersuchung zeigte ich in dem Test, dass ich simple Befehle befolgen kann – doch das kann auch ein Kleinkind. Daher muss ich mit kleinen Schritten beginnen und kann nur hoffen, dass die Leute, die mich unterrichten, schnell merken, zu wie viel mehr ich imstande bin.

Das wird eine ganze Weile dauern, aber zumindest bietet sich so ein Weg, den Leuten deutlich zu machen, dass ich Dinge verstehe, die sie mir nie zugetraut hätten. Babys mögen ja Tag für Tag püriertes Essen zu sich nehmen, ohne sich darüber zu beklagen, ich aber werde bald in der Lage sein, jemanden zu bitten, mir das Salz herüberzureichen. Zum ersten Mal in meinem Leben werde ich dann mein Essen würzen können.

9
Der Anfang und das Ende

Das Pflegeheim, in dem ich seit Beginn meiner Krankheit tagsüber untergebracht war, heißt ›Alpha and Omega‹, der Anfang und das Ende. Doch von beidem findet sich hier nicht allzu viel für mich, da ich in einer Hölle farbloser und langweiliger Tage, in völliger Monotonie gefangen bin.

Die Einrichtung ist in einem einstöckigen Gebäude untergebracht, mit zwei hellen und luftigen Räumen für die Kinder, einem kleinen Zimmer für die Physiotherapie und einem Garten. Manchmal werde ich nach draußen geschoben, doch normalerweise bleibe ich drinnen, wo ich aus einer Sitzposition in meinem Rollstuhl auf eine Matte am Fußboden gelegt werde. Meistens lässt man mich auf der Seite oder auf dem Rücken ruhen, aber mitunter werde ich mit dem Gesicht nach unten auf einen großen gepolsterten Keil gelegt, damit ein Pfleger mich ermuntern kann, meinen Kopf zu heben, indem er diesen mit der Handfläche antippt. Ansonsten liege ich reglos da, schaue auf minzgrüne Wände und höre das blecherne Geplapper aus dem Fernsehapparat oder dem Radio, das für ein konstantes Hintergrundgeräusch meiner Tage sorgt. Mir ist es lieber, wenn das Radio läuft, denn der Versuch, dem Fernsehen zu folgen, erfordert große Kraftanstrengung, und die bringe ich häufig nicht auf. Stattdessen starre ich auf die braunen Teppichfliesen und lausche auf Schritte, die draußen auf dem Linoleumboden des Korridors zu hören sind.

Man bedient sich hier einer der Grundschule angepassten Sprache, obwohl ich den Grund nicht erkennen kann, da man davon ausgeht, dass keines der Kinder lernfähig ist. Was auch immer man sich dabei gedacht haben mag, meine Leidensgenossen und ich haben ›Lehrer‹ und sind in zwei ›Klassen‹ eingeteilt, wobei von Zeit zu Zeit wahllos gewechselt wird. Manchmal werden wir in ›Kinder-die-gehen-können‹ und ›Kinder-die-es-nicht-können‹ aufgeteilt; dann wieder ist das Kriterium für die Aufteilung die Frage, wer Fortschritte macht. Einmal wurden wir sogar unserem IQ entsprechend sortiert, obwohl mir das als ziemliche Haarspalterei erschien, wenn bei jedem vorausgesetzt wird, dass sein IQ unter 30 liegt.

Gewöhnlich umfasst das Pflegepersonal ungefähr ein halbes Dutzend Personen, die uns jeden Tag versorgen und Aktivitäten wie das Strecken unserer Beine vornehmen oder unsere Hände in Farbe tauchen, bevor diese auf ein Stück Papier gepresst werden. Ein paar Kinder können sich ein wenig beteiligen, aber die meisten sind wie ich und haben nicht die erforderliche Kontrolle über ihre Bewegungen, um irgendetwas zu tun. Ich habe mich oft gefragt, zu wessen Nutzen so eine Aktivität gedacht ist, wenn ich dort sitze, man mir die Hand mit kalter roter Farbe beschmiert und sie dann über ein Blatt Papier zerrt: für uns oder unsere Eltern? Werden wir in die Rolle eines heimlichen Komplizen bei einer Notlüge gezwungen, wenn eine Pflegerin eine Zeichnung macht und dabei unsere Hand benutzt? Ich habe so häufig gesehen, wie Eltern eine Zeichnung überreicht wurde, von der sie wissen mussten, dass ihr Kind niemals dazu imstande gewesen wäre. Doch keiner von ihnen sagt ein Wort, wenn sie darauf starren.

Ein einziges Mal hörte ich, wie eine Mutter fragte, ob wirklich ihr Sohn das Bild gemalt habe, und die Pflegerin schenkte ihr ein stummes Lächeln, als wolle sie die Mutter eindringlich bitten, die Fassade falscher Zuversicht, die um uns herum aufgebaut wurde, nicht zu zerstören. Ich verstehe, weshalb Eltern einen Strohhalm haben möchten, an den sie sich klammern können, so klein und dünn er auch sein mag. Genauso verstehe ich, weshalb derartige Aktivitäten amüsant für Kinder sind, die Berührung und Ansprache als willkommene Abwechslung und Erleichterung an einem eintönig verlaufenden Tag empfinden; doch ich für meinen Teil möchte meistens, dass ich allein gelassen werde.

Gewöhnlich versuche ich gerade, Radio zu hören, wenn jemand auftaucht und mich mit einem Lächeln stört. Natürlich weiß ich, dass es nett gemeint ist, doch ich bin der Älteste hier, und die Aktivitäten sind auf sehr viel jüngere Kinder zugeschnitten. Niemand scheint in Betracht zu ziehen, dass auch Menschen, die man für geistig gehandicapt hält, sich ändern können, wenn sie älter werden.

Ungeachtet all dessen weiß ich aus Erfahrung, dass

›Alpha and Omega‹ ein weitaus besseres Pflegeheim ist als viele andere. Im Laufe der Jahre habe ich oft Leute schockiert über Dinge flüstern hören, die sie in anderen Einrichtungen gesehen haben. Sie sind zu Recht schockiert. Auch ich habe erschreckende Dinge erlebt: Wenn mein Vater auf Geschäftsreise war, wurde ich in andere Heime geschickt, weil meine Mutter sich nicht zutraute, mich alleine zu versorgen, oder wenn meine Familie Urlaub machte, da sie eine Erholungspause in der Fürsorge für mich brauchte.

Jedes Mal, wenn ich dort abgeliefert wurde, hatte ich furchtbare Angst, man würde mich nicht mehr nach Hause holen; und meine Angst wuchs von Tag zu Tag, bis sie übermächtig wurde. An dem Tag, an dem ich abgeholt werden sollte, erschien mir jede Minute wie ein Jahr, während ich darauf wartete, endlich die vertrauten Stimmen meiner Eltern zu hören. Meine größte Furcht ist, dass man mich in eine dieser Einrichtungen einsperrt, in denen Kinder wie ich den ganzen Tag ohne jede Anregung herumsitzen. Das wäre die schlimmste Form eines Todes bei lebendigem Leibe.

Daher bin ich dem hiesigen Personal dankbar, denn die Leute versuchen wenigstens, unserem Leben eine gewisse Struktur zu geben, und es ist gewiss nicht jedermanns Sache, in einer Umgebung wie dieser zu arbeiten. Ich habe die Übersicht verloren, wie viele Pfleger und Pflegerinnen ich im Laufe der Jahre habe kommen und gehen sehen. Manche verschwinden fast so schnell, wie sie gekommen sind, und ich habe gelernt, den Blick nahezu rebellierender Verwirrung zu deuten, bevor ihnen selbst überhaupt bewusst wird, was sie fühlen. Ich verstehe. Manche Leute sind verstört von etwas, das sie nicht fassen können. Es ist ihnen unangenehm, den entstellten Gesichtsausdruck eines Kindes mit Downsyndrom zu sehen, die verdrehten Gliedmaßen eines Menschen mit zerebraler Kinderlähmung oder das blicklose Starren eines Kleinkinds mit Gehirnschaden.

Doch neben all den Leuten, die es nicht aushalten, sich um diese Kinder zu kümmern, gibt es andere, für die diese Arbeit eine Berufung ist. An erster Stelle muss ich Rina nennen, die Heimleiterin. Sie hat ein rundes, freundliches Gesicht, und sie erteilte mir eine meiner ersten Lehren über jene Menschen, die mich versorgen.

Vor Jahren, als Rina noch nicht als Leiterin, sondern als Lehrerin fungierte, empfand sie große Zuneigung für ein kleines Mädchen namens Sally, das mit zerebraler Kinderlähmung geboren wurde. Rina vergötterte Sally: Sie fütterte sie mit einer speziellen Kürbissorte, die Sally besonders liebte, wiegte sie in ihren Armen und spielte Musik, die sie immer zum Lachen brachte. Rina war dem kleinen Mädchen tatsächlich so nahe, dass sie nachts im Krankenhaus war, als Sally im Alter von sechs Jahren an Lungenentzündung starb.

Danach verschwand ein Teil des Glanzes in Rinas Augen, und zu sehen, wie bitterlich sie um Sally trauerte, lehrte mich, dass Kinder wie ich selbst weit mehr sein können als nur ein Job. Dies war ein tröstlicher Gedanke, den ich über die Jahre hinweg mit mir herumtragen konnte, und ich erinnerte mich immer daran, wenn ich Menschen begegnete, die mich gerade mal etwas besser behandelten als ein geschlachtetes Suppenhuhn, das in den Kochtopf gehört. Kein Fitzelchen menschlicher Wärme bringt deren frostige Professionalität zum Schmelzen. Sie schleppen einen herum wie einen Sack Kartoffeln, waschen einen gedankenlos und flott mit eiskaltem Wasser, wischen einem immer Seife in die Augen, auch wenn man sie noch so fest zukneift, und dann stopfen sie Essen in einen hinein, das entweder zu kalt oder zu heiß ist. Dabei verlieren sie die ganze Zeit über kein einziges Wort, und aus Angst, ein Mensch könnte ihren Blick mit einem Starren erwidern, wagen sie nicht zu lächeln.

Noch schlimmer allerdings sind sogenannte Pfleger, deren Gefühllosigkeit sich weit persönlicher äußert. Ich wurde schon als »Hindernis«, »Dummkopf« und »Müll« bezeichnet, und zwar durch Leute, die sich einbilden, etwas Besseres zu sein, dabei zeigen sie doch nur, wie beschränkt sie in Wirklichkeit sind. Glauben die etwa, eine niedrigere Intelligenz bedeute, dass ein Kind die Bösartigkeit einer Berührung nicht spürt, dass es Ärger in der Stimme nicht wahrnimmt? Besonders in Erinnerung sind mir der Windstoß kalter Luft, der mich jeden Nachmittag aufweckte, wenn eine Frau mir ungeduldig die Bettdecke vom Leib riss, und der Aushilfspfleger, der mich derart brutal und ungeduldig in einen Rollstuhl presste, dass ich herausfiel und kopfüber auf den Boden knallte, als der Stuhl nach vorne kippte.

Mal abgesehen von diesen Erfahrungen bin ich zu der Überzeugung gekommen, dass es unter den Leuten, die sich um Kinder wie mich kümmern, mehr gute als schlechte Menschen gibt, denn wenn ich auf die Jahre zurückschaue, sehe ich einen Strom lächelnder Gesichter. Da gab es Unna, die ständig zu schwitzen schien, weil ihre Nase permanent glänzte, oder Heila, deren Puls mit derart ängstlicher Energie schlug, dass ihre Zunge selbst dann nicht zu wackeln aufhörte, wenn sie sich die Lippen leckte. Heute ist Marietta da, die von der Seifenoper *Zeit der Sehnsucht* total begeistert ist und hinter ihrem ruhigen Äußeren ein hitziges Temperament verbirgt; außerdem Helen, die immer kichert, wenn sie mich kitzelt, und die Fingernägel mit einem abwärts verlaufenden Streifen in der Mitte hat, auf die ich ständig starren muss. Und dann ist da noch meine persönliche Favoritin: Dora. Sie ist mittleren Alters, mollig und stets lächelnd. Ihre Gelassenheit beruhigt mich, und ihre Freundlichkeit verleiht ihren Augen ein weiches, fließendes Braun.

So unterschiedlich sie auch sein mögen, eine Sache ist all diesen Frauen gemein, und das ist die Freude an Klatsch und Tratsch, Neuigkeiten verbreiten und untereinander Mitgefühl für die Sorgen der anderen zeigen. Ich habe Geschichten über Schlangen gehört, die nachts in Häuser gekrochen kamen und von einem tapferen

Ehemann totgeschlagen wurden, Märchen von lecken Wasserleitungen, die dazu führten, dass es im Haus zu regnen begann und die Decken herabzustürzen drohten, und Schilderungen von Enkelkindern, die wie verrückt auf ihren Betten herumspringen, wenn ein bestimmtes Lied gespielt wird. Ich weiß von den Bemühungen, mit einem Elternteil fertigzuwerden, das an Alzheimer leidet, von den Sorgen, sich um kranke Verwandte kümmern zu müssen, und von den Schwierigkeiten, Unterhalt von einem zahlungsunwilligen Exmann zu bekommen.

Aber worüber sie ansonsten auch immer reden mögen, mir ist klar geworden, dass es drei Themen gibt, auf die Frauen in ihren Gesprächen unweigerlich zurückkommen: ihre Männer, die häufig eine Enttäuschung sind; ihre Kinder, die in der Regel wunderbar sind; und ihr Gewicht, das immer zu hoch ist. Ein ums andere Mal höre ich sie sich einander bemitleiden, wie schwer es ist, Männer verantwortungsbewusster und Diäten effektiver zu machen. Während ich die Probleme mit ihren Ehemännern nicht verstehe, rutscht mir immer das Herz in die Hose, wenn ich sie von Kalorienzählen reden höre. Frauen glauben anscheinend, es müsse ihnen besser gehen, wenn sie sich einer Diät unterziehen, aus Erfahrung weiß ich es aber besser. Tatsächlich kann ich mit Bestimmtheit sagen: Je weniger Frauen essen, desto griesgrämiger werden sie.

10
Tag für Tag

Das Leben nimmt endgültig einen neuen Anlauf für mich, als meine Eltern darüber reden, wie sie mir am besten helfen können. Ihre Vorstellungen übersteigen bei weitem das Hantieren mit Papiersymbolen, und ich weiß, dass sie mir eine elektronische Kommunikationsvorrichtung wie diesen schwarzen Kasten kaufen werden, den wir bei meiner Untersuchung gesehen haben. Das ist ein Vertrauensvorschuss, für den ich mich gerne bei ihnen bedanken würde. Sie haben ja immer noch keine Ahnung, ob ich in der Lage bin, mit so einem Gerät umzugehen, doch sie wollen es versuchen, da der durch meinen Test hervorgerufene kleine Hoffnungsfunke ein Feuer in ihnen entfacht hat.

Gemeinsam entdecken wir eine neue Welt, die sich ›Augmentative and Alternative Communication‹ nennt, kurz AAC. Das ist ein Angebot von Systemen und Methoden, die dem Stummen durch alles Mögliche eine Stimme bieten, von den einfachsten Formen der Kommunikation wie dem Zeigen, Blinzeln oder Starren auf Symbole, die einem durch eine andere Person hingehalten werden, bis hin zu sprachgenerierenden Hochtechnologie-Geräten und Computerprogrammen, die von dem Stummen selbst bedient werden.

Um ein Gerät unabhängig von anderen Personen handhaben zu können, muss ich in der Lage sein, Schalter zu betätigen, daher bringt mich meine Mutter erneut zu Shakila und einer Physiotherapeutin namens Jill. Nachdem sie mich ein weiteres Mal getestet haben, ermitteln sie die beiden Schalter, mit denen ich vermutlich am besten umgehen kann: Einer, Stiel-Schalter genannt, ist ein kleiner viereckiger Kasten, der in meiner Handfläche liegt und bedient wird, indem ich meine Finger einrolle, um auf die Taste zu drücken. Der andere ist ein Kippschalter, dessen Hebel lang genug ist, um von meiner nicht treffsicheren Hand erwischt zu werden, wenn ich sie in die richtige Richtung schlage.

Zunächst war ich total aus dem Häuschen, als meine Eltern beschlossen, einen bestimmten Apparat für mich zu kaufen. Doch als ich dann feststelle, dass ich ihn nicht haben will, weil dieser schwarze Kasten lediglich ungefähr 250 Wörter und Sätze speichern kann, bin ich unheimlich frustriert. Die Möglichkeit echter Kommunikation wird mir schließlich nur in äußerst beschränktem Maße eröffnet, wenn ich nicht mehr als 250 Aussagen zur Verfügung habe und dabei spüre, dass die Worte in mir grenzenlos sprudeln.

Dann aber wird die südafrikanische Währung plötzlich abgewertet, und meine Eltern müssen den Auftrag für das Gerät stornieren, nachdem es fast doppelt so teuer geworden ist. Stattdessen beschließen sie, mir einen Computer zu kaufen, auf dem Kommunikations-

Software installiert werden kann. Dies ist eine mutige Entscheidung, denn niemand sonst in Südafrika benutzt einen solchen Computer. Sprachtherapeuten werden uns nicht helfen können – niemand kann es. Wenn ich also etwas lernen soll, dann ist es einzig und allein die Aufgabe von mir und meinen Eltern; und diese wissen nicht einmal, ob ich überhaupt einen Computer bedienen kann.

Fürs Erste müssen sie klären, welche Software sie kaufen sollen, und wofür sie sich auch immer entscheiden, für mich kann es die Dinge vollkommen verändern. Es ist nervenaufreibend und beglückend zugleich. Und doch sind meine Gefühle sehr zwiespältig: Einerseits begeistert mich der Gedanke, das Kommunizieren zu lernen, andererseits empfinde ich Schuldgefühle, weil ich glücklich bin, nicht den schwarzen Kasten zu bekommen, und schließlich habe ich Gewissensbisse, weil meine Eltern doch so viel Vertrauen in mich gesetzt haben, als sie das Gerät für mich bestellten. Jede Emotion äußert sich anders: Begeisterung lässt mein Herz schneller schlagen, Schuldgefühle verursachen tief im Innersten eine Woge von Übelkeit, und Gewissensbisse machen mir das Herz schwer. Diese Empfindungen unterscheiden sich gewaltig von dem, was ich seit langem verspürt habe – das Gefühl, langsam zu einem grauen Etwas abzustumpfen, um mich selbst davor zu schützen, durch die Monotonie meines Daseins in den Wahnsinn getrieben zu werden.

»Hallo, mein Junge«, sagt mein Vater, wenn er jeden Tag um 6.00 Uhr in mein Zimmer kommt.

Dad ist immer schon angezogen, wenn er mich zurechtmacht. Dann wäscht er mich und zieht mich an, bevor er mich mit dem Rollstuhl in die Küche schiebt, wo ich mit einer Schüssel Getreide gefüttert werde. Danach bekomme ich eine Tasse Kaffee, den ich mithilfe eines Strohhalms trinke. Wenn wir damit fertig sind, werden wir uns bald zum Pflegeheim aufmachen, wie ich weiß. Dad setzt mich dort jeden Morgen auf seinem Weg zur Arbeit ab, und als Letztes, bevor er das Heim verlässt, legt er mir einen Beutel in den Schoß, der saubere Kleidung, Einlagen und Lätzchen enthält, die ich tagsüber brauchen werde, außerdem eine Kühltasche mit Essen und Getränken.

Der Moment, in dem sich die Haustür öffnet, ist immer ein kleiner Nervenkitzel für mich. Immerhin ist die Frage, wie das Wetter wohl sein wird, einer der wenigen nicht vorhersehbaren Bestandteile des Tages. Haben wir einen Kälteeinbruch, oder ist der Himmel bedeckt? Da die Sonne hier sehr viel scheint, erlebe ich nur selten eine Überraschung, aber ich genieße diesen kurzen Moment der Ungewissheit, während mein Vater die Tür öffnet.

Nachdem mich Dad ins Auto gesetzt und den zusammengeklappten Rollstuhl in den Kofferraum gelegt hat, steigt er neben mir ein, schaltet das Radio ein, und dann fahren wir schweigend los. Eine halbe Stunde später erreichen wir das Pflegeheim, wo Dad mich wieder aus dem Auto hebt und in den Rollstuhl setzt. Dann legt er mir den Beutel in den Schoß und schiebt mich zu dem braunen Tor, das den Eingang zu ›Alpha and Omega‹ sichert. Während er mich den Korridor hinab zu meinem Klassenzimmer schiebt, weiß ich, dass ich gleich für einen weiteren Tag zurückgelassen werde. Normalerweise ist es zwischen 7.15 und 8.10 Uhr, wenn mein Vater sich verabschiedet, und das heißt, ich muss bis zu elf Stunden warten, bevor ich ihn wiedersehe.

»Tschüss, mein Junge«, sagt er, während er sich zu mir herunterbeugt, um mir einen Kuss zu geben. Dann höre ich, wie sich seine Schritte entfernen, wenn er den Korridor entlanggeht.

Die Tage im Pflegeheim beginnen im Grunde erst richtig gegen 9.30 Uhr. Daher sitze ich bis dahin in meinem Rollstuhl oder werde manchmal in einen Knautschsessel gelegt, was ich bevorzuge, da mein Körper darin so schön gestützt wird. Dann liege oder sitze ich für den Rest des Morgens herum, und zuweilen hebt man mich hoch, um Dehnübungen zu machen oder an Aktivitäten teilzunehmen. Nach einer Tasse Tee am späten Vormittag werde ich ab und zu an die frische Luft gebracht, und anderthalb Stunden später gibt es Mittagessen, jeden Tag dasselbe: Fruchtkompott und Joghurt, gefolgt von Orangen- oder Guavensaft. Mittags legt man mich wie die anderen Kinder zum Schlafen hin, und drei wertvolle Stunden verstreichen, bevor ich für mein

Nachmittagsgetränk geweckt und wieder in meinen Rollstuhl gesetzt werde, um auf Dad zu warten.

Diesen Tagesabschnitt empfinde ich oft als besonders hart, da Dad gewöhnlich erst zwischen 17.20 und 18.30 Uhr erscheint, obwohl das Heim offiziell bereits um 17.15 Uhr schließt. Mein Vater kann seinen Arbeitsplatz nicht früher verlassen, und häufig wird er im Berufsverkehr aufgehalten. Einigen des Heimpersonals missfällt das, und so muss ich mir häufig anhören, dass man über ihn schimpft. Das macht mich jedes Mal traurig und wütend, denn ich weiß, dass er sich die allergrößte Mühe gibt.

»Hallo, mein Junge«, sagt er lachend, als er endlich mein Klassenzimmer betritt, und ich seufze erleichtert, da ich wieder einen Tag hinter mich gebracht habe.

Dann wird mir der Beutel in den Schoß gelegt, ich werde zum Auto geschoben, der Rollstuhl wird im Kofferraum verstaut, und wir fahren nach Hause, wobei wir Radio hören. Nachdem wir den Wagen in der Einfahrt abgestellt und das Haus betreten haben, treffen wir Mam gewöhnlich beim Kochen an, danach sitzen wir um den Tisch im Esszimmer herum, bevor ich eine Tasse Milchkaffee bekomme und auf das Sofa im Wohnzimmer direkt gegenüber dem Fernsehapparat gelegt werde. An den meisten Abenden schläft mein Vater mitten im Programm in seinem Sessel ein, dann wacht er auf, setzt mich in meinen Rollstuhl, schiebt mich ins Badezimmer und legt mich ins Bett, nachdem er mich ausgezogen hat.

Die einzige Abwechslung in diesem Routineablauf gibt es an den Wochenenden, wenn ich zu Hause bleibe und so lange im Bett liegen kann, bis ich ins Wohnzimmer geholt werde, wo ich den Tag liegend oder sitzend verbringe. Aber zumindest bin ich im Kreis meiner Familie und höre, wie sie alle reden. Das sind die Tage, die mir wieder die Kraft für die nächste Woche geben, denn ich bin gerne mit meinen Eltern und David zusammen – und war es ebenfalls mit Kim, bevor sie nach Großbritannien zog.

Das ist aber auch der Grund, weshalb ich immer traurig bin, wenn Dad mich am Sonntagabend badet und mir dabei die Haare wäscht, denn das sind die Vorbereitungen für eine weitere Woche im Pflegeheim. Alle zwei oder drei Wochen schneidet er mir die Finger- und Zehennägel, und das hasse ich sehr.

So sieht die Routine meines Lebens aus, und so war es, seit ich mich erinnern kann. Ist es da verwunderlich, dass ich mich an jedes Wort klammere, das meine Eltern von sich geben, wenn sie beraten, was zu tun sei, und dass ich von einer Zukunft zu träumen beginne, die ich nie für möglich gehalten habe?

11
Die Kreatur

Virna alleine war es gewesen, die mir einen sicheren Weg aus meinem stummen Dasein geebnet hatte, drei Jahre nach unserer ersten Begegnung. Im Gegensatz zu Menschen, die mich jetzt mit Symbolen und Wählscheiben, Schaltern und Bildschirmen zu erreichen versuchen, konnte sich Virna nur auf ihre Intuition verlassen. Wie ein Meisterdetektiv verfolgte sie die Spuren, die ich manchmal unbeabsichtigt hinterließ, und suchte dabei nie nach einem einzigen eindeutigen Beweisstück. Stattdessen gab sie sich damit zufrieden, eine Kette winziger Puzzleteile zusammenzufügen, um daraus ein Ganzes zu machen.

Das brauchte Zeit. Zunächst wollte ich überhaupt nicht, dass jemand mit mir zu kommunizieren versuchte. Ich hatte sogar Angst davor, jemand könnte es tun. Doch als ich merkte, dass Virna nicht aufgeben würde, öffnete ich mich nach und nach, und im Verlauf der folgenden Monate und Jahre wuchs eine Freundschaft zwischen uns.

»Wie geht's dir denn heute, Martin?«, fragte sie, wenn sie in den winzigen Raum im ›Alpha and Omega‹ kam, in dem sie mich einmal wöchentlich massierte.

Auf dem Rücken liegend, beobachtete ich dann, wie

sie den Reißverschluss der kleinen Tasche öffnete, in der sich die ganzen Öle befanden, die sie ständig mit sich herumschleppte. Wenn ich hörte, dass eine Flasche geöffnet wurde, wartete ich, welcher Geruch sich verbreitete. Manchmal war es Zitrone, manchmal Minze oder Eukalyptus, doch sobald der Duft meine Nase erreichte, wusste ich, dass ich gleich hart rangenommen würde.

»Ich nehme mir jetzt erst mal deine Füße vor, danach mache ich den Rücken«, sagt Virna. »Die haben wir ein paar Wochen vernachlässigt, und ich bin sicher, sie müssen wund sein.«

Sie schaut mich fragend an. Virna ist klein und schlank, ihre Stimme passt dazu, und ich habe immer gewusst, dass sie nett ist. Schon beim ersten Mal, als sie mit mir sprach, konnte ich es hören, und ich spürte es an den heilenden Fingerspitzen, die meine, infolge fehlenden Gebrauchs, seit langem verkümmerten Muskeln bearbeiteten.

Mein Herz schmilzt, wenn ich Virna anschaue. Wir haben jetzt fünfundvierzig gemeinsame Minuten, und wie ein Kind, das nachzählt, wie viele Muscheln es an einem Tag am Strand gesammelt hat, werde ich später jede einzelne Minute noch einmal durchleben. Ich muss aufpassen, dass ich diese Momente nicht zu hastig angehe. Stattdessen werde ich jeden möglichst langsam genießen, sodass ich ihn mir wiederholen kann, denn diese Augenblicke sind es, die mir jetzt Kraft geben. Virna ist die Einzige, die mich wirklich sieht. Wichtiger noch, sie glaubt an mich. Sie versteht meine Sprache – mein Lachen, meinen starren Blick und mein Nicken, denn das ist alles, was mir zur Verfügung steht.

»Geht es deiner Familie gut?«, fragt sie und massiert mich weiter.

Meine Augen verfolgen sie, während ich auf dem Rücken liege. Ich verziehe keine Miene, um ihr mitzuteilen, dass jemand krank ist.

»Ist dein Vater erkrankt?«

Ich antworte nicht.

»Deine Mutter?«

Wieder nichts.

»Ist es David?«

Ich schenke Virna ein Lächeln, um zu zeigen, dass sie richtigliegt.

»Armer David«, sagt sie. »Was hat er denn? Ist er erkältet?«

Ich werfe den Kopf mit einem Ruck nach unten.

»Mandelentzündung?«

Ich zucke erneut mit meinem schwachen Genick, doch das reicht, um Virna verstehen zu lassen. Sie fährt sich über Ohr, Nase und Kehle, und als sie die Brust erreicht, lächle ich wieder.

»Er hat eine Brustkorbinfektion?«

Ich ziehe die Augenbrauen zusammen, um ihr zu erklären, dass sie fast recht hat.

»Doch nicht etwa Lungenentzündung?«, fragt sie.

Ich stoße heftig Luft durch die Nase.

»Was gibt es denn sonst noch?«

Wir starren uns an.

»Bronchitis?«, fragt Virna schließlich.

Ein Glücksgefühl durchflutet mich, während ich lächle. Ich bin Muhammad Ali, John McEnroe, Fred Trueman. Die Menge tobt und applaudiert, als ich eine Ehrenrunde im Stadion drehe. Virna erwidert mein Lächeln. Sie versteht. Ich werde diesen Moment bis zu unserem nächsten Termin ein ums andere Mal durchleben, denn dieser – und die anderen, die diesem ähneln – sind ein Schwert, das den Mantel der Unsichtbarkeit durchtrennt, in den ich eingehüllt wurde.

Virna beflügelte sogar andere, mehr mit mir zu reden – insbesondere meine Schwester Kim. Ich wusste schon immer, dass ihr mein Wohlergehen am Herzen lag: Sie fütterte mich mit Bratensoße, die sie auf ihrem Teller zurückgehalten hatte, weil ich sie unheimlich gerne mochte, sie brachte mir Pookie, damit er sich auf meinen Schoß legen konnte, oder sie zog meinen Rollstuhl dicht zu sich heran, wenn sie fernsah. Und als Kim mitbekam, dass ich auf Virna reagierte, begann sie mehr mit mir zu reden: Sie erzählte mir aus ihrem Leben auf eine Weise, wie es wohl jede Schwester ihrem älteren Bruder gegenüber tun würde. Sie berichtete, was sich an der Universität abspielte, dass sie sich während der Ausbildung zur Sozialarbeiterin Sorgen wegen einer Seminararbeit machte, oder sie erzählte von den Freunden, die sie glücklich gemacht hatten, und von anderen, von denen sie das nicht sagen konnte. Natürlich wusste Kim nicht, dass ich jedes Wort verstand, und ich glaubte, mein Herz müsse vor Freude zerspringen, als ich zusehen durfte, wie sie das Podium betrat, um ihre Abschlussurkunde in Empfang zu nehmen. Außer Virna war sie der einzige Mensch, der zu interpretieren verstand, was ich gelegentlich zu kommunizieren versuchte, da sie besser als die meisten anderen erraten konnte, was ich mochte und was nicht.

Deshalb vermisse ich Kim auch so sehr, seit sie vor einem Jahr nach England gezogen ist, aber Gott sei Dank habe ich ja noch Virna. In einer Umgebung, in der die Leute ohne jede Anteilnahme über meine physischen Bedürfnisse reden – ob mir kalt oder zu warm ist, ob ich müde oder hungrig bin –, betrachtet sie mich als Person, nicht als leeres Gefäß. Jetzt ist Kim nicht mehr da, um mich in die Arme zu schließen, und Virna ist der einzige Mensch, der mich nicht nur flüchtig und routinemäßig berührt. Andere waschen mich und trocknen mich ab, sie kleiden mich an und bürsten mich ab, doch das ist immer nur funktional, zweckgebunden. Nur Virna berührt mich aus keinem anderen Grund, als meinem abscheuerregenden Körper Linderung zu verschaffen. Sie besänftigt und heilt, sie vermittelt mir das Gefühl, etwas anderes als nur eine abstoßende Kreatur zu sein.

Ich verstehe, dass mich die Leute nicht liebevoll berühren, weil sie ängstlich sind. Um ehrlich zu sein, ich habe selbst ein wenig Angst vor mir. Wenn ich mich mal im Spiegel sehe, schaue ich schnell wieder weg, denn sonst starrt mich da ein Mann mit glasigen Augen an, mit einem umgebundenen Lätzchen, das seinen Speichel auffängt, und mit Armen, die zur Brust hochgezogen sind wie bei einem Hund, der um einen Knochen bettelt. Diesen Fremden erkenne ich schon kaum, daher verstehe ich, wenn andere Leute ihn nur schwer ertragen können.

Vor ein paar Jahren war ich bei einem Familienfest, und da hörte ich, wie eine meiner Verwandten über mich sprach, während ich in der Ecke saß. »Schau ihn dir an«, sagte sie traurig. »Ein armes Ding. Was für ein Leben ist das?«

Ich schämte mich furchtbar, während die Frau den Blick abwendete. Sie hielt es nicht mehr aus, mich anzusehen, und ich wusste, dass ich ihr die Freude an diesem Fest gründlich verdorben hatte. Das war kein Wunder. Wie konnte jemand Spaß haben, wenn er mit einem derart jämmerlichen Anblick konfrontiert wurde?

12
Leben und Tod

Jetzt bin ich bereit, die ersten Steigeisen in die Felswand der Kommunikation zu schlagen. Die Schalter, die ich benutzen werde, um einen Computer zu bedienen, sind eingetroffen, und ich habe bereits mit ihnen geübt. Ich weiß, dass sie erheblich mehr sind als nur Schrauben und Muttern, Plastikscheiben oder ein Geflecht aus elektrischen Drähten. Reden, chatten, diskutieren, scherzen, schwätzen, mich unterhalten, verhandeln, klatschen: All dies liegt jetzt im Bereich meiner Möglichkeiten, dank der Schalter. Loben, fragen, danken, anfordern, beglückwünschen, hinterfragen, reklamieren und debattieren: Auch das wird mir bald möglich sein.

Doch zunächst müssen wir entscheiden, welches Softwareprogramm wir kaufen sollen, daher bestellen meine Eltern verschiedene Demonstrations-CDs aus Europa und Amerika, um sie zu testen. Wochen werden zu Monaten, während meine Mutter Stunden damit verbringt, im Internet nach Webseiten zu suchen, die nur langsam geladen werden. Mein Vater widmet seine Abende dem Studium von Informationen, die er tagsüber auf der Arbeit ausgedruckt hat.

Ich schaue und höre zu, und dabei komme ich langsam dahinter, was mir am ehesten helfen wird, mich auszudrücken. Wie ein Künstler, der die Farbe so mischt, dass sie die richtige Konsistenz für die Leinwand hat, muss ich die richtige Software wählen. Jetzt, fast sechs Monate nach den ersten Tests, drängen mich meine Eltern, ihnen zu sagen, was ich haben möchte. Sie fragen mich, da sie gesehen haben, dass ich meinen Kopf nicht mehr wie ein geprügelter Hund hängen lasse, nachdem es jetzt interessante Dinge gibt, die ich mir anschauen kann. Hoffnung keimt in meinen Eltern auf, als sie winzige Anzeichen erkennen, was ich eventuell zu leisten imstande bin.

Ich denke unentwegt darüber nach, wie sich mein Leben verändern wird, sobald wir endgültig entschieden haben, welche Software wir nehmen. Der Gedanke, dass ich vielleicht schon bald meine ›Stimme‹ so oft ich will sagen höre »Ich habe Hunger«, erstaunt mich. Die Erkenntnis, vielleicht fragen zu können »Was gibt's im Fernsehen?«, verblüfft mich. Diese einfachen Sätze sind mein ganz persönlicher Mount Everest, und die Vorstellung, ich könnte sie bald beherrschen, ist schier unglaublich.

Ich bin auf gewisse Symbole angewiesen, die ich neugierig betrachte. Wer wird durch ein ausdrucksloses Gesicht mit einem Fragezeichen darin dargestellt, und was ist ein Viereck mit einem Fragezeichen in der Mitte. Dies sind die Bausteine für Fragen, die ich bislang nicht habe stellen können. Ich möchte oder Ich will erscheint als ein Paar Hände, die nach einem roten Block greifen, während zwei parallel laufende dicke schwarze Linien Ich bin bedeuten. Auf dieses Symbol werde ich vielleicht häufiger als auf alle anderen zurückkommen, da ich so unsicher bin, was ich nach diesen beiden kurzen Wörtern sagen soll. Ich bin ... Was? Wer? Ich weiß es nicht. Ich hatte nie die Möglichkeit, es herauszufinden.

Bevor ich beginne, diese Fragen zu beantworten, muss ich die Grundlagen aller Sätze beherrschen – einfache Wörter und deren Symbole. Saft, Tee, Zucker, Milch, Hallo, auf Wiedersehen, ich, du, wir, sie, nein, ja, Huhn, Chips, Fleisch, und, Haar, Mund, Brot, tschüss: Erst wenn ich diese gelernt habe, kann ich anfangen, sie zusammenzusetzen und Sätze damit zu bilden.

```
»Ich hätte gerne Orangensaft.«
»Nein, danke!«
»Ich habe Hunger.«
»Ich möchte ins Bett.«
»Ich hätte gerne Radieschen und ein Toast-
  brot mit Marmelade.«
```

Doch vorher muss ich meinen Eltern zeigen, welches Softwareprogramm ich haben möchte. Dazu muss ich mit dem Kopf nicken, wenn sie die Namen vorlesen, und es ist fast unmöglich, eine Entscheidung zu treffen. Immer wieder haben sie mich gefragt, doch ich schaffe es einfach nicht, eine Wahl zu treffen, und seit Wochen sind wir kein Stück weitergekommen.

»Es gibt Situationen im Leben, da muss man sich einfach vorwärtsbewegen«, hat mir mein Vater vor ein paar

Tagen gesagt. »Dann muss man eine Entscheidung treffen und sich daran halten. Wir möchten doch nur, dass du uns zeigst, welche Software wir für dich kaufen sollen. Wir sind ziemlich sicher, dass du weißt, welche du haben möchtest, Martin.«

Er schaut mich an, während ich ihn stumm anstarre.

»Dies ist doch nur der Beginn«, sagt Dad sanft. »Es geht nicht um Leben und Tod.«

Für mich aber scheint es so. Nie zuvor habe ich Entscheidungen getroffen, und jetzt soll ich die schwierigste von allen treffen. Wie wählt man die Brücke aus, die man benutzt, um von einer Welt in die andere zu gelangen? Diese Software ist nicht nur ein Stück Ausrüstung: Sie wird meine Stimme sein! Was, wenn ich die falsche Wahl treffe? Was, wenn ich etwas nehme, das mich zu sehr einschränkt oder in der Anwendung zu komplex für mich ist? Wenn ich einen Fehler mache, bekomme ich diese Chance vielleicht nie wieder.

»Wir können etwas anderes kaufen, wenn wir beim ersten Mal nicht das Richtige bekommen«, sagt mir meine Mutter.

Doch ihre Beschwichtigungen können meine Ängste nicht zerstreuen. Während ein Teil von mir sich noch fragt, wie weit der Glaube meiner Eltern reicht – wenn ich die Software nicht benutzen kann, werden sie dann den wilden Traum aufgeben, von dem die Skeptiker ohnehin glauben, er werde sich nie realisieren lassen –, frage ich mich gleichzeitig, was es bedeutet, wenn alles gut geht und sich meine Welt langsam öffnet. Meine Eltern glauben inzwischen ja vielleicht, dass ich zu mehr imstande bin, als irgendjemand für möglich gehalten hat, da sie selbst gesehen haben, dass meine rechte Hand etwas besser mit dem Schalter umgehen kann, und sie haben erlebt, dass mein Training mit dem Auswählen der Symbole schnell vorangeht. Doch sie haben immer noch nicht ganz verstanden: Was geschieht mit uns, wenn sich die uns seit langem vertraute Welt in einem Maße ändert, dass sie aus den Fugen gerät? Ich bin so sehr an einen Käfig gewöhnt, dass ich nicht weiß, ob es mir gelingen wird, bis zum Horizont zu blicken, selbst wenn ich auf ihn starre.

Während mich noch Zweifel und Angst erfüllen, zwinge ich mich, an ein Telefonat zu denken, das meine Eltern und David ein paar Wochen zuvor zu Weihnachten mit Kim geführt haben. Die vier schwatzten miteinander, und ich saß nervös vor dem Computer meiner Eltern, meine Hände zitterten noch stärker als gewöhnlich, als ich langsam Symbole anklickte. Dann hielt mein Vater den Telefonhörer dicht an den Lautsprecher des Computers, und ich drückte zum letzten Mal auf den Schalter.

»Hallo, Kim!«, sagte meine geisterhafte Computerstimme. »Fröhliche Weihnachten!«

Für einen Moment herrschte Stille, dann begann meine Schwester zu sprechen, und aus einer Entfernung von ungefähr zehntausend Kilometern hörte ich die Freude in ihrer Stimme. In diesem Moment wusste ich, dass der Geisterjunge doch ins Leben zurückkehrte.

13
Meine Mutter

Frustration macht sich im Gesicht meiner Mutter breit, als sie mich anstarrt. Diesen Blick kenne ich gut. Manchmal werden ihre Züge so starr, dass ihre Miene beinahe einfriert. Wir arbeiten zusammen am Computer und versuchen, meinem wachsenden Vokabular neue Wörter hinzuzufügen. Es ist August 2002, ein Jahr nach dem ersten Test, und seit ungefähr sechs Monaten lernen wir den Umgang mit meinem Computersystem. Nachdem ich schließlich entschieden hatte, welche Software ich haben wollte, brachte Kim diese aus England mit, als sie uns besuchte, und inzwischen habe ich sogar meinen eigenen Laptop. Mam nahm mich mit in die Stadt und kaufte mir einen.

»Diese hier sind alle zu alt«, sagte sie zielstrebig zu dem Verkäufer, während sie die Displays der Laptops begutachtete, die wie Grabsteine in dem Computerladen aufgereiht waren. »Ich will den neuesten, den Sie haben, das Spitzenangebot, bitte. Er muss schnell und leistungsfähig sein. Mein Sohn darf keine Probleme damit haben.«

Wieder einmal konnte ich beobachten, wie sie für mich kämpfte. Im Laufe der Jahre hatte ich ihre bestimmte, aber höfliche Art oft genug bewundert. Bei Ärzten hatte ich erlebt, wie sie hartnäckig blieb, wenn ihr gesagt wurde, mir fehle nichts. Dann verlangte sie eine neue Untersuchung, und von anderen Doktoren, die mich ans Ende der Warteliste setzen wollten, ließ sie sich nicht abwimmeln. Jetzt sorgte sie dafür, dass ich den besten Laptop bekam, den der Laden zu bieten hatte.

Anfangs traute ich mich kaum, das gute Stück zu berühren und starrte es nur an, wenn Dad, Mam oder David es anschalteten. Ehrfürchtig lauschte ich der Musik, die erklang, sobald der schwarze Bildschirm zum Leben erwachte, und ich fragte mich, wie ich jemals lernen sollte, dieses seltsame Gerät zu beherrschen, wo ich doch noch nicht einmal etwas mit der Tastatur anfangen konnte. Vielleicht waren die Buchstaben ja nur eine andere Art von Symbolen, doch im Gegensatz zu den Bildern, für die ich in den letzten Monaten viel Zeit gebraucht hatte, um sie zu lernen, wusste ich jetzt nicht einmal, wie ich sie lesen sollte.

So wie man die Wörter beim Sprechen ganz selbstverständlich wählt, muss ich jetzt das aussuchen, was meine neue Computer-›Stimme‹ sagen soll, indem ich Wörter aus Vokabel-Gittern oder -Seiten selektiere. Bei meiner Software war sehr wenig vorprogrammiert, als ich sie erhielt, daher müssen meine Mutter und ich jetzt jedes einzelne Wort, das ich haben will, in mein Vokabular eingeben und dem entsprechenden Symbol zuordnen. Danach bin ich dann in der Lage, mithilfe meiner Schalter die Wörter auf dem Bildschirm zu bewegen und zu wählen, was ich sagen will, bevor der Computer es in gesprochene Wörter umsetzt.

Heute arbeiten meine Mutter und ich an Wörtern, die die Farben betreffen, und sie hilft mir dabei, wie sie es schon in meiner Kindheit getan hat, eine neue Sprache zu lernen. Mam hat ihren Job als Röntgenassistentin aufgegeben, um mich intensiv zu unterrichten, und wir können jeden Tag mehrere Stunden büffeln, da sie mich schon um 14.00 Uhr aus dem Pflegeheim abholt. Wenn wir zu Hause sind, arbeiten wir ungefähr vier Stunden an der Erstellung von Gittern, danach übe ich, indem ich diese alleine benutze.

Ich weiß, dass sie von der Geschwindigkeit, mit der ich lerne, überrascht wurde. Anfangs musste sie sich selbst erst einmal erarbeiten, wie sie die Software nutzen konnte, bevor sie es mir zeigte. Doch nach einiger Zeit hat sie gesehen, dass ich jede Aufgabe, die sie mir stellt, ausführen kann, und sie traut mir zu, noch mehr zu leisten. Daher liest Mam mir jetzt die Computermanuals vor, statt sich hinzusetzen und sie alleine zu studieren, und ich präge mir alles ein, was sie sagt, sodass wir gemeinsam lernen können. Mittlerweile scheine ich die Anleitungen besser zu verstehen als sie, und es kommt vor, dass ich warten muss, bis sie ihren Fehler erkannt hat. Doch es gibt keinen Weg, es ihr zu sagen, da sich meine Kommunikation trotz aller Fortschritte immer noch auf den Gebrauch der einfachsten Wörter und Sätze beschränkt.

Jetzt schaue ich Mam an, während sie mich anstarrt, bevor sie sich dem Bildschirm zuwendet. Bisher haben wir heute dem Gitter die Regenbogenfarben hinzugefügt – Rot, Gelb, Rosa, Grün, Violett und Orange – sowie die anderen offenkundigen Alternativen wie Blau, Schwarz und Braun. Doch nun wird es schwieriger, denn wir bewegen uns auf die anspruchsvolleren Schattierungen des Farbspektrums zu.

»Kirschrot?«, fragt Mam.

Ich verziehe keine Miene.

»Smaragdgrün?«

Ich weiß genau, welches Wort ich will. Wir geraten häufig in eine Sackgasse wie diese, wenn wir ein Gitter entwickeln.

»Magenta?«

Ich reagiere nicht.

»Marineblau?«

Für einen Moment kommt Frustration in mir auf, während ich darauf hoffe, meine Mutter könnte das von mir gewünschte Wort erraten. Gelingt es ihr nicht, werde ich nie in der Lage sein, es zu äußern. Bei jedem Wort, das ich meinem neuen Vokabular hinzufügen möchte, bin ich vollkommen abhängig von ihr.

Manchmal gelingt es, sich dem Wort, das ich meine, über Umwege zu nähern. So betätigte ich vorhin einen Schalter, um das Symbol mit der Zeichnung eines Ohrs anzuklicken, und danach ein anderes mit dem Bild einer Spüle (englisch: sink).

»Klingt es wie ›sink‹?«, fragte Mam. »Meinst du die Farbe ›Pink‹?«

Ich lächelte, und das Wort wurde in mein Gitter eingegeben.

Jetzt geht es mir nur noch um eine Farbschattierung, die ich haben möchte: Türkis. Während Mam die Skala abspult, überlege ich, wie ich die Farbe eines Sommerhimmels beschreiben kann, wenn sie nicht von selbst darauf kommt.

Auch wenn es für mich mitunter frustrierend ist, frage ich mich manchmal, ob der Ehrgeiz meiner Mutter, die von mir gewünschten Wörter zu finden, nicht vielleicht sogar größer ist als mein eigener. Sie ist genauso fasziniert von dieser Aufgabe wie ich und scheint nie müde zu werden, Stunde um Stunde, Tag für Tag mit mir vor dem Computer zu sitzen. Wenn wir mal gerade nicht gemeinsam arbeiten, schleppt meine Mutter Zettel mit sich herum, auf denen sie Wortlisten notiert, weil sie dann schon über das nächste Gitter, das wir angehen können, und die Wörter, die ich dann sammeln könnte, nachdenkt. Denn je weiter unsere Arbeit voranschreitet, desto stärker wird ihr bewusst, wie umfangreich mein Vokabular ist, und ich bemerke die Überraschung in ihren Augen, wenn sie feststellt, wie viel ich weiß.

Ich denke, sie erkennt immer mehr, in welchem Maße ich die ganze Zeit unterschätzt wurde, doch ich habe keine Ahnung, welche Gefühle das bei ihr auslöst.

Ich habe den Verdacht, der Gedanke, dass ich jahrelang bei vollem Bewusstsein gewesen bin, erfüllt sie mit Grauen, aber wir sprechen nicht darüber, und ich glaube auch nicht, dass wir es jemals tun werden. Betrachtet sie meine Rehabilitation als Buße für die Sünden der Vergangenheit? Ich kann mir nicht sicher sein, doch bei all ihrem Ehrgeiz und ihrer Hingabe für mich, frage ich mich, ob sie nicht die Erinnerung an diese dunkle Zeit nach Beginn meiner Krankheit und an die zahllosen Streitereien, als David, Kim und Pookie sich zurückzogen und ich in eine Ecke abgeschoben wurde, von sich abwälzen will.

»Schau uns doch an!«, schrie sie damals meinen Vater an. »Bei uns stimmt vorne und hinten nichts mehr! Martin braucht eine besondere Pflege, die wir ihm nicht bieten können, und ich verstehe nicht, weshalb du das nicht zulässt.«

»Weil er bei uns bleiben muss«, brüllte mein Vater zurück, »nicht bei Fremden!«

»Aber denk doch mal an David und Kim. Was ist mit denen? David war so ein kontaktfreudiger kleiner Junge, und jetzt zieht er sich immer mehr zurück. Und ich weiß, dass Kim es tapfer zu nehmen scheint, aber sie braucht mehr Zuwendung von dir. Sie möchte auch mal Zeit mit ihrem Vater verbringen, doch du bist ständig mit Martin beschäftigt. Du hast doch gar keine Möglichkeit, dich neben deinem Einsatz für ihn und deine Arbeit auch noch um den Rest von uns zu kümmern.«

»Na ja, anders geht es nun mal nicht, weil ich der Einzige bin, der für Martin sorgt, oder stimmt das etwa nicht? Tut mir leid, Joan, wir sind eine Familie, und er gehört zu uns. Wir können ihn nicht einfach abschieben. Wir müssen zusammenhalten.«

»Was soll das, Rodney? Wem zuliebe willst du ihn hierbehalten? Deinetwegen, um Martins willen oder für uns? Warum willst du nicht einsehen, dass wir ihn nicht versorgen können? Es wäre besser für ihn, wenn er irgendwo unterkäme, wo man sich richtig um ihn kümmert, bei Leuten, die etwas davon verstehen. Wir könnten ihn besuchen, und David und Kim wären viel glücklicher.«

»Ich will ihn aber hierbehalten. Ich kann ihn nicht weggeben.«

»Und was ist mit mir, Kim und David? Das tut keinem von uns gut. Es ist einfach zu viel.«

So setzte sich der Kampf endlos fort, wurde immer verbissener, weil jeder versuchte, diesen Krieg zu gewinnen, und ich musste mir das immer mit anhören. Ich wusste, dass ich der Grund war, und ich wünschte, ich könnte an einem sicheren, dunklen Ort sein, wo ich diesen Streit nie mehr zu hören bekäme.

Manchmal, nach einem besonders heftigen Krach, rannte Mam aus dem Zimmer, doch eines Abends setzte mich Dad ins Auto und fuhr los. Ich fragte mich, ob wir wohl jemals wieder nach Hause zurückkehren würden, und ich fühlte mich schuldig, was ich meiner Familie angetan hatte. Ich war dafür verantwortlich, was ihnen widerfuhr. Wenn ich gestorben wäre, würde es allen besser gehen. Natürlich fuhren wir dann schließlich doch nach Hause, und das vertraute eisige Schweigen, das jedem Streit folgte, hüllte uns wieder ein.

Eine Auseinandersetzung aber werde ich nie vergessen, denn nachdem Dad aus dem Raum geflohen war, blieb Mam weinend auf dem Fußboden liegen. Sie rang die Hände, stöhnte, und ich spürte, wie der Kummer sie übermannte: Sie wirkte so einsam, so verwirrt und verzweifelt. Ich hätte sie gerne beruhigt und wünschte, ich könnte mich aus meinem Rollstuhl erheben und diesen Panzer von Körper abstreifen, der so viel Leid verursacht hatte.

Mam schaute zu mir hoch. In ihren Augen standen Tränen. »Du musst sterben«, sagte sie langsam und schaute mich dabei weiter an. »Du musst sterben.«

Der Rest der Welt schien weit weg zu sein, als sie diese Worte sprach, und ich starrte blicklos vor mich hin. Sie stand auf und ließ mich in dem totenstillen Raum zurück. An diesem Tag hätte ich gerne getan, worum sie mich gebeten hatte. Ich hatte das Verlangen, von meinem Leben zu lassen, denn diese Worte zu hören war mehr, als ich ertragen konnte.

Im Laufe der Zeit entwickelte ich Verständnis für die Verzweiflung meiner Mutter, denn während meines Aufenthalts im Pflegeheim hörte ich andere Eltern reden, und ich erfuhr, dass viele sich genauso ausweglos fühlten wie sie. Nach und nach begriff ich, weshalb es für meine Mutter brutal war, mit einer grausamen Parodie des einst gesunden Kindes zu leben, das sie so sehr geliebt hatte. Jedes Mal, wenn sie mich anschaute, sah sie nur den Geisterjungen, der daraus geworden war.

Meine Mutter war gewiss nicht die Einzige, die derartige Gefühle von Finsternis und Verzweiflung hatte. Ein paar Jahre nach ihrer Äußerung in jener Nacht wurde regelmäßig ein kleiner Junge namens Mark ins Pflegeheim gebracht, und dessen Lernschwierigkeiten waren so gravierend, dass er künstlich ernährt werden musste, kein Geräusch von sich gab und nur noch eine kurze Lebenserwartung hatte. Ich bekam ihn nie zu Gesicht, da er den ganzen Tag in einer Krippe lag. Doch ich kannte die Stimme seiner Mutter. Ich lag zwar meist auf dem Boden, wenn sie mit Mark kam, doch ich konnte sie hören. So bekam ich eines Tages ein Gespräch mit, das sie mit Rina führte.

»Jeden Morgen gibt es einen Moment, wo ich aufwache und mich an nichts mehr erinnere«, sagte Marks Mutter. »Ich fühle mich innerlich total leicht, total frei. Dann bricht die Realität wieder über mich herein, und ich denke an Mark. Noch ein Tag, noch eine Woche, und ich frage mich, ob er leidet und wie lange er wohl noch leben wird. Aber ich stehe nicht auf, um sofort zu ihm zu gehen. Stattdessen liege ich da, schaue zu, wie das Licht durchs Fenster fällt, wie sich die Gardinen leise im Lufthauch bewegen, und jeden Morgen weiß ich, dass ich meinen ganzen Mut zusammennehmen muss, um in das Bettchen meines eigenen Sohns zu schauen.«

Marks Mutter kämpfte nicht mehr gegen das Schicksal an. Sie hatte die Unausweichlichkeit des Todes ihres Sohns akzeptiert und wartete jetzt jeden Morgen darauf, dass er eintrat. Sie war unsicher, wie sie sich fühlen würde, wenn es so weit war. Weder sie noch meine Mutter waren ein Monster, sie hatten lediglich Angst. Vor langem schon habe ich gelernt, Mams Fehlern zu vergeben. Doch wenn ich sie jetzt betrachte, wie sie sich Mühe gibt, die von mir gewünschte Farbe für das Gitter zu erraten und dabei vor Anstrengung die Stirn runzelt, habe ich meine Zweifel, ob sie sich selbst vergeben hat. Ich hoffe es!

14
Andere Welten

Wenn ich vergessen musste, konnte ich immer die Freiheit wählen. Wie verzweifelt ich auch sein mochte, es gab stets einen Ort, von dem ich wusste, dass ich mich dort fallen lassen konnte: meine Fantasie.

Einst war ich ein Piratenjunge, der sich auf ein feindliches Schiff stahl, um das Gold zurückzuerobern, das man meinem Vater gestohlen hatte. Ich hörte Gelächter, als ich eine Strickleiter hinaufkletterte und geräuschlos an Deck sprang. Hoch über mir saß ein Pirat im Krähennest und schaute durch ein Teleskop aufs weite Meer – er wusste nicht, dass gerade ein Feind direkt unter seiner Nase an Bord kroch. Am anderen Ende des Decks konnte ich eine Gruppe Piraten dicht zusammengedrängt sitzen sehen. Sie beugten sich über eine Karte, ließen eine Flasche Rum reihum gehen und lachten, während sie berieten, welches Schiff sie als nächstes angreifen wollten und wessen Gold sie diesmal stehlen würden.

Ich leckte meinen Zeigefinger an und hielt ihn in die Luft, um zu sehen, aus welcher Richtung der Wind kam. Ich musste sicherstellen, dass die Piraten mich nicht entdecken konnten, denn sie fesselten ihre Gefangenen und überließen sie den Vögeln, die ihnen die Augen aushackten, bevor sie gezwungen wurden, über Bord zu gehen. Ich legte mich flach auf den Boden und robbte mich mit den Ellbogen vorwärts, glitt leise weiter, wobei ich meinen Entersäbel an meiner Seite wusste, falls ich ihn brauchen sollte. Ich war bereit, jedem Piraten den Kopf abzuschlagen, der mir zu nahe kam, doch sie waren alle viel zu sehr damit beschäftigt, auf die Karte zu starren, als dass sie mich bemerkt hätten. Lautlos stieg ich die Treppe ins Innere des Schiffs hinab. Ich musste die Kabine des Piratenkönigs finden, denn dort befand sich bestimmt das Gold meines Vaters.

Ich kam zu einer Tür und stieß sie auf. Der Piratenkönig saß schlafend in einem Sessel, aber er war so groß, dass er mit dem Kopf bestimmt die Decke berührt hätte, wenn er aufgestanden wäre. Er hatte einen langen schwarzen Bart, und eine Augenklappe verdeckte sein rechtes Auge, und er trug einen Kapitänshut. Vor ihm stand eine Kiste, gefüllt mit Juwelen und Geld, wertvollen Steinen und Trinkgefäßen. Ich schlich darauf zu, während ich mir den Schatz genauer anschaute. Da sah ich ihn – den braunen Lederbeutel, in dem sich das Gold meines Vaters befand. Er war halb verdeckt von einem Haufen Münzen, und ich zog vorsichtig daran, holte ihn behutsam Millimeter für Millimeter hervor, um bloß kein Geräusch zu machen, bevor ich ihn sicher in Händen hielt.

Ich hätte wieder so leise verschwinden können, wie ich gekommen war, doch ich tat es nicht.

Ich ging um den Tisch herum, an dem der Piratenkönig saß. Seine Nase war groß und rot, und über seine Wange zog sich eine breite Narbe. Neben ihm saß ein Papagei mit blauem, grünem und gelbem Gefieder auf einer Stange. Ich gab ihm etwas Brot aus meiner Tasche, um ihn ruhig zu halten, dann beugte ich mich vor und schnappte mir den Hut des Piratenkönigs, wobei ich zu lachen begann. Er öffnete sein heiles Auge und sah mich. »AAAAAAAAAAAAAAAARGH!«, brüllte er, und ich lachte ihn nur noch heftiger aus.

Er sprang auf und zog sein Schwert, doch ich war zu schnell für ihn. Ich stülpte mir den Hut auf den Kopf, rannte zur Tür und knallte sie hinter mir zu. Ich hörte das Geräusch von splitterndem Holz, als der Piratenkönig mit seinem Fuß gegen die Tür trat und darin stecken blieb. »Ha!«, triumphierte ich innerlich. Jetzt würde er mich nicht verfolgen können.

»Dieb!«, brüllte er.

Ich zückte meinen Entersäbel und hielt ihn gestreckt vor mich hin. Er bestand aus Silber und glänzte dermaßen, dass die Sonnenstrahlen zurückgeworfen wurden, während ich aufs Deck rannte. Die Piraten warteten bereits auf mich, doch ich drehte den Säbel so, dass das Licht sie blendete, als es von der Klinge widergespiegelt wurde. Sie sanken schreiend auf die Knie und schützten ihre Augen vor dem gleißenden Licht, und ich lief zur Reling, während einer der Piraten mich zu verfolgen versuchte. Ich hörte sein Schwert durch die Luft schwirren, spürte seine Nähe. Er wollte mich als Beute für die Vögel.

Ich wirbelte herum, und mein Entersäbel prallte auf Metall. Dem Piraten wurde das Schwert aus der Hand geschlagen, es fiel zu Boden, und ich sprang auf die Takelage, mit dem Gold meines Vaters in der anderen Hand. Ich war der Piratenjunge. Ich konnte laufen und schwimmen, stehlen und kämpfen, meinen Feinden entgegentreten und sie austricksen. Ich lachte, als die Piraten auf mich zustürzten.

»Ihr kriegt mich nie!«, rief ich und sprang von der Takelage in die Tiefe.

Ich fiel tief und tiefer, mein Körper schoss wie ein Pfeil ins tiefblaue Wasser, das sich über mir schloss. Ich wusste, dass mich das Meer gefahrlos weit tragen würde. Ich würde meinen Vater finden und eines Tages erneut kämpfen. Ich war der Piratenjunge und kein Gefangener!

In solche Fantasien tauchte ich regelmäßig ein, um diesem beängstigenden Gefühl zu entkommen, das mich zu überwältigen drohte, wenn ich befürchtete, für immer eingekerkert zu sein. Heute wünsche ich mir manchmal, mich wieder in derartige Traumwelten zurückziehen zu können, wenn ich auf dem Weg in die Realität eine außerordentliche Folter aus Hoffnung, Angst und Freude durchmache. Tief in meinem Inneren weiß ich natürlich, dass ich mich nicht mehr in Fantasien zu flüchten brauche, denn ich lebe endlich reales

Leben. Doch ich werde immer dankbar für meine Einbildungskraft sein, denn sie war der Schlüssel, der mein Gefängnis öffnete und mir die Flucht ermöglichte, die Tür, durch die ich in neue Welten eintreten konnte, die es zu erobern galt – der Ort, an dem ich zum ersten Mal frei war.

15
Spiegelei

Das Band um meinen Kopf sitzt stramm heute Morgen, als ich an meinem Computer übe. In der Mitte des Bandes befindet sich ein kleiner schwarzer Punkt, mit dessen Hilfe ich einen Infrarotstrahl auf den Bildschirm des Computers zu schicken versuche, indem ich meinen Kopf leicht drehe. Wenn ich meine kraftlosen Hände auf einen meiner Schalter presse, gelingt es mir, das Wort zu wählen, das ich sagen möchte. Diese Vorrichtung soll den Kommunikationsprozess beschleunigen helfen, doch es erfordert großen Einsatz, den Umgang mit dem Gerät zu lernen.

Der Wunsch, mein Kommunikationssystem zu beherrschen, ist zeit- und kraftraubend. Ich muss versuchen, meine Schalter zu bedienen und mich zu erinnern, wo sich die Symbole, die wir in den Computer eingegeben haben, innerhalb der Wortgitter befinden. An den meisten Tagen gehe ich noch für ein paar Stunden ins Pflegeheim, damit meine Mutter noch ein wenig Zeit für sich selbst hat, doch statt mich – wie früher – in Fantasien zu verlieren, überfliege ich jetzt im Geiste Bilder der Gitter, um zu testen, ob ich den Weg von einem zum anderen finde und noch weiß, wo bestimmte Wörter gespeichert sind. Wenn ich nach Hause komme, arbeite ich sechs, sieben oder acht Stunden, und manchmal verbringe ich meine Zeit damit, mich selbst ›sprechen‹ zu hören. Wie ein Kind im Süßwarengeschäft stopfe ich mich dann damit voll: Verben sind meine Schokoladenbonbons, Substantive meine klebrigen kandierten Äpfel, Adverbien meine Sahnehäubchen und Adjektive mein Lakritzkonfekt. Nachts im Bett schießen mir Symbole durch den Kopf und geistern in meinen Träumen herum.

Jetzt beobachte ich, wie im Gitter jedes einzelne Wortfeld eins nach dem anderen aufleuchtet. Das Gitter enthält Wörter, die das Frühstück betreffen, und die anderen Symbole, die ich bereits für den Satz gewählt habe, schweben oben auf dem Bildschirm. ›Ich möchte‹, ›gerne‹, ›Orangensaft‹, ›und‹, ›Kaffee‹ verharren geduldig wie eine Menschenschlange an der Bushaltestelle, die auf den Bus wartet und die Hoffnung schon fast aufgegeben hat, weil man hier schon so lange steht. Jedes Mal, wenn ich ein Symbol auswähle, muss ich mich gedulden, bis der Cursor zum Anfang des Gitters zurückgeht und dann langsam wieder jedes Wortfeld anklickt. Jetzt warte ich, da ich meine Mutter heute Morgen zum Frühstück um ein Spiegelei sowie Kaffee und Saft bitten möchte.

Das Bild einer dampfenden Tasse – ›Pulverkaffee‹ – leuchtet auf. Danach das Bild eines Kartons – ›Milch‹.

›Honig‹.

›Toast‹.

›Muffin‹.
›Haferbrei‹.
›Erdbeere‹.
›Aprikose‹.
›Marmelade‹.
›Gelee‹.
›Butter‹.
›Margarine‹.
›Grapefruit‹.
›Orange‹.
›Banane‹.
›Rosinenbrot‹.

Es fehlt nur noch eine weitere Reihe von Wörtern.

Ich beobachte, wie ›Omelett‹, ›Tomate‹ und ›Würstchen‹ aufleuchten. Der Cursor wandert zu der Reihe, die mit ›Schinkenspeck‹ beginnt und mit ›Spiegelei‹ endet. Das ist das Symbol, das ich haben will. Ich weide mich an dem Wissen, mich jetzt ganz konkret äußern zu können, wenn ich Essen bestelle. Rührei tut es nicht, verlorene Eier tun es auch nicht, nein, ich möchte ein Spiegelei: Eine runde Scheibe mit Sonnengelb in der Mitte soll meinen Teller zum Glänzen bringen.

Ich lege meine rechte Hand um den Stielschalter und bin bereit. Die rechte Hand ist brauchbarer als die linke, ich vertraue ihr. Gleich werde ich sie auffordern, zu tun, was ich von ihr verlange.

Der Cursor bewegt sich weiter, und jedes Feld leuchtet ein paar Sekunden auf, bevor das nächste aufflackert.

›Ei‹ und ›Rührei‹ sind vorbei, der Cursor wandert. ›Spiegelei‹ taucht auf. Es steht zwischen ›verlorene Eier‹ und ›gekochtes Ei‹. Ich warte darauf, zuschlagen zu können.

Endlich. Das Symbol leuchtet auf. Doch als ich meine Finger um den Schalter legen will, merke ich bereits, dass sie sich nicht schnell genug bewegen werden. Ich versuche erneut, sie zusammenzupressen, doch sie gehorchen mir nicht. Meine Hand hat mich im Stich gelassen, und Ärger macht sich in mir breit, als ich zusehen muss, wie das Licht zum nächsten Symbol wandert. Ich habe das Spiegelei verpasst. Es war da und ist verschwunden. Jetzt muss ich warten, bis sich der Cursor erneut durch das gesamte Gitter bewegt, bevor ich eine weitere Chance bekomme, mein Spiegelei zu bestellen.

Ich hole tief Luft. Kommunizieren ist für mich ein verdammt mühsames Geschäft. Es erfordert jene Art von Geduld, die ich jahrelang meistern musste, worüber ich jetzt fast froh sein darf.

Ich beobachte, wie die Wörter erneut vor mir aufleuchten. Komme, was da wolle, ich kriege mein Spiegelei. Dann klicke ich auf das letzte Symbol – ›sprechen‹ –, und am Ende wird meine elektronische Stimme das Sagen haben.

16
Ein Geheimnis gestehen

Den genauen Zeitpunkt, wann ich mich in Virna verliebt habe, kann ich nicht mehr benennen. Möglicherweise wuchs das Gefühl aber auch so langsam, dass ich gar nicht merkte, wie es ein Teil von mir wurde. All das weiß ich nicht sicher, doch gewiss ist in diesem Moment, dass ich sie liebe.

Ich bin im Pflegeheim, und Virna spricht mit mir. Ich freue mich jetzt mehr denn je auf ihre Besuche, weil sie ein beruhigendes Mittel gegen den Groll sind, der sich langsam in mir aufbaut. Ich verstehe nicht, weshalb ich immer noch ins Pflegeheim geschickt werde, obwohl ich im Gebrauch meines Computersystems von Tag zu Tag besser werde. Es ist Ende 2002 – über ein Jahr nach meinen Tests –, und obgleich ich genau weiß, dass ich bewiesen habe, nicht mehr in dieses Heim zu gehören, scheint niemand etwas mit mir anfangen zu können, und ich kann nirgends hin. Wenn es hier schon schwer auszuhalten war, als noch niemand wusste, dass mein Verstand ungebrochen arbeitete, dann ist es jetzt tausendmal schwerer.

Ich lebe zwei Leben: In dem einen sitze ich zu Hause und lerne an meinem Computer, wobei ich das Gefühl habe, vielleicht schon bald zum ersten Mal Teil der Welt zu sein; im anderen hänge ich im Pflegeheim herum, mit einer Mappe voller Symbole auf meinem Schoß, für die sich niemand wirklich interessiert, und ich fühle mich so tot wie ehedem. Es wird immer schwieriger, zwischen diesen beiden Welten zu pendeln.

Vor einiger Zeit machten meine Eltern eine kurze Reise, und ich wurde in ein Wohnheim geschickt, das ich nicht kannte. Jeden Morgen wurde ich in einen ungepflasterten Hof geschoben, der von einem hohen Metallzaun umgeben war. Da saß ich dann wie ein Tier im Zoo. Zum Abend hin wurde ich wieder ins Haus geschoben, wo es weder Fernseher noch Radio gab, absolut nichts, das die Monotonie hätte durchbrechen können. Das Einzige, was sich änderte, war das Geräusch der Autos auf einer nahe gelegen Straße, und jedes Mal, wenn ich eins kommen hörte, träumte ich, da wolle mich jemand abholen. Doch ich wurde nicht erlöst, und ich konnte nichts unternehmen, um meine Wut und Enttäuschung abzureagieren, die in meinen Adern pulsierten. Wann beginnen die Leute mich endlich als den zu betrachten, der ich bin, statt in mir nur einen zerbrochenen Panzer zu sehen, der mich einschließt? Was kann ich unternehmen, um sie zu überzeugen, dass ich nicht mehr in derartige Einrichtungen gehöre und dass es falsch ist, mir das anzutun?

Obwohl ein paar Leute mitbekommen haben, wozu ich alles in der Lage bin, werde ich immer noch wie ein Kind behandelt, das keine eigene Meinung hat. Virna ist die Einzige, die mich als gleichrangig einstuft, und in mir wächst die Sicherheit, dass ich ihr etwas bedeute. Weshalb sonst hätte sie einen so ungebrochenen Glauben an mich? Vor langem schon habe ich aufgehört, auf die Sticheleien des Personals zu hören, die sich darüber mokieren, wie viel Zeit Virna mit mir verbringt. Doch neuerdings beginne ich darüber nachzudenken, was sie sagen, und ich weiß, dass Virnas Augen freudig funkeln, wenn sie fragt, wie ich mit meinem Computer vorankomme. Viel kann ich ihr nicht darüber berichten, denn aus Angst, er könne kaputtgehen, nehme ich meinen Computer nicht mit ins Heim. Er ist viel zu kostbar dafür. Doch Virna stellt mir Fragen, die ich jetzt mit größerer Sicherheit beantworten kann, da meine Kopfbewegungen gezielter werden und auch meine Hände ein bisschen stabiler geworden sind. Wie eine alte verrostete Maschine, die durch Gebrauch reibungsloser zu laufen beginnt, gewinnt mein Körper an Kraft.

Doch es ist nicht nur Virnas Interesse an meinen Fortschritten, das mir sagt, dass sie mich gern hat; sie hat es mir auch auf anderem Weg vermittelt: Indem sie mir ein Mobile geschenkt hat, das sie aus Drahtfischen gebastelt hat, verziert mit meergrünen und blauen Murmeln. Das hängt jetzt in meinem Schlafzimmer. Außerdem ist sie zu meinem Geburtstag gekommen. Virna ist der einzige Mensch, der mich jemals zu Hause besucht hat, außer meinem Schulfreund Stephen, der über die Jahre hinweg bei mir vorbeischaute, nachdem ich krank geworden war. Zu jedem Geburtstag erschien er mit einer Glückwunschkarte, die er mir vorlas. Aber Stephen habe ich schon lange nicht mehr gesehen, da er wegzog, um Medizin zu studieren. Deshalb war ich total überwältigt, als Virna mich besuchen kam. Das war sogar schon vor den Tests, und sie schenkte mir eine Schachtel, die sie als Geburtstagsgeschenk für mich bemalt hatte. Niemand außer Virna glaubte damals an mich, und ich starrte voller Erwartung auf die Schachtel, die ich so behutsam wie eine kostbare Reliquie behandelte, während sie und ihre Cousine Kim sich mit meinen Eltern unterhielten.

»Wir kommen wieder«, sagte Virna sanft, als sie aufstand und mich anlächelte. »Es wird nicht das letzte Mal sein, dass wir dich besucht haben.«

Deshalb bin ich jetzt so zuversichtlich, Virna könne sich vielleicht noch mehr um mich kümmern, da ich doch das Kommunizieren lerne. Bald werde ich so weit sein, alles zu sagen, was ich will, schnell und leicht über jedes Thema zu reden, und dann wäre ich jene Art Mensch, die Virna vielleicht mag.

Ich überlege, weshalb es mich so überrascht, dass ich mich in sie verliebt habe. Die Hinweise auf meine Gefühle existierten die ganze Zeit über, und ich hätte nur weit genug zurückzublicken brauchen, um sie zu erkennen. Kurz nachdem Virna im Heim zu arbeiten begann, hörte ich ein Gespräch, das mir alles hätte sagen können, was ich wissen musste. Eifersucht plagte mich, als sie einer anderen Pflegerin erzählte, sie habe sich mit einem

Mann, den sie kennengelernt hatte, zu einem Kinobesuch verabredet. Wie gerne wäre ich derjenige gewesen, der Virna ausgeführt und zum Lachen gebracht hätte!

Danach hörte ich nichts mehr über den Mann, bis sie sich ein paar Monate später gegenüber Marietta über ihn äußerte. Doch diesmal glänzten ihre Augen nicht, als sie von ihm erzählte.

»Der ist es doch gar nicht wert, sich über ihn aufzuregen«, sagte Marietta zu Virna. »Du musst ihn einfach vergessen. Andere Mütter haben auch schöne Söhne.«

Virna schenkte Marietta ein schwaches Lächeln, und ich konnte sehen, dass sie aufgewühlt war. Was für ein Idiot dieser Mann doch sein musste. Sie hatte wirklich etwas für ihn übriggehabt, und er hatte sie verletzt. Das ärgerte mich.

Jetzt muss ich darüber lachen, wenn ich an diesen Tag vor vier Jahren denke, an dem ich hätte merken müssen, dass ich mehr als nur Freundschaft für Virna empfand. Dann schaue ich sie an, während sie sanft mit mir spricht, und ich weiß mit einer Gewissheit wie nie zuvor, dass ich sie liebe.

»Meine Cousine Kim hat einen neuen Typen kennengelernt«, sagt sie, und ihre Stimme ist fröhlich und erregt. »Sie mag ihn wirklich gerne. Eine Zeit lang war sie unsicher, woran sie mit ihm ist, denn sie sind ein paarmal ausgegangen, und er hat nie gesagt, was er will.«

Ich schaue Virna an. Je mehr ich darüber erfahre, was zwischen Männern und Frauen abläuft, desto klarer wird mir, dass die Realität anders ist als das, was man im Fernsehen sieht: Das wirkliche Leben ist nie so einfach. Aber dieser Mann würde Kim doch bestimmt nicht ausführen, wenn er sie nicht gerne hätte?

»Jetzt ist aber alles paletti«, sagt Virna lächelnd. »Gestern Abend haben sie sich ausgesprochen, und er hat Kim gestanden, dass er sie toll findet. Sie ist unheimlich glücklich.«

Plötzlich überkommt mich das Bedürfnis, Virna zu sagen, was ich fühle. Sie hat mir von Kim und deren neuem Freund erzählt. Ich möchte dasselbe wie die beiden haben. Ich muss es Virna mitteilen, denn ich bin sicher, sie will es auch.

Ich hebe meine Hand und beobachte, wie sie planlos in der Luft herumrudert. Sie flattert unschlüssig zwischen uns, doch ich lächle Virna an. Noch nie zuvor habe ich irgendjemandem irgendetwas wie dies gesagt, habe mir auch nie vorzustellen gewagt, dass es jemandem möglich sein könnte, mich zu lieben. Doch bestimmt ist es das jetzt, wo ich kommunizieren lerne und den Leuten ein wenig von dem zeigen kann, wozu ich imstande bin, oder? Muss nicht gerade Virna in der Lage sein, über meinen geschundenen Körper hinwegzusehen?

Noch einmal wedelt meine Hand in der Luft, dann fällt sie neben mich. Virna blickt mich schweigend an. Ihr Gesichtsausdruck ist fest und ernst. Was ist mit ihr? Sie ist so ruhig.

»Gehst du davon aus, zwischen uns könnte etwas sein, Martin?«, fragt sie schließlich.

Ich lache, bin nervös und glücklich, ängstlich und voller Hoffnung. Ich bin so sicher, dass sie genauso fühlt wie ich. Weshalb sonst sollte sie eine Freundin wie keine andere auf der Welt für mich sein? Weshalb sonst sollte sie mir helfen?

Doch dann sehe ich Traurigkeit in Virnas Augen. »Es tut mir leid, Martin«, sagt sie.

Die gesamte Fröhlichkeit, die sie noch vor wenigen Augenblicken ausstrahlte, als sie mir von Kim erzählte, ist plötzlich verschwunden. Ich möchte sie festhalten, doch sie ist dahin.

»Wir können immer nur Freunde bleiben«, sagt Virna langsam. »Das musst du verstehen. Zwischen uns kann nie etwas sein, Martin. Es tut mir leid.«

Mein Lachen versteinert, während ich ihr zuhöre.

»Es tut mir ganz furchtbar leid, wenn du andere Gefühle hast«, sagt Virna mir. »Aber ich muss ehrlich zu dir sein und dir sagen, dass zwischen uns nie mehr als Freundschaft sein wird.«

Plötzlich spüre ich einen stechenden Schmerz in meiner Brust. So etwas habe ich noch nie erlebt, doch ich weiß, was es ist. In Filmen habe ich darüber reden gehört, und in Liedern wird es beschrieben. Jetzt verstehe ich, was es ist, auch wenn es mich niederschmettert: ein gebrochenes Herz.

17
Der Biss

Ich saß auf der Toilette. Ich bin mir nicht sicher, weshalb. Ich muss ein Teenager gewesen sein, und vielleicht hatte Dad mich gerade gebadet. Weshalb auch immer, ich war nackt, und ich hatte genug von allem. Es war ein miserabler Tag gewesen – nicht, weil irgendetwas Furchtbares passiert war, sondern weil nie etwas passierte.

Dad beugte sich zu mir hinunter und legte den Arm um mich. Ich spürte, wie seine Finger einen Pickel auf meinem Rücken berührten. Ich wollte nicht, dass er ihn berührt. Ich wollte, dass er mich in Ruhe, dass er mich alleine lässt. Ich starrte auf den Bauch meines Vaters, der auf gleicher Höhe mit meinen Augen war. Er war groß, rund und stramm. Sein Bart war nicht der einzige Grund, weshalb meine Mutter ihn oft ›Weihnachtsmann‹ nannte.

Wut überkam mich, als ich auf Vaters Bauch schaute. Er beugte sich noch tiefer runter, und sein Bauch berührte meinen Mund, als seine Finger sich forschend in meinen Pickel gruben. Der Schmerz war so heftig, dass ich ihm zubrüllen wollte, er solle aufhören, dass ich seine Hände abschütteln und aus dem Raum stürzen wollte, wie es Kim und David taten, wenn sie gereizt waren. Wenigstens ein einziges Mal wollte ich in der Lage sein, selbst zu entscheiden, wer was mit mir macht, wann und wie. Ich wollte, dass mein Vater aufhörte, mich zu berühren, und mich in Ruhe ließ. Selbst ein Baby kann seine Zufriedenheit herausschreien, doch ich konnte nicht einmal das.

Die Wut hatte meinen ganzen Körper erfasst, als ich meinen Mund so weit wie nur möglich aufriss und meine Zähne in den Bauch meines Vaters schlug.

Total geschockt rang er nach Atem, wich einen Schritt zurück und starrte mich entgeistert an. »Das hat verdammt wehgetan!«, sagte er, während er sich seinen Wanst rieb.

Erst hatte ich Schuldgefühle, doch dann war es nur noch Balsam für meine Seele.

18
Die Furien

Gäbe es in meiner Geschichte drei Furien, so hießen sie Frustration, Angst und Einsamkeit. Sie waren die Phantome, die sieben lange Jahre ihre schwarze Spur durch meinen Geist zogen – neun sogar, wenn man für mein Bewusstsein den gesamten Prozess meines Eintauchens ins Leben zugrundelegt. Doch obwohl mich die Furien oft fast bezwangen, habe ich glücklicherweise gelernt, sie hin und wieder zu besiegen.

Frustration kam als Erste. Gäbe es eine Olympia-Goldmedaille dafür, ihr davonzulaufen, hätte ich sie mit Sicherheit gewonnen. Frustration war eine verquere, zischende Gebieterin, einzigartig, da sie alles verzehrte. Furcht war vielleicht ein unerwarteter Schlag in die Magengrube, und Einsamkeit eine schwere Last auf dem Rücken, doch Frustration begann in der Brust, bemächtigte sich der Eingeweide und überwältigte in kürzester Zeit meinen gesamten Körper. Jede Faser vibrierte, wenn sie mich erwischte.

Frustration kam in mir so häufig auf, weil ich permanent daran erinnert wurde, dass ich mein eigenes Schicksal auch nicht im allergeringsten Maße bestimmen konnte. Wenn jemand wollte, dass ich Stunde um Stunde in derselben Position hockte, konnte ich nichts daran ändern, auch wenn mich Schmerzen quälten. Mit Worten lässt sich nicht beschreiben, wie sehr ich den kalten Vanillepudding mit Backpflaumen hasse, den ich jahrelang jeden Mittag essen musste. Und die Entschlossenheit anderer Leute, mich zum Gehen zu bringen, sorgte regelmäßig dafür, Frustration in mir aufheulen zu lassen.

Meine Eltern glauben immer noch, dass ich vielleicht laufen könnte, da meine Gliedmaßen zwar spastisch und unbeherrschbar sind, aber nicht gelähmt. Meine Mutter war es, die mich zur physiotherapeutischen Behandlung schleppte, um dafür zu sorgen, dass meine Muskeln, Bänder und Gelenke durch die Inaktivität nicht völlig einrosten. Sie und mein Vater waren derart überzeugt davon, ich könne eines Tages wieder laufen, dass sie beide einem Arzt nicht vertrauten, als dieser vorschlug, einige Sehnen in meinen Füßen zu durchtrennen, um die spastische Lähmung zu reduzieren. Er sagte, es sei kein Problem, da ich meine Füße bestimmt nie mehr benutzen würde. Meine Eltern widersetzten sich seinem Rat, gingen mit mir zu einem anderen Arzt, und vor zwei Jahren wurde ich der ersten von zwei langwierigen Operationen unterzogen, um meine nach innen eingerollten Füße zu begradigen, da man hoffte, dies könne vielleicht helfen, mich eines Tages wieder gehen zu lassen.

Nicht laufen zu können erschien mir immer relativ bedeutungslos im Vergleich zu meinen anderen Behinderungen. Als viel problematischer empfand ich es, meine Hände und Arme nicht zum Essen oder Waschen benutzen, keine Gesten machen und niemanden umarmen zu können. Keine Stimme zu haben, um zu sagen, dass ich satt oder das Badewasser zu heiß war, dass ich niemandem vermitteln konnte, wie sehr ich ihn liebte, das war es, was mir am stärksten das Gefühl gab, kein vollwertiger Mensch zu sein. Die Sprache trennt uns schließlich vom Tierreich. Sie erlaubt uns Willensfreiheit und Handlungsfähigkeit, indem wir sie einsetzen, um unsere Wünsche zu äußern und zurückzuweisen oder zu akzeptieren, was andere von uns verlangen. Ohne meine Stimme hatte ich keine Gewalt selbst über die einfachsten Dinge, und dies war der Grund, weshalb Frustration regelmäßig ihr ungestümes Klagelied in meinem Inneren anstimmte.

Als Nächste zeigte sich ihre Schwester Angst, schwarz wie die Nacht – die Angst, in Zukunft Tag für Tag machtlos dem ausgeliefert zu sein, was mir widerfuhr, die Angst, älter zu werden und dauerhaft in ein Heim abgeschoben zu werden, weil meine Eltern mit zunehmendem Alter nicht mehr für mich sorgen konnten. Jedes Mal, wenn ich in ein bestimmtes Heim auf dem Land gebracht wurde, weil meine Familie Urlaub machte oder mein Vater auf Geschäftsreise war, überfiel mich Panik, da ich befürchtete, nie wieder von dort wegzukommen. Die wenigen Stunden im Kreis meiner Familie waren es, die mich am Leben hielten.

Jenes Pflegeheim auf dem Land hasste ich mehr als jede andere Einrichtung, in die ich geschickt wurde. Als ich vor Jahren einmal hörte, wie sich meine Eltern darüber unterhielten, um welche Uhrzeit sie mich am nächsten Tag dorthin bringen sollten, wusste ich, dass ich etwas unternehmen musste, um sie daran zu hindern. Angst weckte mich mitten in der Nacht, und da wurde mir klar, sie endgültig abschütteln zu müssen. Nachdem ich gelauscht hatte und sicher war, dass alle schliefen, wuchtete ich meinen Kopf vom Kopfkissen und steckte ihn unter größter Kraftanstrengung in den Plastikkissenbezug. Als sich dieser knisternd um meinen Kopf legte, presste ich mein Gesicht mit aller Gewalt ins Kissen und sagte mir, am nächsten Tag brauche ich nicht aufs Land zu fahren; bald sei ich von Angst befreit.

Immer schneller und heftiger atmend, begann ich zu schwitzen, während sich mein Kopf immer leichter anfühlte. Ich hatte einen Weg gefunden, Angst zu überwinden, und ich fühlte mich beschwingt. Doch dieses Gefühl wich schnell tiefer Verzweiflung, als ich feststellte, dass ich keinen Erfolg haben würde. Sosehr ich es auch versuchte, ich konnte meinen erbarmungswürdigen Körper nicht davon abhalten, weiter zu atmen. Am nächsten Tag wurde ich wie geplant aufs Land gebracht, und auch danach musste ich ein- oder zweimal pro Jahr in dieses Heim.

»Die können sich besser um dich kümmern als ich«,

erzählte mir meine Mutter wieder und wieder, wenn sie es war, die mich dorthin verfrachtete.

Sie wiederholte immer den gleichen Spruch, wie eine Beschwörungsformel, von der sie hoffte, sich damit der in ihr aufsteigenden Schuldgefühle erwehren zu können.

»Du wirst da richtig gut versorgt«, insistierte sie und klammerte sich daran.

Ich bin sicher, sie hätte dies nie gesagt, wenn sie gewusst hätte, wie es in dem Heim zuging. Doch sie wusste es nicht, und ich fühlte mich hin- und hergerissen zwischen Wut und Trauer, wenn ich ihr zuhörte: Wut darüber, dass meine Eltern mir dieses Heim aufzwangen, das ich so sehr hasste, Trauer wegen der vermeintlichen Überzeugung meiner Mutter, Fremde könnten besser für mich sorgen als sie. Das Feuer des Verlangens, bei ihr zu bleiben, brannte glühend heiß in mir, und ich hätte sie so gerne spüren und wissen lassen wollen, wie sehr ich wünschte, mit ihr zusammen zu sein, und mit niemandem sonst.

Als Letzte kam Einsamkeit, und sie war vielleicht die grauenerregendste aller Furien, da ich ständig wusste, dass sie langsam das Leben aus mir saugen konnte, selbst wenn ich in einem Raum saß, in dem ich von Menschen umgeben war. Während diese hin und her eilten, schwatzten, sich zusammentaten und wieder verkrachten, spürte ich, wie sich die alles lähmenden knochigen Finger der Einsamkeit fest um mein Herz klammerten.

Wie isoliert sie mich auch immer fühlen ließ, Einsamkeit fand immer neue Wege, mich ihre Anwesenheit empfinden zu lassen. Vor einigen Jahren bekam ich eine Betäubungsspritze, nachdem ich für eine Operation ins Krankenhaus gekommen war, und als ich in den OP-Raum geschoben wurde, waren Mam und Dad bereits gegangen, weil sie zur Arbeit mussten. Eine Krankenschwester hielt meinen Arm fest, während eine Nadel in eine Vene geschoben wurde, und ein Anästhesist schloss eine Spritze mit weißer Flüssigkeit an.

»Träume süß«, sagte er leise, als ich einen brennenden Schmerz meinen Arm hinauf in Richtung Brust kriechen spürte.

Als Nächstes weiß ich nur, dass ich in einem kalten Krankenhausbett auf der Seite lag. Es bewegte sich, und ich konnte nicht vernünftig sehen. Ich war völlig desorientiert und versuchte verzweifelt herauszufinden, wo ich mich befand. Da spürte ich, wie meine Hand gepackt wurde, um eine Nadel zurechtzurücken, die in einer Vene steckte, und ich griff so fest es ging danach, da ich mir davon einen Moment der Verbundenheit erhoffte, der das Gefühl des völlig Alleingelassenseins bekämpfen würde. Doch die Hand wurde brüsk zurückgerissen, und ich hörte nur noch sich eilig entfernende Schritte, während ich dort lag und mich vor Scham wand, in dem Bewusstsein, ein Ausbund von Hässlichkeit zu sein.

Was mich rettete, war die Erkenntnis, dass Einsamkeit eine Achillesferse hatte. Das Netz der Isolation, in das sie mich eingewoben hatte, konnte von Zeit zu Zeit zerrissen werden. Nur wusste ich nie, wann es geschah.

Ich erinnere mich, wie mein Vater von einem Buch erzählte, das einer seiner Arbeitskollegen gelesen hatte. Es handelte von einem Mann, der als Erwachsener eine Behinderung erfahren hatte und behauptete, eines der unangenehmsten Dinge beim Sitzen in einem Rollstuhl sei die Unbequemlichkeit, die dadurch verursacht werde, dass man schlecht hineingesetzt wird. Ich spitzte sofort die Ohren, denn während meiner Wachstumsphase wurde mir zunehmend bewusst, dass man mich einfach auf meinen Hoden sitzen ließ. Das Gefühl war eine äußerst eigentümliche Form des Unbehagens: Der Schmerz wich Taubheit, bevor sich die Pein als Folgeerscheinung zurückmeldete, wie eine Sängerin im Theater, die der begeisterten Menge eine unzüchtige triumphale Zugabe gönnt.

Nach dem Gespräch mit seinem Kollegen achtete mein Vater immer besonders darauf, mich vorsichtig in den Rollstuhl zu setzen und dafür zu sorgen, dass meine Hoden nicht eingequetscht wurden. Jedes Mal, wenn er es tat, verkroch sich Einsamkeit knurrend in ihre Einsiedlerklause, denn wenn mein Vater zeigte, dass er sich Gedanken über mein Wohlergehen machte, bezwangen wir Einsamkeit gemeinsam.

19
Pfauenfedern

Meine ganze Konzentration ist darauf gerichtet, dass meine Hände nicht zittern, während ich auf den Computer starre. Ich muss methodisch vorgehen, meinen Weg durch das Problem auf dem Bildschirm vor mir Schritt für Schritt logisch durchdenken. Ich muss ruhig und besonnen bleiben, wenn ich es zu lösen versuche.

»Was soll ich als Nächstes tun?«, fragt Virna, die neben mir sitzt.

Ich bin mir noch nicht sicher. Ich starre auf den Bildschirm und spüre, wie mein Geist alles durchforstet, was ich über Computer gelernt habe, während der Stunden, die ich mit dem Verfolgen von Softwarevorführungen und dem Einüben neuer Programme verbracht habe. Ich habe das sichere Gefühl, die Antwort schlummert irgendwo in mir. Ich brauche sie nur zu finden.

Es ist Februar 2003, ein Jahr nachdem ich meinen Laptop bekommen habe und fast zwei Jahre nach den Tests. Ich sitze mit Virna vor einem Computer im Gesundheitszentrum, das im selben Gebäude untergebracht ist wie das Pflegeheim. Sie hat hier vor ein paar Monaten angefangen zu arbeiten, und wir sehen uns immer noch oft, da sie ganz in meiner Nähe ist. Virna hat Wort gehalten, dass wir Freunde bleiben können, auch nachdem ich ihr gestanden habe, welche Gefühle ich für sie hege, und wir unterhalten uns weiter wie gewohnt. Meistens dreht es sich um alltägliche Dinge, und so erfuhr ich, dass es Probleme mit den Computern an ihrem Arbeitsplatz gibt.

»Ab und zu haben wir Schwierigkeiten mit den Ventilatoren«, erzählte sie mir.

Ich bezweifelte, dass dies die wirkliche Ursache der kleineren Störungen ist. Mir selbst das Lesen beizubringen mochte eine langwierige und schwierige Angelegenheit sein, im Vergleich dazu war das Erlernen der Computersprache ziemlich einfach. So wie ich früher die Uhrzeiten erfasst hatte, indem ich mir den Stand der Schatten merkte, versuche ich jetzt, Buchstabenformen auswendig zu lernen, und inzwischen beherrsche ich ein paar geschriebene Wörter. Vielleicht ist es nur eine Frage der Wiedererweckung meiner Begabung für Elektronik, die ich als Kind besessen hatte, aber ich habe entdeckt, dass ich Computer nahezu intuitiv verstehe, seit ich meinen ersten bekommen hatte. In den vergangenen Monaten habe ich mir den Gebrauch einer Reihe von Softwareprogrammen beigebracht, einschließlich eines Programms, das meine Symbole in Wörter übersetzt, sodass ich E-Mails verschicken kann, außerdem eins, das mir erlaubt, über meinen Laptop Anrufe entgegenzunehmen.

»Hallo, Sie sprechen mit Martin Pistorius«, sagt meine Computerstimme. »Ich bin nicht in der Lage, selbst zu reden, daher spreche ich über einen Computer, und das erfordert einige Zeit. Deshalb bitte ich Sie um etwas Geduld.«

Dennoch legen die meisten Menschen den Hörer auf, da die Farblosigkeit meiner computerisierten Stimme so hypnotisierend ist, dass sie glauben, es mit einem Anrufbeantworter zu tun zu haben. Aber zumindest habe ich das Problem angepackt, nachdem ich gebeten wurde, einen Vortrag über meine Erfahrungen zu halten. Die Mitarbeiter des hiesigen Gesundheitszentrums wollten mehr über mein Kommunikationssystem erfahren, weil sie durch die Leute vom Pflegeheim von meiner Geschichte gehört hatten. Doch nachdem ich vierzig Stunden damit verbracht hatte, eine Acht-Minuten-Rede einzugeben, stellte ich fest, dass meine Stimme derart monoton war, dass selbst Romeo seine Julia angeödet hätte, wenn er ihr auf diese Weise seine Liebe erklärt hätte.

So begann ich damit zu experimentieren, wie ich meine Computerstimme natürlicher klingen lassen kann. Zunächst baute ich Pausen in die Sätze ein, sodass meine Computerstimme den Eindruck erweckte, sie müsse ›Luft holen‹. Danach beschloss ich, meine ›amerikanische Stimme‹ so zu modifizieren, dass sie eher dem ähnelte, wie ich geklungen hätte, wenn ich hätte sprechen können. Außerdem musste ich mich entscheiden, welche Stimme ich nehmen sollte: Genau wie manche Leute eine bestimmte Schrifttype wählen, wenn sie schreiben, konnte ich mir aus einem Dutzend Stimmen, die in meinem Computersystem angeboten wurden, eine aussuchen. Meine Wahl fiel auf ›Perfect Paul‹, da die Stimmlage zu mir zu passen schien – nicht zu hoch und nicht zu bärbeißig.

Meine Sprache auf mich zuzuschneiden hat mir sicher mehr Selbstsicherheit verliehen, dennoch vertrieb es nicht die Angst, die mich an jenem Tag beschlich, als ich den Vortrag halten sollte. Ich wusste, dass ich viele Leute im Saal kennen würde, und das ständige Zittern meiner Hände – eine der Hinterlassenschaften meiner Vergangenheit – nahm mehr und mehr zu, je ängstlicher ich wurde. Virna saß in meiner Nähe, als ich meine Rede abspielte, trotzdem schüttelte es mich dermaßen, dass ich kaum die Schalter traf, um den Computer zu starten. Ich zwang mich, tief durchzuatmen, starrte auf den Bildschirm und hörte, wie meine Stimme zu sprechen begann.

»Hallo allerseits und herzlichen Dank, dass Sie hier heute erschienen sind!«, sagte sie. »Ich bin wirklich nervös, daher habe ich ein paar Dinge schriftlich festgehalten.«

Zeile für kostbare Zeile fuhr ich fort zu beschreiben, was ich seit dem Tag meiner Untersuchung und der Tests erlebt und was ich mir danach angeeignet hatte – die Software und die Symbole, die Schalter und die Kopfmaus –, und als ich geendet hatte, kamen die Zuhörer zu mir, um mir zu gratulieren. Dann begannen sie untereinander darüber zu diskutieren, was ich gesagt hatte, und es war seltsam, zu wissen, dass sie über Worte redeten, die ich gesprochen hatte. Es war das allererste Mal, dass mir so etwas widerfuhr.

Die Leichtigkeit, mit der ich Computer beherrschte, veranlasste meinen Vater zu der Vermutung, ich sei vielleicht imstande, bei den Problemen im Gesundheitszentrum behilflich zu sein. Offenbar hatte er dort gesagt, man solle mir doch eine Chance geben, diese zu beheben, und so erschien Virna im Pflegeheim und holte mich aus meinem Klassenzimmer. Ich glaube, die Lehrerin, die uns an diesem Tag ›unterrichtete‹, muss wohl gedacht haben, die Welt sei total aus den Fugen geraten, wenn man auch nur mit dem Gedanken spielte, jemand aus dem hinteren Ende des Korridors sei möglicherweise in der Lage, einen Computer zu reparieren. Doch für mich war es wie ein Zeichen, jene Chance, auf die ich gewartet hatte, um zu zeigen, was tatsächlich in mir steckt.

Meine Nerven waren zum Zerreißen gespannt, als mich Virna den Gang hinunterschob. Ich wollte beweisen, dass ich mehr konnte als nur Wörter über einen Laptop sprechen. Ich setzte mich vor den Computer und starrte auf den Bildschirm. Virna sollte mir zur Hand gehen und die Maus bedienen, um in das System zu gelangen, sodass ich es reparieren konnte, während sie mir vorlas, was auf dem Bildschirm geschrieben stand, und ich ihr sagte, was sie tun sollte. Einen Computer in Ordnung zu bringen erinnert schließlich ein bisschen an einen Gang durch einen Irrgarten: Man gerät immer wieder in Sackgassen, doch letztendlich findet man den Weg zum Ausgang. Ich brauchte nur meinem Instinkt zu vertrauen, wenn der Computer uns Befehle vorschlug, und so saßen wir dort stundenlang, beseitigten das erste Problem, dann das nächste und schließlich ein drittes.

Ich genoss das Hochgefühl, als wir fertig waren. Ich hatte es geschafft! Ich konnte kaum glauben, dass ich eine Arbeit erledigt hatte, die niemand zu erledigen in der Lage gewesen war. Ich ließ Virna den Computer ein ums andere Mal checken, um ganz sicherzugehen, dass ich das Problem gelöst hatte, und danach stand fest, das System arbeitete wieder absolut fehlerfrei.

»Bravo, Martin!«, wiederholte Virna ein ums andere Mal und lächelte mir freudig zu. »Ich kann es nicht fassen, dass du das Problem gelöst hast. Die Techniker haben es nicht gepackt, und du schaffst es!«

Sie lachte in sich hinein, während sie mich den Korridor entlang ins Pflegeheim zurückschob. »Denen hast du es aber gezeigt!«, murmelte sie ständig vor sich hin.

Selbst als es wieder in den Klassenraum ging, konnte mir das die gute Laune nicht verderben. Ich achtete nicht mehr darauf, wo ich mich befand. Es war mir egal. Alles, was ich sah, war der Bildschirm des Computers und dessen Innenleben, das in meinem Kopf herumschwirrte, während ich mich selbst und Virna durch den Irrgarten navigierte. Ich hatte es geschafft!

Ein paar Tage später gab es erneut ein Problem, diesmal mit dem E-Mail-System, und wieder erzählte mir Virna davon. Mein Herz begann vor Aufregung zu rasen, und ich hoffte inbrünstig, man möge mich auch diesmal bitten, behilflich zu sein. Doch es dauerte etliche Tage, bis Virna endlich den Korridor entlangkam, um mich zu holen. Vielleicht dachte ihr Chef, beim ersten Mal habe ich nur Glück gehabt, und jetzt zweifelte er, ob ich meinen Erfolg wiederholen würde.

So sitzen Virna und ich nun erneut zusammen vor einem Computerbildschirm.

»Soll ich F1 anklicken?«, fragt sie.

Ich werfe den Kopf zur Seite, um Nein zu sagen.

»Und F10?«

Ich lächle.

Sie drückt die Taste, und wir gelangen zur ersten Ebene der Modem-Konfiguration des Computers. Ich weiß, dass noch viele folgen werden, bevor ich das Problem herausfinde. Mein Herz schlägt mir bis zum Hals, während ich auf den Bildschirm blicke. Ich muss mich beruhigen und klar denken. Ich will ein zweites Mal zeigen, wozu ich fähig bin, und ich will keinen Zweifel daran lassen, dass ich wirklich weiß, was ich tue. Ich konzentriere mich und sage Virna, wohin sie als Nächstes gehen soll. Irgendwie weiß ich, dass es mir gelingen wird, das Problem zu beheben. Ich spüre es. Ich bin sicher, mit Virnas Hilfe meinen Weg ins Innere dieses Geräts zu finden und dort zu eruieren, was ihm Schwierigkeiten macht.

In diesem Moment spüre ich es – ein Gefühl. Ich habe es empfunden, nachdem ich den ersten Computer repariert hatte. Jetzt ist es wieder da, und das Gefühl ist seltsam, wie ein Pfau, der seine bunten Schwanzfedern spreizt; es plustert mich auf und verleiht mir eine Ahnung von Vitalität. Dann wird mir klar, was es ist: Stolz.

20
Einen Traum wagen

Gibt es etwas Stärkeres als die Liebe einer Mutter? Sie ist ein Rammbock, der Festungstore sprengt, eine Flutwelle, die auf ihrem Weg alles überrollt. In Mams Augen funkelt all dies, als sie sich mir zuwendet.

»Ich gehe nur kurz rein, um zu sehen, wohin wir müssen, dann komme ich zurück und hole dich«, sagt sie.

Mam steigt aus dem Wagen und schlägt die Tür zu. Ich sitze in der Frühlingssonne und luge durch die Windschutzscheibe. Wir sind beim Kommunikations-Institut, in dem ich vor fast zwei Jahren zum ersten Mal untersucht und getestet wurde. Man hat mich eingeladen, mit Studenten an einem Tag der offenen Tür teilzunehmen, nachdem meine Mutter insistiert hatte, die Spezialisten sollten sich ein Bild von meinen Fortschritten machen.

»Du hast es so weit gebracht, Martin!«, hatte sie vor zwei Wochen zu mir gesagt. »Ich gehe hin und spreche mit ihnen. Die sind sicher neugierig. Du benutzt deinen Computer erst gut ein Jahr, und schau dir an, was du schon alles mit ihm machen kannst!«

Ich wusste, dass es keinen Zweck hatte, Mam stoppen zu wollen, nachdem sie beschlossen hatte, mit mir zu prahlen, daher wartete ich, während sie ins Institut marschierte. Als sie zurückkam, hörte ich ihrem begeisterten Bericht über das, was geschehen war, zu.

»Sie wollen dich sehen«, sagte sie. »Die können sich gar nicht vorstellen, wie schnell du dich weiterentwickelt hast. Sie laden dich ein, an einem Workshop mit einigen Studenten teilzunehmen.«

Ich verstehe die Überraschung der Leute. Selbst mich haut es ganz schön um, dass ich jetzt einen Job habe. Tatsächlich muss ich mir jedes Mal klarmachen, dass ich nicht träume, wenn ich in das Büro geschoben werde, in dem ich einen Tag pro Woche ehrenamtlich arbeite. Ich helfe in dem Gesundheitszentrum, in dem ich mit Virna die Computer in Ordnung gebracht habe, und ich kann kaum glauben, dass man mich gebeten hat, mehr zu tun als nur auf die nackten Wände eines Pflegeheims zu starren. Die Arbeit ist leicht: Ich fotokopiere und hefte Akten ab, da mein rechter Arm inzwischen kräftig genug geworden ist, Papiere zu heben, und eine wundervolle Kollegin namens Haseena hilft mir, falls es etwas gibt, das ich nicht schaffe. Und wenn Probleme mit den Computern auftauchen, erledige ich das natürlich.

Das Beste an der Sache mit dem Job ist, dass ich jetzt endlich das Pflegeheim verlassen kann. Jeden Dienstag erlebe ich dieses tolle Gefühl, durch die Türen des Gebäudes geschoben zu werden und zu spüren, wie sich mein Körper noch unmerklich meinem alten Klassenzimmer zuneigt, nur um dann in die andere Richtung zum Gesundheitszentrum gebracht zu werden. Das Verlassen des Pflegeheims ist wie das Abbiegen an einer Weggabelung. Für mich wäre es der Tod, wenn ich noch einmal in ein Heim gesteckt werden würde. Manchmal frage ich mich, ob ein Schatten des Geisterjungen an dem Ort herumlungert, wo ich so viele Jahre verbracht habe. Doch diesen Gedanken schiebe ich beiseite. Ich weigere mich, über die Vergangenheit nachzudenken, da ich jetzt eine Zukunft vor mir habe.

In dem Maße, wie ich meinen Körper immer mehr einsetze, wird er auch in winzigen Schritten kräftiger. An den Tagen, an denen ich nicht arbeite, bin ich zu Hause und übe an meinem Computer. Ich kann mich schon etwas stabiler halten, wenn ich aufrecht sitze. Meine Halsmuskeln sind kräftig genug, die meiste Zeit meine Kopfmaus zu benutzen, und ich fange bereits damit an, ein wenig das Touchpad meines Laptops zu bedienen, da vor allem meine rechte Hand immer sicherer wird. Die linke ist noch weitgehend unkontrollierbar, daher bin ich noch etwas davon entfernt, ein Schmetterling zu sein, doch langsam beginne ich, aus der Puppe zu schlüpfen.

Der einzige sichtbare Hinweis auf meine Vergangenheit ist das Lätzchen, das ich noch immer umgebunden habe, eine Altlast jener Tage, als ich so unkontrolliert auf meine Brust sabberte, dass ein Sprachtherapeut empfahl, meinen Mund mit Puderzucker zu füllen, um mich zum Schlucken zu zwingen. Im Prinzip brauche ich das Lätzchen nicht mehr, und meine Mutter möchte auch nicht, dass ich es trage, doch ich schaffe es nicht, mich ganz davon zu verabschieden. Vielleicht befürchte ich, meine magischen Kräfte zu verlieren, die ich so unerwartet erlangt habe, wenn ich sie zu sehr herausfordere, indem ich mein Lätzchen abnehme. Möglicherweise ist mein Widerstand, auf die Insignien meiner Babyjahre zu verzichten, aber auch der einzige mir verbliebene Akt der Rebellion – und ich versuche diesen voll auszukosten, während ich langsam begreife, was es heißt, selbst Entscheidungen zu treffen. Die Wahl, das Lätzchen jeden Tag zu tragen oder nicht, ist häufig die einzige Möglichkeit, selbst etwas zu bestimmen, und daher bestehe ich darauf, derjenige zu sein, der das entscheidet.

Jetzt, da ich im Auto sitze und auf meine Mutter warte, beobachte ich, wie Studenten vor mir die Straße rauf und runter gehen. Das Kommunikations-Institut ist Teil einer Universität, und ich träume davon, an einem Ort wie diesem zu studieren, da ich weiß, dass ich gerne eines Tages hauptberuflich mit Computern arbeiten würde. Ich habe sogar damit begonnen, Software für ein Unternehmen in Großbritannien zu testen. Ich benutze deren Kommunikationsprogramme auf meinem Computer, und gemeinsam haben Mam und ich gelegentlich Programmfehler in der Software gefunden. Die Produzenten schickten gewöhnlich E-Mails mit

Problemlösungen an meine Mutter, doch nach und nach wurde ich es, mit dem sie kommunizierten. Als sie feststellten, wie gut ich mich mit ihren Systemen auskannte, baten sie mich, sie zu testen. Ich habe keine Ahnung, weshalb ich so gut mit Computern zurechtkomme, und ich habe auch aufgehört, mir Gedanken darüber zu machen. Es ist einfach, wie es ist: Es gibt Dinge, die ich ohne nachzudenken tue, und die Leute sind perplex.

Als mein Vater vor kurzem ins Büro kam, schaute er mich fragend an, während ich Akten alphabetisch in Ordner sortierte. »Woher weißt du, was wohin gehört?«, fragte er überrascht.

Ich hatte überhaupt nicht darüber nachgedacht. Ich kann immer noch nicht richtig lesen, doch ich hatte einfach den Buchstaben des Namens in der Akte mit dem Buchstaben auf dem Deckel des Ordners verglichen. Schließlich sind Buchstaben nichts anderes als Symbole: Ein ›A‹ sieht aus wie ein Mann, der seine Hände über dem Kopf faltet. ›M‹ ist die Spitze einer Gebirgskette, und ›S‹ ist eine gleitende Schlange.

Die Wagentür wird geöffnet, und Mam beugt sich zu mir herunter. »Bist du bereit?«

Sie stellt den Rollstuhl neben die Tür und hebt meine Beine aus dem Auto, bevor sie meine Arme mit ihren umfasst. Wir ziehen beide aneinander, dann stehe ich auf und lasse mich in den Stuhl fallen. Mam legt den Laptop auf meine Knie und schiebt mich zum Gebäude, wo die elektrischen Türen aufgleiten, die ich vor zwei Jahren zum ersten Mal gesehen habe. Eine Frau führt uns in einen Raum, in dem Kaffee serviert wird, und mein Blick wandert über eine Gruppe von Menschen, die dort stehen und sich miteinander unterhalten. Zwei von ihnen sind Männer, die zwar nicht im Rollstuhl sitzen, aber einen Kasten bei sich haben, der ein wenig an das Gerät erinnert, das Mam und Dad fast für mich gekauft hätten. Voller Neugier betrachte ich die beiden Männer, vielleicht wie ein Ornithologe, der sich einen seltenen Vogel anschaut. Nie zuvor bin ich jemandem begegnet, der so stumm ist wie ich.

»Wollen wir dann mal?«, höre ich Mam fragen.

Sie schiebt mich in einen kleinen Hörsaal mit Pulten und Stühlen in geraden Reihen. Eine Frau steht am anderen Ende des Raums vor einer weißen Tafel und packt Papiere aus.

»Wo möchtest du sitzen?«, fragt Mam, und ich deute auf die hinterste Sitzreihe.

Nachdem wir uns dort niedergelassen haben, öffnet Mam den Reißverschluss meiner Laptoptasche. Das reinste Glockengeläut ertönt, als sie den Computer anschaltet, und die Frau an der Tafel schaut hoch. Sie ist mittleren Alters mit kurz geschnittenem grauen Haar, Brille und einem Schal um die Schultern. Sie lächelt mich an. Ich senke den Blick, weiß nicht, was ich tun soll. Ich war noch nie bei so etwas wie dem hier. Noch nie habe ich in einer Gruppe von Menschen gesessen, die Dinge lernen und diskutieren. Ich möchte nicht, dass sie Notiz von mir nehmen.

Mam und ich warten, während immer mehr Leute den Raum betreten und sich setzen. Sie unterhalten sich untereinander, begrüßen sich und lachen, bis schließlich alle sitzen und die Frau mit der Brille zu reden beginnt.

»Guten Morgen!«, sagt sie lächelnd. »Mein Name ist Diane Bryen, und ich arbeite an der Temple University in Philadelphia, wo ich ein Programm leite, das sich ACES nennt. Zielsetzung dieses Programms ist es, erwachsenen Benutzern von Kommunikationstechnologien dabei zu helfen, ihr Leben selbst zu bestimmen und zu meistern. Ich glaube, dies ist der richtige Weg, bei der Entwicklung neuer Stimmen behilflich zu sein und Klischees von Menschen mit Behinderung zu beseitigen.«

Die Stimme der Frau ist hell und energisch. Sie schaut sich aufmunternd im Raum um.

»Es besteht kein Zweifel, dass sich Menschen mit Behinderung signifikanten Barrieren gegenübersehen«, sagt sie. »Hindernissen hinsichtlich des Zugangs zu einer Ausbildung gleicher Qualität, Hindernissen bei der Erlangung von Familienförderung, sodass Kinder mithilfe dieser Zuwendungen aufgezogen werden können, Hindernissen beim Zugang zu erschwinglichen und barrierefreien Wohnungen, Hindernissen im gleichberechtigten Anspruch auf Gesundheitsfürsorge und Beschäftigung. Dies sind beständige Barrieren, denen man bei jeder Gruppe von Behinderten begegnet, doch worüber ich hier heute reden möchte, sind nicht die augenfälligsten Ungerechtigkeiten. Vielmehr möchte ich über all die anderen Einschränkungen sprechen, die den Menschen durch die Gesellschaft auferlegt werden, denn bei Behinderung geht es genauso um behindernde Grundhaltungen wie um physische, kognitive oder sensorische Einschränkungen. Wenn jemand keine Hoffnung in sich trägt, oder wenn vom ihm nicht erwartet wird, dass er etwas zustande bringt, dann wird er es nie schaffen.«

Ich schaue Dr. Bryen an. Noch nie habe ich jemanden so leidenschaftlich und überzeugt über Menschen wie mich reden hören.

»Ich bin davon überzeugt, wenn Menschen mit Behinderungen die Barrieren niederreißen wollen, denen sie ausgesetzt sind, dann müssen sie sich klarmachen, dass sie das Recht dazu haben, dass sie genauso wie jeder andere Ziele haben dürfen. Und um dorthin zu gelangen, müssen sie zu träumen wagen.«

Ich beobachte, wie Dr. Bryen ihren Blick durch den Raum wandern lässt.

»Der Mann, dem ich vor meinem Tod am liebsten begegnen würde, ist Nelson Mandela«, sagt sie. »Denn obgleich er so lange eingekerkert war, hatte er einen Traum, an dem er festhielt, selbst als er der Freiheit und ausreichender Nahrung beraubt war. Nelson Mandela hatte einen wahrlich wagemutigen Traum, und er verfolgte ihn, bis er ihn verwirklicht sah. Ich bin auch anderen Menschen mit Träumen begegnet. Einer der besten Chefs, denen ich jemals gedient habe, war ein Mann namens Bob Williams, der in der Politik arbeitete und zerebrale Kinderlähmung hatte. Er besaß aber auch einen tollen Job, einen Assistenzhund und eine Frau, die ihn sehr liebte. Er lebte das Leben, das er sich erträumt hatte, und ich habe noch viele andere Menschen getroffen, die wie er waren. So kenne ich zum Beispiel einen Musiker, dessen Traum es war, zu singen, und er programmierte sein Kommunikationsgerät so, dass es das Singen für ihn übernahm. Oder eine Dozentin an meiner Universität, die zerebrale Kinderlähmung hat und einen Beruf ausübt, den sie liebt. Auch ich persönlich habe einen geliebten Menschen seinen Traum wagen sehen, denn mein Bruder ist blind. Jeder einzelne dieser Menschen hat ungeheuer viel erreicht, doch für jeden von ihnen war entscheidend, einen Traum gewagt zu haben. Es ist eine gewaltige Sache, und wir alle müssen lernen, es zu tun.«

Dr. Bryen schaut einen Mann an, der ziemlich weit vorne sitzt. »Welchen Traum haben Sie?«, fragt sie ihn.

Er ist körperlich gesund und rutscht unruhig auf seinem Sitz herum, als plötzlich das Rampenlicht auf ihn fällt.

»Irgendwann ein Buch zu schreiben«, sagt er leise.

»Und wie wollen Sie es erreichen?«

»Ich weiß nicht.«

Dr. Bryen lächelt ihn an. »Dies ist der Grund, weshalb wir über unsere Träume lange und intensiv nachdenken müssen, denn sobald wir sie zu haben wagen, können wir den Prozess einleiten, sie in die Realität umzusetzen. Dabei müssen Träume nicht unbedingt groß sein. Ich kenne eine Frau, die davon träumt, das Abonnement eines Seifenoper-Magazins zu haben, und eine andere möchte jede Woche zum Essen Makkaroni mit Käse bekommen. Träume können jeden Umfang annehmen, den Sie ihnen geben möchten. Entscheidend ist nur, dass Sie einen haben, der ganz allein Ihnen gehört.«

Dr. Bryen schaut sich wieder im Raum um. Ihr Blick wandert durch die Reihen, er wandert immer weiter, bis er auf mir ruhen bleibt. »Was glauben Sie, brauchen Sie, um einen Traum zu verwirklichen?«, fragt sie.

Alle schauen mich an. Ich weiß nicht, was ich sagen soll. Ich wünsche, die Leute würden wegblicken. Ich möchte allein gelassen werden. Noch nie haben mich so viele Menschen gleichzeitig angeschaut. Ich weiß nicht, was ich tun soll.

»Ich glaube, Martin würde sagen, dass man hart arbeiten muss«, sagt Mam.

Sie spricht für mich und versucht die Stille zu füllen, die ich wie eine Wunde aufreiße. Ich möchte nur noch in den Erdboden versinken.

»Ich hätte aber gerne gewusst, was *Sie* denken«, sagt

Dr. Bryen und schaut mich an. »Sie sind Martin, stimmt's? Ich möchte, dass Sie mir erzählen, was ein Mensch Ihrer Meinung nach braucht, um einen Traum zu verwirklichen.«

Es gibt kein Entkommen. Im Saal ist es furchtbar still, während ich meine Kopfmaus auf den Laptop richte und auf Schalter zu klicken beginne.

Nach einer gefühlten Ewigkeit spreche ich schließlich: »Man muss die Chance bekommen, ganz alleine zu entscheiden, welchen Traum man hat«, sagt meine Computerstimme.

»Wie meinen Sie das, Martin?«

Ich klicke wieder und wieder auf meine Schalter: »Die Menschen müssen einem dabei helfen, herauszufinden, welchen Traum man hat. Sie müssen einen in die Lage versetzen, einen Traum zu haben.«

»Oh nein!«, ruft Dr. Bryen aus. »Da bin ich total anderer Meinung als Sie. Sehen Sie das denn nicht, Martin? Sie können doch nicht andere Menschen bitten, Ihnen das Träumen zu erlauben. Sie müssen es einfach selbst tun.«

Ich bin nicht sicher, ob ich verstehe, was Dr. Bryen meint. Ich habe mein ganzes Leben damit verbracht, das Essen vorgesetzt zu kommen, das andere für mich ausgewählt haben, und ich wurde ins Bett gebracht, wenn sie entschieden, ich sei müde. Mir wurde angezogen, was sie für passend hielten, und gesprochen wurde mit mir nur, wenn sie zu mir etwas sagen wollten. Ich wurde nie gebeten, darüber nachzudenken, was *ich* will. Ich weiß nicht, wie das ist, Entscheidungen für mich selbst zu treffen, ganz zu schweigen davon, einen Traum zu wagen. Ich schaue sie an. Ich weiß so viel über die Erwartungen anderer – und so wenig über meine eigenen.

Aber ist das, was sie sagt, wahr? Sollte ich vielleicht damit anfangen, meine eigenen Entscheidungen zu treffen, jetzt, wo ich meine Stimme finde? Ich begreife doch erst langsam, dass irgendwo am Ende dieser Reise jene Art von Freiheit sein könnte, die ich mir früher nicht hätte träumen lassen. Ich werde in der Lage sein, jene Person zu sein, die ich sein will, aber wage ich wirklich zu träumen, wer dies ist?

21
Geheimnisse

Die unerwartete Seite eines Lebens als Geisterjunge war die Tatsache, dass die Menschen mir ungewollt ihre geheimen Welten offenbarten. Ich hörte Furze wie Gewehrkugeln knallen, wenn Leute einen Raum durchquerten, oder ich beobachtete, wie sie ihr Spiegelbild so oft begutachteten, dass es den Eindruck erweckte, als hofften sie auf wundersame Weise eine hübschere Version ihres Gesichts zu sehen zu bekommen. Ich sah Leute in der Nase bohren und den Fund verspeisen oder ihre eng anliegende Unterwäsche richten, bevor sie sich an den Genitalien kratzten. Ich habe sie fluchen und vor sich hin murmeln hören, während sie in einem Raum auf und ab gingen. Ich habe Streitereien mitbekommen, bei denen die Leute Tatsachen zu Lügen verdrehten, um als Sieger hervorzugehen.

Menschen offenbarten sich aber auch auf andere Weise: durch eine Berührung, die sanft und fürsorglich oder rau und gedankenlos war; durch Füße, die müde über den Boden schlurften, wenn sie den Raum betraten. War jemand ungeduldig, so stöhnte er, wenn er mich wusch oder fütterte; waren sie wütend, dann rissen sie mir die Kleider noch etwas gröber als üblich vom Leib. Glücksgefühle schossen aus ihnen hervor wie kleine elektrische Impulse, während Beklemmung und Ängstlichkeit Tausende verräterischer Anzeichen boten – vom Nägelkauen bis zum ständigen Zurückstreichen des Haars hinter die Ohren, um die innere Unruhe zu kaschieren.

Trauer allerdings ist vermutlich am schwierigsten von allem zu verbergen, da Kummer eine Art hat, sich auch dann zu äußern, wenn die Leute glauben, ihn zurückzuhalten. Man braucht nur genau hinzuschauen, um die Anzeichen zu sehen, doch die meisten Menschen unterlassen es, und dies ist der Grund, weshalb sich am Ende so viele einsam fühlen. Ich glaube, dies war auch der Beweggrund für einige von ihnen, zu mir zu reden: Zu einer anderen lebenden Kreatur – wenn auch unbeseelt – zu sprechen war immer noch besser als zu gar keiner.

Eine jener Personen, die sich mir anvertrauten, war Thelma, eine Pflegerin, die mich schon von Anfang an im Pflegeheim betreut hat. Oft saß sie mit mir und einigen anderen Kindern da, und wir warteten darauf, dass man uns abholte. Jeden Nachmittag lauschte ich, ob das weiße Gitter am Ende des Korridors endlich quietschend aufgestoßen wurde. Dann, wenn Schritte im Gang widerhallten, versuchte ich herauszufinden, wem sie gehörten: Das Klappern hoher Absätze bedeutete, dass Corinnes Mama gekommen war und sie abholte, schwere Militärstiefel verrieten mir, dass es Jorikas Vater war, und das weiche Abrollen von Papas Schuhen verwies auf den großen, aber stämmigen Mann, der er heute immer noch ist. Die Schuhe meiner Mutter verursachten fast gar kein Geräusch, abgesehen vom gedämpften Rauschen ihrer schnellen Schritte. Manchmal konnte ich jeden erraten, bevor ich ihn sah, an anderen Tagen lag ich völlig falsch damit.

Jeden Nachmittag wurden die Kinder eins nach dem anderen abgeholt, und im ganzen Gebäude wurde es langsam still: Telefone klingelten nicht mehr, keine Menschenseele rührte sich. In meinen Ohren rauschte es, wenn die Klimaanlage ausgeschaltet wurde. Bald würden es nur noch Thelma und ich sein, die warteten, und ich war immer froh, wenn sie es war, denn sie wurde nicht wütend, wenn Papa mich erst so spät abholen kam.

Eines Nachmittags saßen wir dort, und als im Radio ein bestimmtes, sehr melancholisches Lied gespielt wurde, starrte Thelma vor sich hin und lauschte ergriffen. Ich spürte, dass sie heute traurig war.

»Ich vermisse ihn so sehr«, sagte sie plötzlich.

Obwohl mein Kopf angewinkelt auf meiner Brust lag, konnte ich hören, dass sie leise weinte. Ich wusste, wovon sie sprach: Ihr Mann war gestorben. Ich hatte Mitarbeiter leise darüber reden hören.

»Er war ein guter Mann«, flüsterte sie. »Die ganze Zeit muss ich an ihn denken, jeden Tag.«

Neben mir knackte es, als Thelma ihr Gewicht auf dem Stuhl verlagerte. Sie schluchzte, und die Tränen flossen heftiger.

»Immerfort sehe ich ihn, wie er da zum Schluss lag. Ich frage mich, ob er mitbekommen hat, was geschehen ist. Wie hat er sich gefühlt? Hatte er Angst oder Schmerzen? Habe ich genug für ihn getan? Das geht mir ständig durch den Kopf. Ich kann nicht aufhören, an ihn zu denken.«

Sie schluchzte noch heftiger. »Wenn ich ihm doch nur häufiger und deutlicher gesagt hätte, dass ich ihn geliebt habe«, sagte sie. »Ich habe es nicht oft genug gesagt, und jetzt bekomme ich nie wieder eine Gelegenheit dazu. Ich werde es ihm nie mehr sagen können.«

Thelma weinte noch weiter, während ich neben ihr saß. Ich spürte, wie es mir auf den Magen schlug. Sie war so eine nette Person, die solche Trauer nicht verdient hatte. Ich wollte, ich hätte ihr sagen können, dass sie eine gute Ehefrau gewesen war, denn ich war sicher, dass es stimmte.

22
Aus dem Kokon

War es unvermeidlich, dass ich nach so vielen Jahren der Abgeschiedenheit Angst vor dem Alleinsein hatte? Nachdem ich einen Monat zuvor an dem Workshop im Kommunikations-Institut teilgenommen hatte, bin ich jetzt wieder dort und beteilige mich an einem einwöchigen Kurs über augmentative und alternative Kommunikation, kurz AAC. Alle möglichen Interessenten, von Leuten wie ich, die AAC anwenden, bis hin zu Eltern, Dozenten und Therapeuten, die mit uns arbeiten, kommen ins Institut. Dieser besondere Kurs wird allerdings für Studenten abgehalten, die einen Abschluss in AAC machen wollen, und ich wurde von der Institutsdirektorin, Professor Alant, eingeladen, daran teilzunehmen. Mam hat mich jeden Tag begleitet, doch an diesem Morgen muss sie zu einem Computerladen, weil es Probleme mit einem meiner Schalter gibt. Das heißt, ich bin ganz allein hier.

Als ich mich in dem Raum mit all den Fremden umschaue, wird mir bewusst, dass ich mich nicht erinnern kann, jemals ohne ein Familienmitglied oder eine Pflegeperson in der Nähe gewesen zu sein. Ich verbrachte Jahre in erzwungener einsamer Gefangenschaft in mir selbst, doch physisch war ich bis jetzt nie allein. Ich kann mich nicht entsinnen, ein Kind gewesen zu sein, das sich immer weiter die Straße hinunter wagte, bis es schließlich den Mut aufbrachte, zum ersten Mal alleine um die Straßenecke zu gehen. Ich war nie ein Teenager, der seine ersten Schritte ins Erwachsenendasein und in die Unabhängigkeit unternahm, indem ich meinen Eltern die Stirn bot und die ganze Nacht wegblieb.

Ich bin eingeschüchtert. Was soll ich sagen? Was soll ich tun? Ich sitze in meinem Rollstuhl ganz hinten im Hörsaal und hoffe, nicht aufzufallen. Erleichtert seufze ich auf, als die erste Vorlesung beginnt. Dann kommt die Teepause. Ich weiß, dass mich jemand schieben muss, wenn ich auch etwas trinken will, dass jemand einen Strohhalm in eine Tasse tun und diese dann so nah an mich heranstellen muss, dass ich meinen Kopf hinabbeugen kann, um daraus zu trinken. Als eine Studentin fragt, ob ich auch komme, sage ich ihr daher, ich würde lieber bleiben, wo ich bin. Ich habe zu viel Angst, ihr Angebot anzunehmen. Ich möchte niemandem zur Last fallen oder mich Leuten aufdrängen, die ich nicht kenne.

Doch als ich da so in dem Raum sitze und zuschaue, wie die anderen der Reihe nach schwatzend und lachend hinausgehen, wird mir klar, dass meine Verweigerung sinnlos ist. Ich werde immer auf Hilfe angewiesen sein, um in der sogenannten realen Welt zurechtzukommen, um mich in ihr zu bewegen, Türen zu überwinden, zu essen, zu trinken und auf die Toilette zu gehen. Nichts von all dem kann ich alleine bewältigen, daher muss ich jemanden, der mir die Tür öffnen will, freundlich anlächeln; wenn mir jemand anbietet, mich eine Stufe hochzuziehen, muss ich dessen Hilfe annehmen, ob ich will oder nicht. Erst wenn ich zulasse, dass mir Fremde helfen, kann ich mich außerhalb des begrenzten Raums bewegen, in dem meine Eltern immer um mich herum sind und mir jeder vertraut ist. Wenn der Kokon, in dem ich so lange eingeschlossen und damit unsichtbar war, aufzubrechen beginnt, muss ich neue Wege einüben.

»Martin?«

Ich blicke hoch und sehe Michal, eine Sprachtherapeutin des Kommunikations-Instituts, der ich im letzten Monat beim Workshop begegnet bin.

»Soll ich dich in das andere Zimmer bringen, damit wir etwas trinken können?«, fragt sie.

Michal lächelt. Erleichterung durchströmt mich. Ich klicke ein einziges Symbol an: »Danke!«

23
Ein Angebot, das ich nicht ablehnen kann

Zuweilen bin ich ein Exot. Wie ein Papagei oder Affe. Fachleute interessieren sich für mich. Teilweise deshalb, weil ich beides bin, ein neuer Nutzer von AAC und ein junger Erwachsener, was einigermaßen ungewöhnlich ist. Die meisten Menschen, die mit AAC kommunizieren lernen, sind entweder Kinder, die mit Problemen wie zerebraler Kinderlähmung, Autismus oder genetischen Störungen geboren wurden, oder ältere Erwachsene, die ihre Stimme durch Krankheiten wie Schlaganfall oder Motor-Neurone-Erkrankung verloren haben. Leute wie ich, die ihre Stimme im mittleren Alter verlieren, sind eher die Ausnahme. Wichtiger ist jedoch die Tatsache, dass ich in so kurzer Zeit dermaßen viel über Computerkommunikation gelernt habe, und noch viel bedeutsamer ist, dass ich mir Lesen und Schreiben selbst beibringe. Das ist wirklich neu, denn viele AAC-Nutzer bleiben lese- und schreibunkundig. Daher sind die Studenten gekommen, um am letzten Tag des Kurses zu hören, wie ich spreche.

»Mich auf mein neues Leben einzustellen war bisweilen eine große Herausforderung und beängstigend«, berichte ich ihnen. »Es gibt so viel, das ich nicht weiß, und häufig fühlte ich mich völlig überfordert. Doch im Moment wendet sich alles drastisch zum Besseren.«

Als die Studenten mich nach dem Vortrag umdrängen und mir gratulieren, gibt es mir ungeheuren Auftrieb, unter ihnen zu sein. Mit ihrem fröhlichen Lachen und den lauten Stimmen erscheinen mir die Menschen meines Alters so strahlend, als habe man sie in Regenbogenfarben gemalt. Zur Feier des Tages habe ich beschlossen, mein Lätzchen nicht mehr zu tragen, und so sehe ich schon ein bisschen mehr aus wie sie.

»Du warst fantastisch!«, höre ich jemanden mit amerikanischem Akzent sagen.

Erica ist eine Studentin, die ich Anfang der Woche an dem Morgen kennengelernt hatte, als Mam zu dem Computerladen gegangen war und Michal mich zum Tee eingeladen hatte. Nachdem sie mir das Getränk gegeben hatte, wurde Michal abgelenkt, und ich starrte auf meine Tasse und wusste, dass ich nicht daraus trinken konnte, denn sie hatte mir keinen Strohhalm hineingetan.

»Brauchst du etwas?«, fragte jemand.

Ich wendete den Kopf und sah eine Frau in ungefähr meinem Alter. Sie hatte kurzes blondes Haar und sprühte vor Energie. Ich wedelte mit meiner Hand nach unten.

»Ist es in deinem Beutel?«

Die Frau bückte sich, fand einen Strohhalm und tat ihn in meine Tasse.

»Ich heiße Erica«, sagte sie. »Ist es dir recht, wenn ich etwas bei dir bleibe?«

Ihre Direktheit gefiel mir. Erica erzählte mir, sie sei

von ihrer Universität in Amerika, an der sie Sprachtherapie und Logopädie studiert habe, für zehn Monate beurlaubt worden, um Südafrika zu besuchen und hier ein Aufbaustudium zu absolvieren. Ich bewunderte, wie sie mit mir über Gott und die Welt redete. Es geschah nicht oft, dass jemand so ungezwungen mit mir sprach.

»Ich finde es hier überhaupt nicht kalt, obwohl wir uns mitten im Winter befinden!«, sagte Erica kichernd. »In Wisconsin bin ich so an harte Winter gewöhnt, dass das hier nichts dagegen ist. Ich verstehe nicht, weshalb die ganzen Leute zu frieren scheinen, während ich am liebsten im T-Shirt herumlaufe.«

Wir unterhielten uns weiter, bis die Teepause beendet war und Erica mich in den Hörsaal zurückschob.

»Es war schön, mit dir zu reden, Martin«, sagte Erica.

Danach haben wir immer mal wieder miteinander geplaudert, und jetzt lächelt mich Erica an. Ihr Lachen wirkt schelmisch, als sie sich zu mir hinunterbeugt.

»Ich habe beschlossen, dass wir Freunde sein sollten«, sagt sie.

Sie kommt noch näher, sodass niemand sie hören kann. »Aber unter einer Bedingung: keine Eltern.«

Ich lächle Erica an und gebe ihr meine E-Mail-Adresse. Sie verschwindet, um sich mit jemand anderem zu unterhalten, und Professor Alant kommt zu mir.

»Ich würde gerne mal mit Ihnen reden, wenn das möglich ist, Martin«, sagt sie. »Aber alleine, ist das in Ordnung?«

Ich bin sicher, dass ich fast so überrascht dreinschaue wie meine Mutter. Es geschieht ja nicht gerade häufig, dass ich mich ganz alleine mit Leuten unterhalte, die ich nicht kenne. Doch Professor Alant macht einen resoluten Eindruck, als sie sich neben mich setzt, und meine Mutter geht weg.

»Für uns war es eine Freude, Sie in dieser Woche bei uns zu haben«, sagt sie. »Hat es Ihnen hier auch gefallen?«

Ich nicke.

»Das freut mich, denn Ihre Erkenntnisse über die Anwendung von AAC sind von unschätzbarem Wert, und wir sind zutiefst beeindruckt von all der harten Arbeit, die Sie investiert haben, ebenso von den erstaunlichen Resultaten, die Sie erzielen konnten«, sagt sie. »Deshalb wollte ich mit Ihnen reden. Ihre Mutter erzählte mir, dass Sie einen Tag in der Woche freiwillige Büroarbeit verrichten, und anscheinend macht Ihnen das ja sehr viel Spaß. Daher möchte ich Sie bitten, sich zu überlegen, ob Sie hier nicht auch mal auf Probe arbeiten wollen. Ich würde gerne testen, wie es einen Monat lang mit einem Vormittag pro Woche läuft, und danach könnten wir uns über die Möglichkeit von etwas Festerem unterhalten. Wie klingt das für Sie?«

Ich starre Professor Alant ungläubig an. Ich bin zu überrascht, um auf meinen Laptop zu schauen, geschweige denn ihn mit einer Antwort zu programmieren. Meine Welt öffnet sich nicht nur – sie explodiert.

24
Ein Sprung nach vorne

Was meinst du, Martin?«

Juan schaut mich erwartungsvoll an. Sie arbeitet hier im Kommunikations-Institut und ist eine meiner neuen Kolleginnen.

Ich weiß nicht recht, was ich sagen soll. Juan möchte wissen, was meiner Meinung nach einem Kind am besten helfen würde, das hier vor einiger Zeit getestet wurde. Für mich aber ist es so ungewohnt, nach meiner Meinung gefragt zu werden, dass ich noch nicht weiß, wie ich sie angemessen äußern soll.

Die Arbeit im Institut unterscheidet sich gewaltig von der im Gesundheitszentrum, wo anfangs viele unsicher zu sein schienen, wie sie sich jemandem wie mir gegenüber verhalten sollten.

»Könntest du bitte mal die Januar-Listen raussuchen?«, fragten sie beispielsweise meine Kollegin Haseena, wenn sie in unser Büro kamen.

Selbst wenn Haseena offensichtlich mit etwas anderem beschäftigt war, gab es manche, die nicht mich baten, ihnen zu helfen. Es dauerte lange, bis mir beruflich etwas zugetraut wurde, umso mehr freut es mich, dass sie es jetzt tun.

Doch hier im Kommunikations-Institut fragten mich

die Leute von Anfang an, was ich denke. Ich bin die einzige Person, die ihre Theorien in die Praxis umgesetzt hat, daher sind sie darauf erpicht, meine Meinung zu hören. Anfangs verunsicherte mich das, doch allmählich gewöhne ich mich daran, und es erfüllt mich mit einem gewissen Stolz.

An meinem ersten Arbeitstag saß ich in dem Raum, in dem mich Shakila damals getestet hatte, und ich hatte nicht den geringsten Schimmer, was hier jetzt von mir erwartet wurde. Ich hatte selbst zu entscheiden, wie ich die administrativen Aufgaben angehen und beenden würde, die man mir übertrug, wie beispielsweise das Umsetzen eines Forschungsberichts für das Mitteilungsblatt des Instituts in Symbole.

In der zweiten Woche wurde ich in ein Büro zu einer Frau namens Maureen gesetzt, mit der ich mich schnell anfreundete, und in der dritten Woche hatte ich erkannt, wie erfrischend es war, mich in einer Umgebung aufzuhalten, wo niemand Angst vor mir hatte.

Jetzt arbeite ich hier bereits die vierte Woche, und heute endet meine Probezeit – die Stunde der Wahrheit ist gekommen. Um meine Nervosität vor dem bevorstehenden Treffen mit Professor Alant zu beruhigen, schiebt mich Erica, mit der ich inzwischen gut befreundet bin, über das Universitätsgelände. Wir wollen in der Kantine einen Kaffee trinken. Es ist ein herrlicher Frühlingsmorgen. Die Bäume sind voller prächtiger Blüten, und der Himmel über uns ist strahlend blau.

»Glaubst du, dass du den Job bekommen wirst?«, fragt Erica.

Auf meinem Schoß liegt ein laminiertes Blatt Papier mit den Buchstaben des Alphabets. Außerdem befinden sich darauf allgemein gebräuchliche Wörter und Ausdrücke wie ›Danke!‹ und ›Ich will‹. Seitdem ich besser buchstabieren kann, benutze ich diese Alphabetvorlage jetzt häufiger, da ich nicht immer den Laptop mitschleppen will. Dennoch bleiben Lesen und Schreiben eine schwierige Wissenschaft für mich. Während mir das Lesen immer noch schwerfällt, ist das Schreiben aus irgendeinem Grund einfacher; ich bin mir nicht sicher, weshalb das so ist. Vielleicht, weil beim Schreiben die Wörter in ihre individuellen Buchstabengebilde aufgeschlüsselt werden, wohingegen beim Lesen eine ganze Reihe von Symbolen erfasst werden muss, die zusammengefügt wurden, um ein Wort zu bilden.

»Ich hoffe es«, antworte ich Erica, indem ich auf die Buchstaben vor mir deute. »Wirklich!«

»Ich glaube, du bekommst ihn.«

»Warum?«

»Weil du brillant bist, Martin!«

Ich bin mir nicht sicher. Die Arbeit in einem Büro hat mir gezeigt, welch gewaltige Wissenslücken ich noch habe. Ohne Erinnerung an meine Schulbildung ist mein Gehirn eine Müllkippe, auf der Informationsfetzen abgeladen werden, und ich habe keine Ahnung, woher diese kommen. In vielerlei Hinsicht habe ich jetzt das Gefühl, stärker hinterherzuhinken als zuvor.

Mam und Dad warten, als Erica und ich wieder zum Institut kommen, und zu dritt machen wir uns auf den Weg zu Professor Alant.

»Ich will ehrlich sein und Ihnen gleich sagen, dass Situationen wie diese häufig nicht erfolgreich enden«, beginnt die Professorin das Gespräch, sobald sich meine Eltern gesetzt haben.

Mir rutscht das Herz in die Hose.

»Dennoch möchten wir Ihnen hier gerne eine bezahlte Stelle anbieten, Martin«, fährt sie lächelnd fort. »Wir haben das Gefühl, Sie könnten für unsere Arbeit wirklich unschätzbare Dienste leisten, und wir möchten, dass Sie wöchentlich einen Tag als bezahltes Mitglied unseres Mitarbeiterstabs tätig sind. Was halten Sie davon?«

»Das ist eine tolle Nachricht!«, platzt mein Vater heraus.

Er schaut mich mit breitem Lachen an, und auch meine Mutter strahlt.

»Dieses Angebot ist allerdings an einige Bedingungen geknüpft, da Sie so unabhängig wie irgend möglich sein müssen, wenn Sie Mitglied des Mitarbeiterstabs werden wollen«, fügt Professor Alant hinzu. »Wir werden alles Erdenkliche tun, Ihnen dabei behilflich zu sein, aber es gibt da etwas, das wir Ihnen nicht bieten können, und das ist ein elektrischer Rollstuhl, den Sie selbstständig bedienen können. Momentan muss Ihr Rollstuhl noch von jemandem geschoben werden, doch das wird nicht immer möglich sein, wenn Sie an der Seite von Kollegen arbeiten.«

Ich nicke verständnisvoll.

»Der Grund, weshalb ich das sage, Martin, ist folgender: Ihre Arbeit hier wird nicht funktionieren, wenn Sie darauf angewiesen sind, sich von den anderen Mitarbeitern helfen zu lassen.«

Ich schaue zu meinen Eltern hinüber und bete, dass auch sie zustimmen.

»Das können wir nachvollziehen«, sagt meine Mutter. »Und ich bin sicher, Martin wird mehr als glücklich sein, alles zu tun, was er kann, um zu helfen. Diese Tätigkeit bedeutet ungeheuer viel für ihn.«

Ich nicke.

»Da gibt es dann noch etwas«, sagt Professor Alant. »Ich glaube, Sie müssen sich Gedanken darüber machen, wie Sie sich ein dem Beruf etwas angepassteres Äußeres zulegen. Wie steht es mit Oberhemd und Hose?«

Ich starre auf mein übliches T-Shirt und die Joggingschuhe hinab. Meine Mutter schnappt wie ein Goldfisch nach Luft.

»Ist das akzeptabel für Sie?«, fragt Professor Alant.

Mein Finger deutet auf ein Wort in meiner Alphabetvorlage. »Ja«, antworte ich.

»Dann sind wir uns einig«, sagt sie lachend. »Willkommen im Team, Martin! Ich freue mich darauf, Sie nächste Woche zu sehen.«

Mein Vater schiebt mich auf den Flur, doch niemand spricht ein Wort, bis wir sicher sein können, dass uns niemand hört.

»Deine Kleidung?«, stößt meine Mutter ungläubig hervor. »Was stimmt denn nicht mit deiner Kleidung?«

Sie klingt leicht verärgert. Mam hat mir immer die Anziehsachen gekauft, und ich habe nie einen Gedanken daran verschwendet.

»Und habt ihr gehört, was sie da über ›Situationen, die häufig nicht erfolgreich enden‹ gesagt hat?«, fährt Mam fort. »Was hat sie denn damit gemeint?«

»Ich glaube, sie wollte damit nur zum Ausdruck bringen, dass die Beschäftigung eines Menschen mit Behinderung eine Herausforderung sein kann«, sagt mein Vater vorsichtig.

»Nun denn, dann ist sie ja wohl noch nie jemandem wie Martin begegnet, was?«, tobt meine Mutter. »Wenn irgendjemand es schafft, dann er! Du wirst es ihnen schon zeigen, nicht wahr, Martin?«

Meine Eltern schauen zu mir herunter, als wir die Eingangstür des Instituts erreichen. Fast zwei Jahre sind seit dem Tag vergangen, an dem wir hier zu meinen ersten Tests erschienen sind.

»Also, dann verlassen wir dich jetzt, damit du wieder an die Arbeit gehen kannst«, sagt Dad und drückt meine Schulter. Dann drückt er noch ein zweites Mal zu, diesmal etwas fester, um seiner Freude wortlos Nachdruck zu verleihen.

»Du wirst allen, die an dir zweifeln, das Gegenteil beweisen, nicht wahr, mein Sohn?«, meint Mam lachend. »Ich weiß, dass du es schaffst!«

Glücksgefühle machen sich in mir breit, während ich meine Eltern anschaue. Ich hoffe, ich kann sie stolz machen.

25
In der Brandung stehen

Nur ganz selten mal hatte ich während meiner Zeit als Geisterjunge Einblick in die Gefühlswelt meines Vaters. Einmal, als er ins Wohnzimmer kam, nachdem alle anderen schon ins Bett gegangen waren, hinterließ er bei mir einen unauslöschlichen Eindruck.

»Martin?«, sagte er und schaute mich dabei an.

Natürlich blieb ich stumm, während sich Dad in einen Sessel setzte und zu sprechen begann. Er saß dort, starrte durch das Fenster in die Nacht da draußen und erzählte von seiner Kindheit auf dem Lande. Als er heranwuchs, wollte mein Großvater GD immer Farmer werden, doch er endete als Arbeiter in den Minen. Dennoch versuchte er seiner Familie möglichst viel zu bieten, indem er Kartoffeln, Erbsen und Zwiebeln anbaute und Honig aus seinen Bienenstöcken erntete. Außerdem hielt er Kühe, um für Milch, Sahne und Butter zu sorgen, und eins dieser Tiere verleitete meinen Vater zu einem kindischen Akt brutaler Rebellion, den er nie vergessen konnte. Davon berichtete er mir jetzt in der Stille der Nacht.

»Ich schlug eine der Kühe mit einem Stock«, sagte Dad leise. »Ich weiß nicht mehr, weshalb ich es getan habe, auf jeden Fall traf ich sie am Augenlid. Ich hätte es nie tun dürfen.«

Er schwieg einen Moment.

»Aus irgendeinem Grund muss ich ständig daran denken, und ich glaube, das kommt daher, dass mir, wenn ich mich an jenen Tag erinnere, klar wird, damals von jener Kuh eine stärkere Reaktion bekommen zu haben, als ich sie jetzt bei dir erlebe, meinem eigenen Sohn. Ich verstehe einfach nicht, wie das sein kann. Wie kannst du Jahr für Jahr nur so still und stumm sein?«

Dads Atem kam ruckartig. Ich hätte ihn gerne beruhigt, doch ich konnte nichts tun, während er dort schweigend saß, bis sich seine Atmung wieder normalisierte. Dann stand er auf und beugte sich zu mir herunter, um mir einen Kuss auf die Stirn zu geben, wobei ich spürte, dass er seine Hände sanft um meinen Kopf gelegt hatte. Dort ließ er sie ein paar Sekunden verweilen, wie er es jeden Abend tat.

»Es ist Zeit fürs Bett, Junge«, sagte er.

Dies war das einzige Mal in all den Jahren, in denen er alleine für mich sorgte, dass mir mein Vater irgendeinen Hinweis darauf lieferte, wie verzweifelt er manchmal war. Doch wie sehr mich sein felsenfester Glaube an mich am Leben erhalten hatte, wurde mir erst deutlich, als ich im Alter von fünfundzwanzig Jahren zum ersten Mal mit meiner Familie Urlaub machte.

Normalerweise kam ich ja in das Heim auf dem Land, wenn sie wegfuhren, doch diesmal wurde ich auf eine Reise zum Meer mitgenommen. Ich war furchtbar aufgeregt. Ich konnte mich nicht erinnern, jemals das Meer gesehen zu haben, und diese riesige rollende Wassermasse raubte mir den Atem. Ungläubig starrte ich auf das Wasser und wusste nicht, ob ich Ehrfurcht oder Angst empfinden sollte. Das Meer schreckte mich ab und faszinierte mich gleichermaßen. Im Laufe der Jahre hatte ich die Art und Weise zu schätzen gelernt, wie das Wasser meinen Körper trug und unterstützte, wie es mich auf eine sonst nicht erreichbare Weise frei machte. Dennoch hatte mir der Gedanke immer Angst bereitet, ich sei ihm schutzlos ausgeliefert und habe keine Möglichkeit, mich mit den Füßen abzustoßen oder mit den Armen kräftig genug zu rudern, um mich an der Wasseroberfläche zu halten, falls ich einmal unterzugehen drohte.

Begeisterung und Beklemmung beschlichen mich, als mein Vater den Rollstuhl näher ans Wasser heranschob und das Geräusch der Wellen stärker wurde. Dann half er mir auf die Füße und begann mich über den Sand in Richtung Wasser zu bringen. Aber je näher ich ihm kam, desto ängstlicher wurde ich, und mein Vater musste es gespürt haben.

»Ganz ruhig, Martin! Entspann dich«, wiederholte Dad immer wieder, während die Wellen meine Füße langsam überspülten.

Doch seine Worte erreichten mich nicht. Adrenalin schoss durch meinen Körper, und ich spürte meine Machtlosigkeit erdrückender denn je, als ich mich dem Meer gegenübersah. Ich wusste, es konnte mich mühelos packen, wenn es wollte.

Mein Vater führte mich ein paar weitere zögerliche Schritte ins Wasser. »Dir passiert nichts«, versicherte er mir.

Ich aber empfand nur Angst, als sich das Meer um meine Füße und Beine schloss. Ich zweifelte nicht, dass ich erfasst und fortgeschwemmt werden würde, und dass mir keine andere Chance bliebe, als wieder zurückzugehen.

Plötzlich spürte ich, wie Dad mich dichter an sich heranzog. »Glaubst du wirklich, ich würde dich im Stich lassen?«, brüllte er über das Rauschen der Wellen hinweg. »Glaubst du nach all den Jahren etwa, ich würde es zulassen, dass dir jetzt etwas zustößt? Ich bin hier, Martin. Ich halte dich. Ich lasse es nicht zu, dass dir etwas passiert. Du brauchst wirklich keine Angst zu haben.«

Und in diesem Moment, als ich spürte, wie mich die Arme meines Vaters aufrecht hielten und seine Standhaftigkeit mir Stabilität verlieh, wurde mir erstmals bewusst, dass seine Liebe stark genug war, mich vor einem ganzen Ozean zu beschützen.

26
Sie kommt zurück

Es ist dunkel, und ich öffne die Augen. Mein Herz schlägt mir bis zum Hals. Ich bin angsterfüllt. Ich möchte schreien, kreischen, heulen, um gegen die Furcht anzugehen, die kalt in meinen Adern pulsiert.

Ich wende den Kopf, um auf die Uhr zu schauen.

Es ist 5.00 Uhr, und ich bin zum vierten Mal aufgewacht in dieser Nacht. Gerade mal 47 Minuten ist es her, dass ich die Augen geöffnet und versucht habe, meinen Träumen zu entfliehen. Heute sind sie besonders schlimm. Ich frage mich, ob sie jemals aufhören werden. Das sind die Momente, in denen ich mich am einsamsten fühle, wenn alle Welt schläft und ich im grauen Licht einer tristen Morgendämmerung aufwache.

Der Albtraum, der mich diesmal geweckt hat, unterscheidet sich nicht so sehr vom letzten. Sie unterscheiden sich so gut wie nie. Wären meine Träume nicht so furchterregend, wären sie schon fast langweilig vorhersehbar.

Sie stand vor mir und schaute auf mein Gesicht herab. Ich wusste, was sie gleich tun würde, und ich wollte sie wegstoßen, doch ich konnte es nicht. Meine Arme blieben wie immer leblos neben mir liegen, während sich ihr Gesicht dem meinen näherte. Ich spürte Angst und Panik und hätte so gerne um Gnade gefleht.

Dann wachte ich auf.

So geht es jetzt in den meisten Nächten. Wie sehr ich auch versuche, die Vergangenheit zu verdrängen, sie sickert in sämtliche Ritzen, und ich kann diese nicht füllen mit Gedanken über meine Arbeit oder häusliche Dinge, weder mit Listen von zu verrichtenden Aufgaben noch Sachen, die ich gerne erleben würde.

Was mich auslaugt, ist die Tatsache, dass ich nicht nur nachts heimgesucht werde. An jedem beliebigen Tag lauern mir tausend winzige Auslöser auf; es handelt sich um Dinge, die niemand anderes bemerken würde, mich hingegen führen sie direkt in die Vergangenheit: Ein paar Takte klassischer Musik in einem Einkaufszentrum, und ich befinde mich wieder in dem Heim auf dem Land, in dem ich wie ein Tier gefangen war und zu entkommen hoffte.

»Hier ist es so friedlich«, pflegte meine Mutter stets zu sagen, wenn sie mich dort ablieferte.

Wenn wir das Gebäude betraten, ertönten gewöhnlich die beruhigenden Klänge von Vivaldi oder Mozart irgendwoher aus einer Stereoanlage, und ich schaute zu meiner Mutter mit der flehentlichen Bitte, endlich zu begreifen, was diese Musik überspielen sollte.

Dies ist der Grund, weshalb ich durch die Musik augenblicklich in die Vergangenheit zurückgeschleudert werde. Oder ich sehe ein Auto, welches mich an jenes erinnert, das von einer Person gefahren wurde, die mich verletzte, und schon bin ich wieder mitten in dieser Situation: mit klopfendem Herzen, schweißkalter Haut und stockendem Atem.

Niemand scheint zu bemerken, wenn mir dies widerfährt. Habe ich wirklich gelernt, meine Gefühle derart zu kaschieren, dass ich selbst solch brutale Schrecken verbergen kann? Ich verstehe selbst nicht, wie das möglich ist, aber irgendwie gelingt es mir. Ich bin völlig auf mich allein gestellt, wenn ich mich wieder in die Gegenwart zurückversetzen möchte, indem ich mich zu erinnern zwinge, dass die Vergangenheit hinter mir liegt.

Jetzt bemühe ich mich, mein Herz zu beruhigen. Ich muss wieder einschlafen, so groß meine Angst auch sein mag, erneut in eine Welt geschickt zu werden, die ich mit aller Macht für immer vergessen will. Morgen möchte ich frisch und munter zur Arbeit erscheinen. Ich darf nicht zulassen, dass die Vergangenheit mir meine Zukunft vermasselt. Ich darf mich nicht von ihr herunterziehen lassen.

Ich schließe die Augen, sehe aber immer noch ihr Gesicht ...

27
Die Party

Das Mädchen steht schwankend vor mir. Es grinst und scheint etwas benommen zu sein.

»Du bist hübsch«, sagt es. »Ich werde mal etwas flirten mit dir.«

Musik dröhnt aus der Stereoanlage. Der Beat ist wie ein Hammer, und der Raum ist voller Studenten, die ich nicht kenne. Ich bin mit Erica und anderen Freunden namens David und Yvette, die ich durch sie kennengelernt habe, auf einer Party im Universitätsgelände.

Mir will immer noch nicht in den Kopf, dass ich hier bin. Das Thema der Party ist ›Dschungel‹, und ich bin als dessen König verkleidet, mit einer Krone aus Bananenblättern auf dem Kopf. Ich habe sogar zum ersten Mal Alkohol probiert, nachdem mich so viele Leute gefragt haben, ob ich etwas trinken wolle, dass ich Erica gebeten habe, mir eine Cola mit Rum zu holen.

»Na, wie ist es?«, fragte Erica lachend, nachdem ich einen Schluck genommen hatte.

Der Alkohol füllte meinen Mund, bevor er in der Nase prickelte. Er war stark und beißend. Ich mochte den Geschmack nicht. Halbherzig lächelte ich Erica zu, die einen Sarong trug und ihren flauschigen Spielzeugaffen Maurice um den Hals hängen hatte. Ich beugte meinen Kopf nach vorne, um das Glas auszutrinken. Ich wollte dieses Gebräu so schnell wie möglich aus dem Weg schaffen.

»Nur nippen!«, schrie Erica, bevor sie zu lachen begann.

Ich nahm einen weiteren Schluck und würgte ihn schnell hinunter.

»Soll ich dir eine Cola ohne Alkohol holen?«, fragte Erica.

Ich lächelte sie an, und sie verschwand in der Menge. Ich überlegte, ob sie wohl den Weg zu mir zurückfinden würde oder ob jemand anderes mich ansprechen würde. Meine Alphabetvorlage lag einsatzbereit für eine Unterhaltung auf meinem Schoß, doch ich war mir nicht sicher, ob mich überhaupt jemand dort unten sitzen sehen würde, denn der Raum war total bevölkert. Dann fand mich das Mädchen, das jetzt über mir steht.

»Welches Sternzeichen bist du?«, fragt es und beugt sich zu mir herunter.

Es trägt ein goldenes Gewand und Schmetterlingsflügel auf dem Kopf. Es hat dunkles Haar und einen Mund voller großer weißer Zähne. Es ist hübsch und hat schöne Augen.

»S-C-O-R-R-P-Y-O-N-N«, buchstabiere ich auf meinem Alphabet.

»Scotch?«

»S-C-O-R-P-Y ...«

»Ach so! Meinst du Skorpion?«

Ich nicke. Mit dem Buchstabieren habe ich immer noch große Probleme. Die Leute müssen um die Ecke denken, wenn sie sich mit mir unterhalten wollen.

»Das ist nicht gut«, sagt das Mädchen. »Ich bin Jungfrau.«

Es lacht, und ich bin verwirrt. Ich weiß nicht, was ich sagen soll. Das Mädchen ist betrunken. Warum will es mit mir über Astrologie reden? Oder ist es nur ein verdeckter Hinweis, dass ich es zu einem Rendezvous auffordern soll? Ich weiß nichts darüber, wie Männer und Frauen miteinander umgehen. Alles, was ich gesehen habe, war in Filmen im Fernsehen oder in heimlichen Beobachtungen anderer Leute. Doch langsam komme ich dahinter, dass das Flirten mit einer Frau so etwas wie der Gebrauch einer Sprache ist, von der ich kaum weiß, dass sie existiert, geschweige denn, dass ich mich ihrer bedienen könnte. Flirtet diese Frau hier vor mir, wie sie es versprochen hat?

Natürlich stehen mir die Wörter zur Verfügung, um mit Frauen zu reden, die verbalen Mechanismen für Sex und Beziehungen, die Mam und ich in meine Wortgitter eingegeben haben. Es war unausweichlich, dass wir zu einem Thema kommen würden, das nur einen kleinen Schritt von Wörtern wie ›umarmen‹ oder ›küssen‹ entfernt ist. Und selbst wenn es meine Mutter war, die mir das neue Vokabular vermitteln musste, war mir dennoch klar, dass ich es haben wollte, denn Sex interessiert mich genauso stark wie jeden anderen Mann von knapp über zwanzig. Vielleicht glauben die Leute, jemand wie ich sei diesbezüglich gefühllos, doch da irren sie!

Ziemlich zu Beginn meines Wiedererwachens pflegte ich an den Wochenenden die Zeit immer herunterzuzählen, bis im Fernsehen eine französische Serie lief, denn ich wusste, dass dann Frauen mit so engem Korsett gezeigt wurden, dass deren Brüste überschwappten. Da spürte ich dann Gefühle, die ich zuvor nicht gekannt hatte, und ich genoss sie. Mein sexuelles Bewusstsein vermittelte mir, dass ich nicht völlig tot war. Seit ich zu kommunizieren lerne, habe ich häufiger darüber nachgedacht, und ich beginne zu hoffen, eines Tages vielleicht doch einmal eine Frau kennenzulernen, die mit mir zusammen sein möchte.

»Womit sollen wir anfangen?«, fragte meine Mutter mit ihrer entschlossensten Stimme, als wir vor dem Computer saßen, um das neue Wortgitter anzugehen. »Erektion?«

Das zumindest brauchte sie mir nicht zu erklären. Ich hatte sie wie jeder andere auch.

»Vagina.«

Auch dafür brauchte ich keine Beschreibung. Die meisten Wörter zu diesem Thema hatte ich inzwischen nebenbei aufgeschnappt.

Doch ich hätte schwören können, dass Mams Stimme immer lauter wurde, und ich betete, David bekäme nicht mit, was wir hier machten.

»Orgasmus«, rief Mam.

»Ejakulation.«

»Sperma.«

Mein Gesicht wurde puterrot, als meine Mutter damit fortfuhr, Wörter aus dem Sexualvokabular zu intonieren. Mit jeder Sekunde wünschte ich mehr, sie möge endlich aufhören, so als wollte ich mich dagegen auflehnen, eine plötzlich unfreiwillige Geisel in ihrem Bemühen zu sein, mich völlig aufzuklären. Erst als Mam schließlich beschloss, genug sei genug, konnte ich sie bitten, das Gitter irgendwo ganz unten zwischen den anderen zu verstecken, wo nur ich es finden würde.

Damals hatte ich schon vermutet, ich würde es wohl nicht sonderlich oft gebrauchen, und jetzt, als das Mädchen vor mir steht, wird mir klar, dass ich es wirklich nicht brauche. Im Gespräch mit Frauen geht es wohl mehr darum, zu verstehen, was zwischen den Zeilen geäußert wird, als die Worte selbst. Es kommt darauf an, die stummen Signale zu deuten, die so viel besagen. Doch ich habe keine Ahnung, wie ich das anstellen soll. Erwartet das Mädchen, von mir geküsst zu werden? Und wenn dem so ist, was soll ich dann tun? Will es, dass ich auf es zugehe, oder muss ich hier sitzen und warten, bis es mich küsst? Und falls es das tut, wie soll ich dann küssen? Ich habe doch noch nie jemanden geküsst. Die Fragenliste in meinem Gehirn wird immer länger, bis ich mich fast verheddere, wie ein Computer, der abstürzt, wenn ihm zu viel zugemutet wird.

»Weißt du, dass Skorpion und Jungfrau nicht kompatibel sind?«, fragt das Mädchen plötzlich.

Ich weiß wirklich nicht, wovon das Mädchen redet. Ich beschließe, das Thema zu wechseln. »Was studierst du?«, buchstabiere ich in meinem Alphabet.

»Volkswirtschaft.«

Ich bin mir nicht sicher, wie Volkswirtschaftsstudentinnen aussehen, aber ich glaube nicht, dass sie für gewöhnlich Schmetterlingsflügel auf dem Kopf tragen. Ich schweige und überlege, was ich sagen könnte, während das Mädchen vor mir herumtorkelt.

»Ich geh mal rüber zu meinen Freunden«, sagt es plötzlich. »Tschüss!«

Es taumelt quer durch den Raum, und ich bin wieder allein. Es ist zu schwierig, sich mit mir zu unterhalten. Ob ich es wohl noch lerne? Mein Blick wandert durch die Menge, und ich sehe, wie die Leute tanzen und miteinander reden, wie sie über die Scherze der anderen lachen und sich aufeinander zu bewegen. Ein Pärchen küsst sich, und ein Mann hat seinen Arm um die Schultern von einem Mädchen gelegt. Ich frage mich, ob ich jemals den Code beherrschen werde, der mir den Zugang zu deren Welt erlaubt.

»Alles in Ordnung?«

Es ist Erica. Zumindest mit ihr ist alles einfach, da wir beide wissen, dass zwischen uns nichts außer Freundschaft ist. Erica nimmt einen besonderen Platz in meinem Herzen ein, denn in den vergangenen drei Monaten hat sie mir so viel von dem gezeigt, was die Welt zu bieten hat.

Bevor wir uns kennenlernten, unternahmen meine Eltern mit mir Dinge wie einkaufen oder ins Kino gehen. Für mich war es ein Ereignis, das ich nie vergessen werde, als in dieser Welt des Zwielichts die Leute nach oben starrten, die Musik einsetzte und über mir Gesichter von der Größe eines Wolkenkratzers auf der Leinwand erschienen. Ich konnte kaum glauben, dass dies hier Realität war. Warum aber wirkten die Mienen der ganzen Leute um mich herum fast ausdruckslos? Ich bemerkte weder Faszination noch Entzücken in ihren Gesichtern, und ich fragte mich, ob man sich so sehr an ein Vergnügen gewöhnen konnte, dass man es gar nicht mehr wahrnahm.

Doch mit Erica habe ich gesehen, wie Menschen meiner Altersgruppe leben. Ich habe das Erlebnis genossen, bei McDonald's Hamburger zu essen, einen Nachmittag durch ein Einkaufszentrum zu spazieren oder Plätzchen zu naschen, die Erica gerade im Ofen gebacken hatte. Wir haben Botanische Gärten und ein Waisenhaus besucht, wo wir Babys knuddelten, die ohne die Gunst einer menschlichen Berührung sterben würden. Ich kenne dieses Gefühl nur allzu gut.

All dies versetzt mich in Erstaunen, und Erica scheint es Spaß zu machen, mir alles zu zeigen. Sie ist ein außergewöhnlicher Mensch – die erste Person außer meiner Familie und jenen, die für meine Pflege bezahlt wurden, die meine physischen Beschränkungen ohne Wenn und Aber akzeptiert. Bei Erica weiß ich, dass dieses Handicap mich nur teilweise abgrenzt, nicht insgesamt, und sie behandelt mich wie jeden anderen Freund. Nie hat sie auch nur ein einziges Wort darüber verloren oder mir durch einen Blick das Gefühl vermittelt, ich sei eine Last, für die sie sich schämen müsse. Selbst als ich in ihrer Wohnung geblieben bin und sie mich auf die Toilette setzen und wieder hochheben oder mich anziehen musste, hat sie es ohne Umstände getan. Pflege, die nur widerwillig geleistet wird, ist leicht zu erkennen, doch bei Erica ist das kein Thema. Vielleicht ist das der Grund, weshalb ich bei ihr so ruhig schlafen kann, wenn ich bei ihr übernachte, eine ganze kostbare Nacht ohne meine Albträume.

»Machen wir uns auf?«, fragt Erica.

Wir verlassen die Party mit David und Yvette und überqueren die Straße zu Ericas Wohnung. Als wir die Treppe zu ihrem Apartment erreichen, heben mich David und Erica aus dem Rollstuhl und stützen mich, während ich die Treppe Stufe für Stufe hinaufschlurfe. Ich lache, als sich die anderen darüber unterhalten, wer was wo und mit wem gemacht hat. Wie schön wäre es, wenn ich verstehen würde, was das alles bedeutet.

»Tut mir leid, wenn das als erste Party nicht gerade eine Offenbarung war«, sagt Erica, als wir das Apartment betreten. »Die Musik war schaurig, findest du nicht?«

Ich habe keine Ahnung, aber die Party war unvergesslich.

28
Henk und Arrietta

Die Liebe zwischen Männern und Frauen hat mich immer interessiert: Die Art und Weise, wie sie leise und behutsam kommt, zunimmt und schwindet oder sich in verstohlenen Blicken und qualvollen Auseinandersetzungen offenbart. Vielleicht fand ich sie deshalb so fesselnd, weil sie mich am stärksten daran erinnerte, wie einsam ich war.

Es war kurz nachdem ich wieder zu Bewusstsein gekommen war, dass ich erstmals Liebe sah. Damals arbeitete eine Frau namens Arrietta halbtags bei uns im Pflegeheim, und ihr Sohn Herman war dort untergebracht. Arrietta hatte auch noch eine Tochter Anya, die ungefähr drei gewesen sein muss, und an besagtem Tag war sie bei uns im Pflegeheim, während wir darauf warteten, dass mein Vater mich abholte. Ich wusste, dass Arriettas Mann Henk bald kommen würde, um mit seiner Familie nach Hause zu fahren. Für mich stand wieder ein Nervenkitzel bevor, denn dann würde ich die Pistole an seiner Hüfte sehen können. Henk war Polizist, und obwohl ich es oft genug zu Gesicht bekam, konnte ich immer noch nicht glauben, das Glück zu haben, ein echtes Schießeisen aus der Nähe betrachten zu dürfen.

Henk wusste, dass Arrietta bleiben musste, bis ich abgeholt wurde, als er mich auf einer Matte am Boden liegen sah. Ich beobachtete, wie er Arrietta küsste, bevor er sich an den Tisch setzte und die Zeitung aufschlug, wie er es immer tat. Herman und Anya spielten draußen auf der Veranda. Als Arrietta nach draußen ging, um nach den Kindern zu schauen, sah ich im Gegenlicht die Konturen ihrer Brüste durch den dünnen Stoff ihrer Bluse hindurchscheinen.

»Ist der Tag gut gelaufen?«, fragte Henk Arrietta, als sie wieder zurückkam.

»Lang war er«, erwiderte sie und begann ein paar Spielsachen aufzusammeln.

Eine Minute herrschte Schweigen.

»Auf dem Nachhauseweg müssen wir noch zum Supermarkt«, sagte Arrietta geistesabwesend. »Was möchtest du denn zum Nachtisch?«

Henk schaute sie an. »Dich«, antwortete er, und seine Stimme war etwas tiefer als sonst.

Wie konnte Henk Arrietta nur essen wollen? Ich wusste nicht, was er meinte.

Sie unterbrach das Einsammeln des Spielzeugs, schaute ihn an und lachte leise. »Mal sehen, was sich ergibt«, sagte sie.

Plötzlich hatte ich das Gefühl, die Zeit sei stehen geblieben, als Henk und Arrietta sich anlächelten. Ich wusste, dass ich etwas für mich Neues sah: die geheime Welt der Erwachsenen, von der ich mit zunehmendem Alter ahnte, dass es sie gab. Ich bekam ja auch mit, dass mein Körper sich veränderte, als Rollstühle, die ich jahrelang benutzt hatte, langsam zu klein für mich wurden und ich regelmäßig rasiert wurde. Damals nahm ich flüchtig Dinge zwischen Erwachsenen wahr, die ich vorher nicht bemerkt hatte. Sie machten mich neugierig.

Jetzt lag in Henks und Arriettas Stimmen etwas Besonderes, sie waren weich, ebenso das Lächeln, das sie sich schenkten. Ich verstand nicht, was es war, doch die Atmosphäre zwischen ihnen schien in diesen kurzen Augenblicken zu knistern, als Henk seine Frau anschaute und diese lächelte. Dann blickten beide weg, und der Moment war vorüber.

»Was ist mit ihnen?«, fragte Henk und zeigte auf den leeren Raum.

Sie waren wieder ganz sie selbst, ebenso schnell, wie sie sich in eine Welt begeben hatten, die ich nicht kannte.

»Wen meinst du?«

»Die Kinder hier – ich komme jeden Tag hierher und weiß nichts über sie.«

Arrietta setzte sich neben ihn und erzählte ihm von einigen der Kinder, die ich so gut kannte: Robby, der verletzt worden war, als der Wagen seines Vaters auf einen Lastwagen geprallt war, und der jetzt stundenlang weinte; Katie, die mit einem degenerativen Syndrom geboren wurde und so gerne aß, dass man ihr den Spitznamen ›kleine Fettnudel‹ gegeben hatte; Jennifer, die mit einem hühnereigroßen Gehirn zur Welt kam, nachdem ihre Mutter während der Schwangerschaft krank geworden war, und die jedes Mal vor Freude kreischte, wenn sie ihren Vater abends kommen sah; Elmo, Jurike, Thabo und Tiaan; Doorsie, Joseph, Jackie und Nadine, über die es alle eine Geschichte zu erzählen gab. Und dann waren da noch die Kinder, die so schnell kamen und gingen, dass ich nicht einmal ihre Namen behielt, wie das kleine Mädchen, das mit Lernschwierigkeiten geboren wurde und von einem Onkel vergewaltigt worden war, der seine Gräueltat damit ›krönte‹, dass er das Geschlechtsorgan des Mädchens anzündete.

»Was ist mit ihm?«, fragte Henk schließlich und zeigte auf mich.

»Martin?«

»Ja.«

Arrietta erzählte ihm meine Geschichte, und Henk hörte ihr schweigend zu, bis sie geendet hatte.

»Er ist der Bedauerlichste«, sagte er und schaute zu mir herüber.

»Warum?«

»Weil er nicht in diesem Zustand geboren wurde. Damals war er gesund, und dann mussten seine Eltern mit ansehen, wie ihr Kind litt. Ich weiß nicht, ob ich das aushalten würde.«

Arrietta legte einen Arm um ihn, während sie mich anschauten. »Niemand von uns weiß, was wir aushalten können, bis wir dazu gezwungen werden«, sagte sie sanft.

29
Der Heiler

Nachdem ich einen Blick in Arriettas und Henks geheime Welt geworfen hatte, war ich auf der Suche nach Liebe, da ich erkannte, dass das, was ich gesehen hatte, ungewöhnlich war. Es entsprach so gar nicht dem, was ich gekannt hatte, und daher hoffte ich, einen weiteren Einblick zu gewinnen. Obwohl ich lange warten musste, sah ich die Liebe dann schließlich doch, als ich ungefähr neunzehn war.

Es geschah, nachdem mein Vater eine dienstliche Besprechung mit einem Mann hatte, den er nicht kannte, und der Fremde wandte sich beim anschließenden gemeinsamen Essen an Dad.

»Wie geht es Ihrem Sohn?«, fragte er.

»Welchem?«, antwortete mein Vater überrascht.

»Dem Jungen, der stirbt«, sagte der Mann.

Wut überkam Dad, dass er nach dem intimsten Teil seiner familiären Privatsphäre befragt wurde. Doch irgendetwas an dem Mann weckte seine Neugierde, und abends hörte ich, wie er meiner Mutter von dem Gespräch berichtete.

»Er möchte Martin sehen«, sagte Dad. »Er ist Wunderheiler und glaubt, ihn behandeln zu können,«

Meine Mutter sah keinen Grund, es nicht zu erlauben, da sie schon vor langer Zeit zu dem Schluss gekommen war, das Rätsel meiner Krankheit könne niemals durch die klassische Schulmedizin gelöst werden. Deshalb brachte mich Dad zu einem Haus in einem Vorort, wo uns ein kleiner grauhaariger Mann mit Bart erwartete.

Der Mann sagte mir, sein Name sei Dave, und ich wusste sofort, dass er nett war: Seine Augen waren voller Glanz, als er mich anschaute. Ich wurde aus meinem Rollstuhl gehoben und auf ein Bett gelegt. Dann verfiel Dave in totale Stille, schloss die Augen und ließ seine Hände ein paar Zentimeter über meiner Brust schweben. Danach begann er, sie über meinem Körper auf und ab wandern zu lassen, wobei er den Umrissen meiner verkümmerten Gestalt folgte, ohne sie jemals zu berühren. Ich spürte, wie meine Haut unter Hitzewellen zu prickeln anfing.

»Die Aura Ihres Sohns ist zerstört«, sagte Dave meinem Vater. »Das kommt selten vor, aber es geschieht, wenn sich etwas Traumatisches ereignet hat.«

Dave verfiel wieder in Schweigen und sprach nur noch ein einziges Mal während der nächsten Stunde, um meinem Vater zu sagen, dass er glaube, ich habe Magenprobleme, da er dort Schmerzen spüren könne. Ich verstand nicht, wie er das wissen konnte, wo es doch keiner der Ärzte festgestellt hatte, und es erschreckte mich. Doch Dave sagte danach nichts mehr, sondern blieb stumm und setzte seine Arbeit fort.

»Darf ich Ihnen etwas für die Zeit bezahlen, die Sie uns geschenkt haben?«, fragte mein Vater, nachdem Dave fertig war.

»Nein«, erwiderte Dave. Er nahm keinen Cent von meinen Eltern, obwohl er mich drei Jahre lang jede Woche behandelte. Es war, als habe Dave eine Berufung, mich zu therapieren, einen so starken Glauben, dass er dem folgen musste.

Jedes Mal, wenn ich ihn sah, legte sich ein Ausdruck totaler Konzentration auf sein Gesicht, sobald er versuchte, das tiefe Reservoir selbstheilender Energie an die Oberfläche zu holen, von der er glaubte, dass ich sie in mir trüge. Mit den Händen über meinen Körper und die ihn umgebende Luft fahrend, machte er sich ein Bild von der Aura, die durch meine Krankheit beschädigt war, wie er zu fühlen glaubte. Sein Gesichtsausdruck war ruhig, friedlich und entspannt. Seine Augen waren die ganze Zeit geschlossen, wenn er sich auf meine Heilung konzentrierte. Nach der Behandlung wurden seine Züge wieder so lebhaft wie immer.

Monate wurden zu Jahren, und soweit die Menschen aus meiner Umgebung wissen, hatte sich an meinem Zustand nichts geändert. Doch Daves Glaube war unerschütterlich. Er sah mich Woche für Woche, um seine Hände mit dem intensivsten Ausdruck von Frieden und Konzentration über mir schweben zu lassen, den ich je gesehen habe.

Allmählich begann ich mich mehr und mehr darauf

zu freuen, zu ihm zu kommen, da er immer häufiger mit mir redete, mit mir lachte und scherzte, mir Geschichten über Löwen und andere Tiere erzählte, von denen ich hoffte, er würde sie eines Tages in Kinderbüchern zu Papier bringen. Wenn er redete, war es ein beruhigender Strom von Lachen und Späßen, während ich da auf dem Bett lag und er sich bemühte, mich zu heilen.

Ungefähr zwei Jahre nach meinem ersten Besuch bei Dave heiratete er eine Heilerkollegin namens Ingrid, und die beiden begannen, mich von Zeit zu Zeit gemeinsam zu behandeln.

Eines Morgens, als ich zu ihnen hochschaute, hörten sie abrupt mit der Behandlung auf, starrten sich an, und plötzlich schien die Zeit stehen zu bleiben, wie sie es getan hatte, als sich Henk und Arrietta angeschaut hatten. Es gab keine Ursache, weshalb Dave und Ingrid ihre Arbeit hätten unterbrechen sollen, keinerlei Anzeichen, dass es geschehen würde. Doch genau wie ein Ball, der einen Moment zu lange in der Luft schwebt, bevor er zu Boden fällt, verlangsamte sich die Zeit. Emotionen knisterten zwischen Dave und Ingrid, als ihre Blicke verschmolzen und sie sich nach vorne beugten, um sich zu küssen.

»Ich liebe dich!«, sagten sie und lächelten.

Ich wusste, dass ich die geheime Welt erneut gesehen hatte, und wünschte mir, sie zu verstehen. Ich wusste nicht, was zwischen zwei Menschen, die sich liebten, geschah. Es erschien mir seltsam und mysteriös. Auch wenn ich es zwischen Dave und Ingrid später nicht mehr erlebte, war mir dennoch klar, dass es immer da war.

Ungefähr ein halbes Jahr später fuhren Dad und ich an einem Wochenende in Daves Einfahrt, und dort parkte ein uns unbekanntes Auto.

»Hat Fortuna dich geküsst, Dave?«, fragte Dad lachend, während er mich aus dem Wagen hob.

»Nein!«, antwortete Dave. »Das ist der Schlitten von meinem Boss. Er ist übers Wochenende mit seiner Frau weggeflogen, und ich habe sie zum Flughafen gefahren. Morgen hole ich sie wieder ab.«

Er und mein Vater begannen sich über Ereignisse zu unterhalten, die eine Welt entfernt lagen, während ich ins Haus geschoben wurde.

»Hast du die Bilder im Fernsehen gesehen?«, fragte Dave meinen Vater. »Ist das nicht Wahnsinn?«

Ich wusste, was sie meinten. Prinzessin Diana war bei einem Autounfall ums Leben gekommen, und die Gefühlsausbrüche, die ihr Tod auslöste, hatten die Bildschirme von ganz Südafrika beherrscht. Ich hatte die Berichte über die Unmengen von Blumen verfolgt, die im Garten eines englischen Schlosses aufgestapelt wurden, und jetzt musste ich darüber nachdenken, was für ein Liebeserguss für eine einzelne Frau das doch war, eine Person, die so viele Menschen angerührt hatte.

Nachdem Dave mit der Behandlung fertig war, sagte

er, wir würden uns nächste Woche wiedersehen, und danach verabschiedete er sich.

Zwei Tage später erschien Kim im Pflegeheim, um mich abzuholen, und als wir nach Hause kamen, warteten dort unsere Eltern auf uns. Ich wusste sofort, dass irgendetwas Furchtbares passiert sein musste.

»Dave ist tot«, sagte mein Vater gehetzt zu Kim, während sie mir aus dem Auto half.

Meine Brust schmerzte, als ich hörte, wie meine Eltern Kim erzählten, was geschehen war. Am Abend zuvor waren Dave und Ingrid in den Mercedes gestiegen, um zum Flughafen zu fahren und dort Daves Chef und dessen Frau abzuholen, wie sie es versprochen hatten. Doch als sie aus der Einfahrt zurücksetzten, sprangen plötzlich zwei Männer vor das Auto und verlangten die Herausgabe des Wagens. Im Licht der Scheinwerfer erkannten Dave und Ingrid, dass die Männer bewaffnet waren. Die Räuber forderten auch ihren Schmuck, und Dave gab ihnen schweigend seine Armbanduhr und seinen Ehering, in der Hoffnung, das reiche vielleicht, um die Männer verschwinden zu lassen. Doch plötzlich, ohne Vorwarnung, nahm einer der Männer seine Pistole und schoss Dave in den Kopf. Dave stürzte zu Boden, ein anderes Auto fuhr vor, und die Räuber sprangen hinein. Dave überlebte noch ein paar Stunden, nachdem er mit dem Rettungshubschrauber ins Krankenhaus gebracht worden war.

»Es ist so schrecklich«, sagte meine Mutter traurig.

»Wie konnten sie das nur tun? Er war so ein guter Mensch.«

Mir stockte der Atem, als ich die Geschichte hörte, und ich konnte gar nicht fassen, dass Daves Leben so brutal geendet hatte. Ich dachte darüber nach, wie ungerecht es war, dass ich dermaßen stark an mein Leben gekettet war, selbst zu Zeiten, als ich es nicht gewollt hatte, und dass jetzt Dave, der sein Leben so geliebt hatte, seins verloren hatte. Dann dachte ich an Ingrid und die Liebe, die durch eine Kugel ausgelöscht worden war. Ich verstand immer noch nicht ganz, was ich vor so vielen Monaten zwischen ihr und Dave gesehen hatte, doch instinktiv wusste ich, dass ihr Kummer nach diesem Verlust schier unerträglich sein musste.

Die Männer wurden nie gefasst.

30
Dem Käfig entrinnen

Wenn ich das Kommunizieren lerne, dann ist das vergleichbar mit einer Fahrt auf einer Straße, bei der man plötzlich feststellt, dass die Brücke, die man zum Überqueren eines Flusses braucht, weggespült worden ist. Obwohl sich in meinen Gittern jetzt Tausende Wörter befinden, gibt es immer noch welche, die ich zwar denke, aber nicht im Gitter erfasst habe. Und wenn ich sie erfasst habe, wie nehme ich dann einen Gedanken und setze ihn in Symbole um, oder wie fange ich auf dem Bildschirm ein Gefühl ein? Sprechen beinhaltet so viel mehr als nur Wörter, und es ist fast unmöglich für mich, das Auf und Ab, den Rhythmus der Nuancen zu meistern.

Man denke nur an den Mann im Restaurant, der eine Augenbraue hochzieht, als ihm der Ober die Rechnung für das Jubiläumsessen überreicht, das er gerade mit seiner Frau genossen hat.

»Das soll doch wohl ein Scherz sein!«, sagt er, nachdem er einen Blick darauf geworfen hat.

Seine Frau hört ihm zu, und aus der Tonlage und seinem Gesichtsausdruck liest sie ab, ob seine Bemerkung ein Vorwurf ist, weil er die hohe Ausgabe bereut, oder eine lieb gemeinte Frotzelei gegenüber der Frau, für die er seinen letzten Cent opfern würde.

Doch ich kann Silben nicht zornig ausspucken oder sie begeistert herausschreien. Meine Wörter werden niemals gefühlvoll tremolieren, für einen Lacher erwartungsvoll an Lautstärke gewinnen, um den Effekt der Pointe zu erhöhen, oder in eine tiefere, bedrohliche Tonlage absinken, wenn ich stinksauer bin. Stattdessen bringt meine elektronische Stimme jedes Wort in einer einzigen monotonen Tonlage hervor.

Neben der Tonlage sind es die Lücken, die ein Gespräch mit mir erschweren.

Ich habe Stunden mit Tagträumen verbracht, in denen ich mir ausmalte, was ich alles sagen würde, wenn ich es könnte, und ich führte endlose Konversationen in meinem Kopf. Doch jetzt, da ich endlich reden kann, habe ich nicht immer die Möglichkeit, zu sagen, was ich gerne möchte. Eine Unterhaltung mit mir verläuft langsam, erfordert Zeit und eine Geduld, die viele nicht aufbringen. Die Person, mit der ich rede, muss sich setzen und warten, während ich Symbole in meinen Computer eingebe oder auf Buchstaben in meiner Alphabetvorlage zeige. Das Schweigen ist für viele so belastend, dass sie häufig lieber auf ein Gespräch mit mir verzichten.

Inzwischen arbeite ich seit mehr als sechs Monaten; ich habe Freunde und Kollegen; ich treffe Fremde, wenn ich in die Welt hinausgehe; und mit allen interagiere ich. Dabei habe ich gelernt, dass sich die Stimmen der Leute in einem nahtlosen Kreis bewegen, Sätze ineinandergreifen, während man sich unterhält. Doch ich unterbreche den Rhythmus und bringe das Gespräch durcheinander. Mein Gegenüber muss sich ganz bewusst Mühe geben, mich anzuschauen und genau hinzuhören, was ich zu sagen habe. Man muss mir den Raum, die Lücke lassen, mich zu äußern, da ich nicht dazwischenplatzen kann, doch viele wollen die Stille nicht hören, die ich schaffe. Das verstehe ich, denn wir leben in einer Welt, in der wir selten gar nichts vernehmen. Gewöhnlich läuft der Fernseher oder das Radio, das Telefon oder Autohupen stopfen die Löcher, und wenn es das nicht gibt, übt man sich eben in inhaltsleerem Small Talk. Doch ein Gespräch mit mir findet nicht nur über Worte, sondern auch über Schweigen und Stille statt, und ich registriere, ob man meinen Wörtern zuhört oder nicht, denn ich wähle jedes einzelne äußerst sorgfältig aus.

Ich bin längst nicht so gesprächig, wie ich es mir in meinen Tagträumen ausgemalt habe. Wenn sich meine Familie beim Abendessen unterhält, oder wenn sich Kollegen austauschen, was sie am Wochenende gemacht haben, werde ich manchmal nicht mit einbezogen. Die anderen verhalten sich nicht bewusst rücksichtslos, sie denken einfach nicht daran, eine Pause zu machen und mir Gelegenheit zum Sprechen zu geben. Sie vermuten, ich nähme an ihrem Gespräch teil, da ich mich ja im selben Raum befinde, doch damit liegen sie falsch. Am besten kann ich mich mit nur einer Person unterhalten, die mich gut genug kennt, um mir zuvorzukommen, wenn ich etwas sagen will.

»Du willst ins Kino?«, fragt Erica, wenn ich auf ›K‹ und ›I‹ zeige.

»Na, könnte dir die gefallen?«, fragt sie, als ich einer Frau zulächle, die an uns vorbeigeht.

»Wasser?«, vermutet sie, wenn ich im Laptop mein Getränke-Gitter aufrufe.

Ich finde es prima, dass Erica da mitspielt, denn mir ist genauso wie jedem anderen an Abkürzungen gelegen. Nur weil mein Leben so langsam abläuft wie bei einem Riesenbaby, das Windeln, Flaschen, Strohhalme und Sonnenhut braucht, bevor es das Haus verlassen kann, heißt das noch lange nicht, dass ich es auch in dieser Form genieße. Deshalb freue ich mich, wenn Leute, die mich gut kennen, mir dabei behilflich sind, die Dinge ein wenig zu beschleunigen. Sie scheinen keine Angst davor zu haben, dass ich es ihnen übel nehmen könnte, falls sie mitten im Gespräch dazwischenfunken. Wenn sie doch nur wüssten, was ich dafür geben würde, mich an den Wortgefechten beteiligen zu können, die ich um mich herum höre.

Häufig frage ich mich, ob die Leute mir wohl überhaupt einen Sinn für Humor zutrauen. Komik wird vor allem durch das richtige Timing, durch schnellen Vortrag und eine hochgezogene Augenbraue bestimmt. Vielleicht könnte ich Letzteres mit größter Kraftanstrengung gerade noch schaffen, doch die anderen beiden Voraussetzungen sind ein echtes Problem für mich. Man muss mich schon sehr gut kennen, um zu wissen, dass ich gerne herumblödle; und die Tatsache, dass ich oft so stumm bin, führt bei anderen leicht zu der Annahme, ich sei sehr ernsthaft. Manchmal kommt ein Gefühl auf, als sei ich immer noch jemand, dem andere ihre eigene Vorstellung von dessen Charakter aufdrücken, so wie es all die Jahre gewesen ist, als ich nicht kommunizieren konnte. In so vielerlei Hinsicht bleibe ich ein unbeschriebenes Blatt, auf dem man sein eigenes Drehbuch schreiben kann.

»Sie sind richtig süß«, sagen Leute häufig.

»Was für ein sanftes Wesen Sie haben!«, erzählt man mir ein ums andere Mal.

»Sie sind ja so ein netter Mensch«, trällert jemand.

Wenn diese Leute doch nur um die quälende Angst, die lähmende Frustration und die schmerzenden sexuellen Gelüste wüssten, die sich zuweilen meiner unbarmherzig bemächtigen. Ich bin nicht der sanfte Stumme, den sie in mir sehen möchten; ich habe nur das Glück, dass ich meine Gefühle nicht unbeabsichtigt betrüge, indem ich vor Wut durchdrehe oder aus Verdruss zu winseln beginne. So wird mir jetzt häufig bewusst, dass ich eine Chiffre bin für das, wofür andere mich halten wollen.

Die einzigen Gelegenheiten, bei denen die Leute garantiert scharf darauf sind, in Erfahrung zu bringen,

1 Martin bei seiner Geburtstagsparty

2 Das letzte Familienfoto bevor Martin erkrankte (1987)

3 Martin mit seinem Vater Rodney

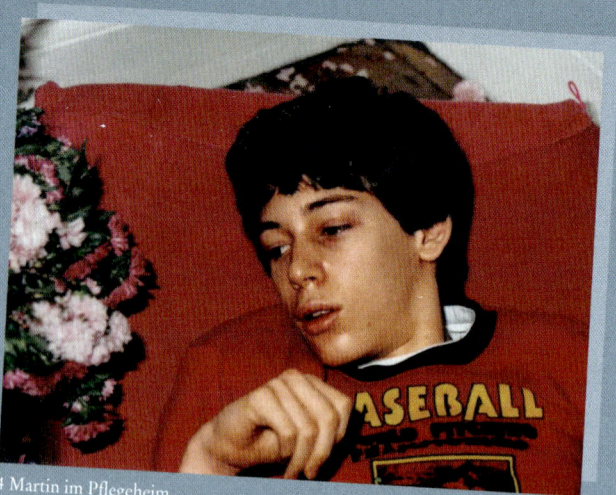
4 Martin im Pflegeheim

5 Martin mit seinem Bruder David

6 Martin im Swimmingpool

7 Martin bei einem Kongress in Israel

8 Martin am Flughafen in Heathrow beim ersten Treffen mit Joanna

9 Martin und Joanna im Juni 2008

10 Martin und Joanna in Montreal 2008

11 Martin und Joanna – frisch verlobt

12 Martin im Februar 2009

13 Martin und Joanna bei ihrer Hochzeit im Juni 2009

14 Martin und Joanna – just married

was ich sage, sind jene, in denen ich nicht mit ihnen spreche. Kinder sind nicht die Einzigen, die ihren eingebauten Voyeurismus offen zum Ausdruck bringen, indem sie einen anstarren – Erwachsene verbergen ihn nur besser. Oft werde ich angegafft, wenn ich Wörter auf meiner Alphabetvorlage buchstabiere, mit Händen, die vielleicht immer noch der unberechenbarste Teil meines Körpers sind. Während meine linke Hand weitgehend unbrauchbar bleibt, kann ich die rechte dafür benutzen, auf die Buchstaben in meinem Alphabet zu zeigen und die Schalter meines Computers zu bedienen. Doch etwas wie eine Tasse festhalten kann ich nicht. Obwohl ich kleine Happen mit den Fingern zum Mund führen kann, ist mir das beispielsweise mit einer Gabel nicht möglich, da ich befürchten muss, mich damit zu stechen, da meine Bewegungen zu ruckartig sind. Immerhin werde ich im Gebrauch meines Alphabets jetzt so schnell, dass es für Fremde immer schwieriger wird, mir über die Schulter zu schauen und zu folgen.

»Er ist einfach zu fix für mich!«, sagte meine Mutter lachend zu einem Mann, der uns an der Kasse eines Supermarkts neugierig zuschaute, wie wir in der Schlange miteinander schwatzten.

Der Mann blickte verlegen zur Seite, als meine Mutter ihn ansprach, offensichtlich hatte er Angst, beschimpft zu werden. Doch wir sind inzwischen so daran gewöhnt, bei unseren Gesprächen beobachtet zu werden, dass weder meine Mutter noch ich uns daran stören.

Trotz all dieser Schwierigkeiten beim Kommunizieren schätze ich immer noch die Tatsache, dass ich überhaupt die Möglichkeit bekam, mich sprachlich zu äußern. Ich habe die Gelegenheit beim Schopf gepackt, und ohne sie wäre ich nicht dort, wo ich heute bin. Meine Rehabilitation ist das Werk vieler Menschen – Virna, meine Eltern, die Spezialisten des Kommunikations-Instituts –, denn ohne deren Hilfe hätte ich nie sprechen gelernt. Andere haben nicht so viel Glück.

Kürzlich sahen wir in demselben Supermarkt, in dem der Mann versucht hatte, das Gespräch mit meiner Mutter zu belauschen, eine Frau, die im Rollstuhl herumgeschoben wurde. Ich schätzte sie auf ungefähr fünfzig. Meine Mutter begann schnell ein Gespräch mit ihr und ihrer Pflegerin. Vielleicht benutzte die Frau Zeichensprache oder zeigte auf Dinge, jedenfalls kam meine Mutter irgendwie dahinter, dass sie nach einem Schlaganfall ihr Sprachvermögen verloren hatte.

»Ist Ihre Familie über all diese Dinge informiert, die unternommen werden können, um Ihnen dabei behilflich zu sein, wieder zu kommunizieren?«, fragte Mam die Frau und zeigte ihr meine Alphabetvorlage. »Es gibt so vieles, Sie müssen es nur finden.«

Die Pflegerin erzählte uns, die Frau habe eine erwachsene Tochter. Mam legte ihr nahe, der Tochter zu berichten, sie habe jemanden getroffen, der von all diesen Dingen erzählt habe, die für ihre Mutter getan werden könnten.

»Es gibt keinen Grund, weshalb Sie nicht in der Lage sein sollten, wieder mit Ihrer Tochter zu kommunizieren«, sagte Mam zu der Frau. »Sie müssen nur herausfinden, was für Sie am geeignetsten ist.«

Doch als wir die Frau das nächste Mal trafen, erzählte die Pflegerin, die Tochter habe nichts von dem unternommen, was sie hätte tun sollen.

»Geben Sie mir doch bitte die Telefonnummer der Tochter«, sagte Mam. »Ich würde ihr gerne versichern, dass sie die Hoffnung nicht aufgeben darf und auch nicht auf das hören soll, was die Ärzte sagen.«

Während die Pflegerin die Telefonnummer auf ein Stück Papier schrieb, schaute ich zu der Frau, die mir gegenüber im Rollstuhl saß.

›V-I-E-L-G-L-Ü-C-K‹ buchstabierte ich in meinem Alphabet, und sie starrte mich unendlich lange an.

Ein paar Tage später kam meine Mutter ins Wohnzimmer zurück, nachdem sie mit der Tochter der Frau telefoniert hatte.

»Ich glaube nicht, dass sie sich über meinen Anruf gefreut hat«, sagte sie. »Sie schien nicht sonderlich interessiert zu sein.«

Wir verloren kein Wort mehr darüber. Wir wussten beide, dass die Frau nie mehr der Zwangsjacke ihres eigenen Körpers entkommen würde – man würde ihr nicht die Chance dazu geben. Sie würde für immer stumm bleiben, weil es niemanden gab, der ihr half, sich zu befreien.

Danach habe ich oft über die Frau nachgedacht und mich gefragt, wie es ihr gehen mochte. Und jedes Mal, wenn ich dies tat, sah ich ihre Augen vor mir, wie sie mich damals bei unserem letzten Treffen im Supermarkt angeschaut hatten. Sie waren voller Angst. Jetzt verstehe ich, weshalb.

31
Die Rede

Ich kann kaum glauben, dass ich hier bin. Es ist November 2003, und ich sitze auf einer niedrigen Bühne in einem riesigen Hörsaal, zusammen mit meiner Kollegin Munyane, die gerade die Zuhörerschaft vor uns begrüßt hat. Mehr als 350 Leute müssen gekommen sein und darauf warten, dass ich endlich zu Ihnen spreche. Vier Monate arbeite ich jetzt im Kommunikations-Institut, und man hat mich auserkoren, im Rahmen eines Kongresses das Wort an Gesundheitsexperten zu richten.

Zunächst hat Munyane eine Übersicht von AAC gegeben, und jetzt bin ich mit meiner Rede an der Reihe. Obwohl ich nicht mehr zu tun brauche, als auf den Knopf zu drücken, der dafür sorgt, dass die Stimme von ›Perfect Paul‹ aus der Lautsprecheranlage dröhnt, mit der mein Laptop verbunden ist, weiß ich nicht, ob ich dazu in der Lage bin. Meine Hände zittern dermaßen, dass ich bezweifle, sie unter Kontrolle zu bekommen.

Irgendwie bin ich in den letzten Monaten zum öffentlichen Redner geworden, und meine Geschichte wurde sogar in den Zeitungen gebracht. Während es mich schon überraschte, weshalb mich ein ganzer Raum voll mit Leuten in einer Schule oder einem Gemeindezentrum hören wollte, kann ich mir gar nicht vorstellen, warum heute so viele Menschen gekommen sind. Ich wünschte, Erica wäre hier, um mir ein kurzes Lächeln zu schenken. Sie ist in die USA zurückgekehrt, und in Situationen wie dieser vermisse ich sie am meisten. Unsere Freundschaft, die ich so sehr geschätzt habe, ist jetzt beschränkt auf E-Mails, und die Tür, die sie mir in die Außenwelt geöffnet hat, ist wieder verschlossen.

Im Prinzip hätte mir schon klar sein müssen, dass dies eine große Veranstaltung ist, als Mam und ich hier eintrafen und zu einem Büfett mit mehr Gerichten eingeladen wurden, als ich je gesehen habe. Die Aussicht, genau das auswählen zu können, was ich essen wollte, war fast zu viel für mich, und der steife Sahnepudding, mit dem ich meine Mahlzeit abschloss, liegt mir jetzt noch schwer im Magen, während ich auf die vielen Zuhörer starre.

Munyane lächelt. »Alles ist bereit. Bist du es auch?«, flüstert sie.

Ich drücke auf den kleinen Hebel, der meinen neuen elektrischen Rollstuhl in Gang setzt, und gleite in die Mitte der Bühne. Wie Professor Alant vorausgesagt hat, bin ich durch das Fahrzeug weitaus unabhängiger geworden. Einen Monat vor meinem achtundzwanzigsten Geburtstag war ich zum ersten Mal in der Lage, endlich selbst zu bestimmen, wohin und wann ich mich bewegen wollte. Wenn ich vorhabe, die Straßen in der Umgebung des Hauses zu erkunden, in dem meine Eltern seit meiner Kindheit leben, dann kann ich es einfach tun.

Den Rollstuhl bekam ich, nachdem ich auf einer Webseite, an der ich mich beteilige, einen offenen Brief veröffentlichte. Darin bat ich um Vorschläge, wie ich an ein solches Gefährt kommen könnte, denn meine Eltern waren nicht in der Lage, das Geld dafür aufzubringen. Im Laufe der letzten Monate habe ich Freunde in Ländern wie England und Australien gefunden, indem ich mich Internetforen angeschlossen habe und auf andere Menschen in der AAC-Gemeinde gestoßen bin. Es ist ein seltsames, aber beruhigendes Gefühl, zu wissen, dass ich jetzt an so vielen Orten Freunde habe. Die Gewissheit, über meinen Computer Menschen kennenzulernen, macht frei. Ich erkunde die Welt, und die Leute, denen ich begegne, sehen nicht meinen Rollstuhl: Sie kennen ausschließlich *mich*.

Doch ich hatte nicht erwartet, dass das Internet derart einflussreich ist, wie es sich dann erwies, nachdem mein Brief von jemandem in Kanada gelesen wurde, der einen Verwandten hatte, der nicht weit von mir entfernt in Südafrika lebt. Kurz darauf teilte mir dieser mit, seine ›Round Table Group‹ sei bereit, mir mit einem Teil des Geldes, das man für wohltätige Zwecke gesammelt habe, einen neuen Rollstuhl zu kaufen. Mit Worten ist kaum zu beschreiben, wie dankbar ich bin, jetzt einen zu haben, obwohl ich nicht sicher bin, ob jeder in meiner Umgebung meine Begeisterung teilt.

Meine ersten Versuche, das Ding unter Kontrolle zu bringen, waren durchaus beachtlich, als ich wie ein kleines Kind lernen musste, mich unabhängig zu bewegen. Ich knallte in Türen, stürzte von Bürgersteigen und fuhr ahnungslosen Spaziergängern über die Füße, als ich meine neu gefundene Freiheit ausgelassen zu genießen begann.

Auch in anderer Hinsicht wurde ich unabhängiger. Meine Kollegin Kitty, eine Ergotherapeutin, entwickelte mit mir winzige Details, die mir in meiner Arbeitswelt Erleichterung verschaffen. So habe ich jetzt in meinem Büro eine neue Türklinke, sodass ich die Tür ohne fremde Hilfe öffnen kann. Außerdem trage ich Gewichte an meinen Handgelenken, um meine Muskeln zu stärken und den Tremor, das Muskelzittern, meiner Hände zu verringern. Ich gewöhne mich immer mehr daran, Joghurt zu trinken, was zur Folge hat, dass mich mittags niemand mehr füttern muss, und ich achte sorgfältig darauf, niemanden um Tee oder Kaffee zu bitten, denn ich bin entschlossen, niemandem zur Last zu fallen. Und was meine Kleidung betrifft, so trage ich heute eine Anzughose und ein Hemd mit Schlips. In Kürze hoffe ich meinen ersten Anzug zu bekommen.

Das Leben ändert sich in vielen Bereichen, doch vielleicht ist nichts so furchterregend wie dies hier. Ich blicke wieder auf die Zuhörer hinab und zwinge mich, tief durchzuatmen. Die Hände zittern, und ich befehle ihnen, die Kontrolle über meinen Laptop zu übernehmen. Indem ich den Kopf langsam nach links neige, richte ich den Infrarotstrahl meiner Kopfmaus auf den Bildschirm und klicke auf einen Schalter.

»Ich möchte Sie alle bitten, für einen Moment innezuhalten und sich ganz real vorzustellen, Sie besäßen keine Stimme und keine Möglichkeit zu kommunizieren«, sagt meine Computerstimme. »Sie wären nicht in der Lage, ›Das Salz, bitte!‹ zu sagen oder jemandem wirklich wichtige Dinge wie ›Ich liebe dich!‹ mitzuteilen. Sie können niemandem vermitteln, dass Sie unbequem sitzen, frieren oder Schmerzen haben. Nachdem ich erstmals festgestellt hatte, was mit mir geschehen war, machte ich eine Phase durch, in der ich mich aus Frustration über das Leben, in dem ich mich wiederfand, selbst hätte bestrafen mögen. Danach gab ich einfach auf. Ich wurde vollkommen passiv.«

Ich kann nur hoffen, dass den Zuhörern durch die Pausen, die ich in meinen Vortrag einprogrammiert habe, geholfen wird, meinen Ausführungen zu folgen. Es ist mühsam, einer synthetisierten Rede zuzuhören, wenn man an Stimmen gewöhnt ist, die Pausen haben, sich heben und senken. Doch jetzt kann ich nichts mehr ändern. Im Saal herrscht absolute Stille, als ich berichte, wie ich Virna kennengelernt habe und meinen ersten Tests unterzogen wurde, wie die Jagd nach einem Kommunikationsgerät verlief und der schwarze Kasten abbestellt wurde. Danach geht es um die monatelange Erforschung der Computersoftware, die Erbschaft meines Großvaters GD, die es meinen Eltern erlaubte, das

Equipment für mich zu kaufen, und die Arbeit, die ich investierte, um das Kommunizieren zu lernen.

»2001 befand ich mich in einem Tagesheim für mental und physisch hochgradig Behinderte«, sage ich. »Vor achtzehn Monaten wusste ich noch nichts über Computer, konnte weder lesen noch schreiben und hatte keine Freunde. Heute kann ich mit über einem Dutzend Computerprogrammen operieren, habe mir selbst Lesen und Schreiben beigebracht und besitze gute Freunde und Kollegen an meinen beiden Arbeitsplätzen.«

Ich starre auf die Reihen von Gesichtern vor mir. Ich frage mich, ob es mir jemals gelingen wird, anderen Menschen meine Erfahrungen zu vermitteln. Sind Worte nicht viel zu limitiert? Führen sie uns nur bis zu einem Ort, hinter dem es ein Niemandsland der Unbegreiflichkeit gibt? Ich bin mir nicht sicher. Doch ich muss zumindest hoffen, den Menschen irgendwie helfen zu können, dass sie es verstehen, wenn sie denn bereit dazu sind. So viele Blicke sind auf mich gerichtet, Hunderte Augenpaare, und mein Herz klopft wie wild, während mein Computer weiter für mich spricht.

»Mein Leben hat sich dramatisch verändert«, sage ich. »Dennoch lerne ich immer noch, mich daran zu gewöhnen, und obwohl mir gesagt wird, ich sei intelligent, kämpfe ich damit, es selbst zu glauben. Meine Fortschritte beruhen auf harter Arbeit und dem Wunder, dass mir widerfuhr, als Menschen an mich glaubten.«

Ich schaue mich ängstlich im Saal um und stelle fest, dass niemand auf seinem Sitz herumrutscht oder gähnt. Alle sind total ruhig und lauschen.

»Kommunikation ist eines der Dinge, die uns zu Menschen machen«, sage ich. »Und ich habe die Ehre, die Chance bekommen zu haben, mich ihrer zu bedienen.«

Dann schweige ich. Meine Rede ist beendet. Ich habe alles gesagt, was ich diesem Saal voller fremder Gesichter sagen wollte.

Für den Bruchteil einer Sekunde herrscht im Auditorium Schweigen. Ich starre nach unten und weiß nicht, was ich tun soll. Doch dann vernehme ich ein Geräusch – das Geräusch klatschender Hände. Anfangs ist es noch verhalten, aber jetzt wird es lauter und lauter, und ich beobachte, wie erst ein Zuhörer, danach der nächste aufsteht. Einer nach dem anderen erhebt sich die Menge. Ich starre in die Gesichter vor mir, die Leute lächeln und lachen, während sie klatschen, derweil ich mitten auf der Bühne sitze. Das Geräusch wird immer lauter. Bald ist es so stark, dass ich das Gefühl habe, es wolle mich verschlingen. Ich starre auf meine Füße und wage kaum zu glauben, was ich höre und sehe. Schließlich bediene ich den Hebel meines Rollstuhls und fahre zur linken Seite der Bühne.

»Mr Pistorius?«

Die Frau, die meine Rede in Gebärdensprache für Taube im Auditorium übersetzt hat, steht vor mir.

»Ich wollte Ihnen nur sagen, dass Sie eine Inspiration sind«, sagt sie hastig. »Sie sind wirklich ein außerordentlicher Mensch. Das durchgemacht zu haben, was Sie erleben mussten, und dabei so positiv zu bleiben, ist ein Vorbild für uns alle.«

Ich höre, wie aufgewühlt sie ist, und ich sehe, wie sich die Intensität ihrer Gefühle in ihren Gesichtszügen widerspiegelt. Die Worte sprudeln aus ihr heraus, und ihre Emotionen kommen in Wellen.

»Danke, dass Sie uns Ihre Geschichte erzählt haben«, sagt sie. »Ich fühle mich geehrt, dabei gewesen sein zu dürfen.«

Bevor ich antworten kann, kommt jemand anderes, um mir zu gratulieren, dann ein anderer, und noch andere – so viele Gesichter starren auf mich herab, lachende und lächelnde Gesichter.

»Sie waren wunderbar!«

»So inspirierend!«

»Ihre Geschichte ist einfach verblüffend.«

Ich weiß nicht, was ich sagen soll. Ich bin verstört und fühle mich unsicher, während mich Munyane beruhigend anlächelt. Ich verstehe nicht recht, weshalb die Leute so reagieren, doch dann erinnere ich mich an eine Mutter, der ich kürzlich begegnete, nachdem ich in einer Schule für Kinder mit Behinderung gesprochen hatte.

»Mein Sohn geht hier zur Schule, und ich wäre stolz, wenn er so wie Sie aufwachsen würde«, sagte sie mir nachher.

Damals verstand ich noch nicht, was sie meinte, doch jetzt beginne ich vielleicht, dahinterzukommen.

Während mir Hände auf die Schulter klopfen und mir gratuliert wird, sitze ich inmitten des Lärms und Gewusels, und ich erkenne, dass Menschen die Geschichte jenes Jungen hören wollen, der vom Tode auferstanden ist. Es verwundert sie, und mich erstaunt es auch.

32
Eine neue Welt

Das Leben und ich sind ständig auf Kollisionskurs. An jeder Ecke reiße ich verwundert die Augen auf, wenn ich wieder mit einer neuen Erfahrung konfrontiert werde: Da sehe ich zum Beispiel einen Mann, dem ein breiter Streifen bunt gefärbter Haare wie Papageienfedern mitten über den Kopf läuft; ich probiere eine Wolke schmelzenden Zuckers, die sich Zuckerwatte nennt; ich erlebe das tolle Vergnügen, das sich einstellt, als ich zum ersten Mal Weihnachtsgeschenke für meine Familie einkaufe; oder die irre Überraschung, wenn mir plötzlich Frauen begegnen, die kurze Röcke tragen und ihre Münder mit leuchtend roter und ihre Augen mit blauer Schminke bemalt haben. Es gibt so viel zu erkunden, und ich bin ungeduldig, wissbegierig, hungrig nach jeder Information, die ich sammeln kann.

Im Januar 2004, ein paar Monate nach meiner Rede, habe ich angefangen, vier Tage pro Woche zu arbeiten – zwei im Kommunikations-Institut und zwei im Gesundheitszentrum. Ich mache alles, von der Herausgabe eines Mitteilungsblattes und der Verwaltung von Computernetzwerken bis hin zum Austausch mit anderen AAC-Benutzern. Ich lerne sogar, wie man Webseiten einrichtet und wurde bei einem Universitätskursus angenommen, nachdem Professor Alant mich ermutigte, mich dort zu bewerben.

Ich habe ja keinerlei Erinnerungen an die Schule, und meine Lehrbücher müssen auf Bänder diktiert werden, da ich noch nicht gut genug lesen kann, um daraus zu lernen. Allerdings werden meine Kommilitonen einen Hochschulabschluss machen – die meisten als Lehrer. Ich bekomme zwar kein volles Diplom, da ich keine höhere Schule besucht habe, doch mir wird die Fachhochschulreife zuerkannt, wenn ich den Kursus erfolgreich abschließe. Der Kursus beinhaltet Theorie und Praxis der Unterrichtung von Menschen mit AAC-Bedarf, und ich werde jede freie Minute außerhalb meiner Arbeit lernen müssen, um im Studium mitzukommen.

Schließlich wage ich zu träumen, Unabhängigkeit könne vielleicht im Bereich des Möglichen für mich liegen. Arbeit und Studium sind Voraussetzungen, die mir helfen werden, einen besseren Job, ein höheres Einkommen und möglicherweise eines Tages sogar ein eigenes Zuhause zu bekommen. Dies sind die Dinge, die ich haben möchte, und ich muss mein Bestes geben, um meine Ziele zu erreichen.

»Schauen Sie sich doch nur an!«, sagte Diane Bryen lachend, als wir uns bei einer Konferenz begegneten. Es war eine Versammlung von AAC-Anwendern aus ganz Afrika und Fachleuten aus aller Welt. Ich war einer der Redner, ebenso wie Diane.

»Als ich Sie zum ersten Mal sah, waren Sie total verängstigt«, sagte sie. »Und jetzt fangen Sie schon an zu brüllen!«

Veränderungen sind schwer zu registrieren, wenn sie einen selbst betreffen. Ich hatte mir nie die Mühe gemacht, darüber nachzudenken, wohin sich meine Persönlichkeit entwickelte, bis ich zum zweiten Mal an Dianes Workshop teilnahm und wir gebeten wurden, ein Bild von unseren Träumen zu zeichnen. Virna unterstützte mich bei dieser Konferenz. Während der Bleistift in ihrer Hand über dem leeren Blatt Papier schwebte, sagte ich ihr, wovon ich träumte: Ich sah ihr zu, wie sie ein Haus mit einem Lattenzaun darum herum und einen Hund mit wedelndem Schwanz zeichnete. Dies war es, was ich haben wollte, und als ich darüber nachdachte, ein Leben so sehr nach meinen Vorstellungen zu haben, kam in mir das Gefühl auf, innerlich einen Höhenflug zu machen.

Als ich einige Tage später im Gesundheitszentrum arbeitete und während der Mittagspause neben Virna saß, wandte sie sich an mich.

»Ich weiß kaum noch, wer du bist«, sagte sie.

Ich schaute sie an und war unsicher, was sie meinte. Danach sprachen wir nicht mehr darüber. Doch ich fühlte mich weiterhin verunsichert, wenn ich an den folgenden Tagen über ihre Bemerkung nachdachte, denn ich war immer davon ausgegangen, Virna sei der Mensch, der mich kenne wie kein anderer auf der Welt.

Deshalb verstand ich es nicht, als sie mir sagte, sie erkenne mich nicht wieder.

Jetzt frage ich mich, ob das Erlernen von Kommunikation die Dinge, von denen ich geglaubt hatte, sie würden sich nie ändern, nicht doch stärker beeinflusst. Virna hat sich immer über den neuen Menschen gefreut, der ich zu werden beginne. Ist es hart für sie, jetzt einen Mann vor sich zu haben, der anfängt, eine Welt zu sehen, in der nicht mehr sie der Mittelpunkt ist? Lange Zeit sorgte sie dafür, dass ich geerdet blieb. Jetzt beginne ich zu fliegen, doch ich breite meine Flügel alleine aus.

33
Der Laptop

Ich starre auf meinen Laptop. Der Bildschirm ist nur noch eine schwarze Fläche. Horror packt mich. Ich spüre, wie er mein Herz erfasst, umklammert und zu zerdrücken droht. Seit einiger Zeit schon habe ich Probleme mit meinem Laptop, und als Vorsichtsmaßnahme habe ich am frühen Abend allen meinen Bekannten eine E-Mail geschickt, um sie zu warnen, dass irgendetwas passieren könnte. Doch damit, dass meine Verbindung zur Außenwelt tatsächlich zusammenbrechen und bei mir absolute Funkstille herrschen würde, hatte ich niemals gerechnet.

Ich weiß genug über Computer, um zu vermuten, dass das hier verhängnisvoll ist. Mein Laptop ist total tot, Herzstillstand. Ich fühle mich krank. Wenn ich meinen Computer nicht zur Verfügung habe, kann ich keine SMS oder E-Mails verschicken, keine Aufgaben für mein Studium erledigen oder die Arbeiten beenden, die ich abends aus dem Büro mit nach Hause nehme, um mich damit weiter zu beschäftigen und auf dem Laufenden zu bleiben. Jetzt kann ich mit meinen Freunden online weder scherzen und lachen, noch ihnen von meinem Tag berichten und sie fragen, wie es bei ihnen gelaufen ist. Meine reale Welt mag ja auf mein Zuhause und das Büro beschränkt sein, doch es gibt Lebensbereiche, die keine Grenzen kennen, wenn ich mit Leuten in verschiedenen Kontinenten chatte. Momentan kann ich ihnen nicht beschreiben, wie ich mich fühle, oder mich mit ihnen verabreden. Alles, womit ich noch kommunizieren kann, ist eine ramponierte Alphabetvorlage, die nicht um den ganzen Globus reicht, wie ich es brauche.

Panik lässt meinen Magen rebellieren. Mein Leben wird bestimmt vom Druck auf einen einzigen Knopf. Es steht und fällt mit dem Netzwerk aus Drähten, und ich weiß nie genau, ob diese gerade im Begriff sind, verrückt zu spielen. Sie sind kein menschlicher Körper, der mir ein Signal senden kann wie erhöhte Temperatur, Übelkeit oder plötzliche Schmerzen. Stattdessen muss ich mich für den Rest meines Lebens auf einen Haufen Technik verlassen, der unvermutet den Geist aufgeben kann, ohne die geringste Vorwarnung.

Ich bekomme kaum noch Luft. Mein Leben ist so anfällig. Die ganze Zeit habe ich geglaubt, den Geisterjungen für immer hinter mir gelassen zu haben. Erst jetzt wird mir klar, wie dicht mir sein Schatten noch auf den Fersen ist.

34
Der ›Berater‹

»Wie fühlen Sie sich heute, Martin?«

Ich schaue den mir gegenüber sitzenden Berater an und weiß nicht recht, was er von mir erwartet. Ich starre auf meinen Laptop und klicke drei Symbole an.

»Mir geht es gut, danke!«, sagt meine Stimme.

»Gut«, sagt der Berater lächelnd. »Erinnern Sie sich noch, worüber wir letztes Mal gesprochen haben, als Sie bei mir waren?«

Ich bin mir nicht sicher. Reden wir während der einen Stunde, die ich wöchentlich in diesem Büro verbringe, überhaupt miteinander? Natürlich sprechen wir: Der Berater sitzt hinter seinem gläsernen Schreibtisch in einem massiven schwarzen Bürosessel, der vor- und zurückschwingt, wenn er sich zurücklehnt, ich hocke auf der anderen Seite in meinem Rollstuhl mit einem Laptop vor mir. Doch ich zweifle, ob dieser Austausch von Worten wirklich eine Unterredung ist.

Wenn ich hier bin, muss ich oft an den Film ›*Nummer 5 lebt*‹ denken, den ich mal im Fernsehen gesehen habe. Da geht es um einen Roboter, der eine menschliche Persönlichkeit entwickelt und das unstillbare Verlangen hat, die Welt um ihn herum zu verstehen. Niemand außer dem Mädchen, das ihn nach seiner Flucht aus dem Labor, in dem er geschaffen wurde, gerettet hat, glaubt, dass er wirklich Gefühle haben kann. Schließlich handelt es sich ja nur um einen Apparat, eine Maschine. Er kann nicht sein, was er nicht ist.

Im Laufe der Zeit fühle ich mich mehr und mehr wie Nummer 5, da der Berater genau wie andere Leute auch nicht recht zu wissen scheint, was er mit mir anstellen soll, wenn ich zu kommunizieren versuche. Anfangs, als ich wieder in die Welt eintauchte, habe ich es nicht wahrgenommen, da ich in einem Rausch der Begeisterung, wenigstens ein paar Wörter sagen zu können, nicht klar sehen konnte, wie andere Menschen auf mich reagierten. Doch jetzt beobachte ich, wie der Berater an die Decke starrt und seine Fingernägel begutachtet, während er darauf wartet, dass ich rede. Oder ich höre ihn ungestört weiterreden, während ich in dem Versuch, eine Frage zu beantworten, die er zehn Sätze zuvor gestellt hat, hoffnungslos hinterherhinke. Ich bin total frustriert – so wie es mir häufig ergeht, wenn ich mich mit anderen Leuten unterhalte.

Ich ärgere mich zunehmend über eine Welt, die ich oft nicht verstehe, doch ich bin auch nicht ganz unschuldig daran. Als ich noch der Geisterjunge war, konnte ich die Menschen einschätzen: Wenn sie etwas ablehnten, anzweifelten oder bekämpften, konnte ich es sehen; wenn sie etwas lobten, jemanden hänselten oder scheu waren, merkte ich es auch. Doch jetzt bin ich kein Außenstehender mehr. Ich betrachte Dinge aus einem anderen Blickwinkel. Manchmal kann ich nicht ausmachen, wie sich die Leute mir gegenüber verhalten, wenn ich mit ihnen zu interagieren versuche. Meine sämtlichen Bezugspunkte haben sich geändert. Es ist, als könne ich andere nur einordnen, wenn sie nichts mit mir zu tun haben: Wenn jemand grob ist, bemerke ich es nicht; wenn er ungeduldig ist, sehe ich es nicht.

Als Mam und ich kürzlich einkaufen waren, trafen wir eine Frau, deren Sohn mit mir in einer Schulklasse gewesen war.

»Wie geht es Martin?«, fragte sie meine Mutter.

Die Frau schaute mich nicht einmal an.

»Warum fragen Sie ihn nicht selbst?«, erwiderte Mam.

Doch die Frau brachte es nicht über sich, Augenkontakt mit mir herzustellen oder eine einfache Frage an mich zu richten. Mir erschien das fast normal, denn nachdem ich so viele Jahre unsichtbar gewesen war, ist es manchmal selbst für mich noch schwierig, mir in Erinnerung zu rufen, dass ich es nicht mehr bin. Meine Mutter war stocksauer über die Art, wie die Frau mit mir umging, und lediglich durch ihre Reaktion wurde mir klar, dass mich jemand geringschätzig behandelt hatte.

Das geschieht häufig. Als ein Fernsehteam ins Kommunikations-Institut kam und Professor Alant mich dem Regisseur vorstellte, erkannte ich erst im Nachhinein, dass etwas vorgefallen war.

»Ich komme aus Kanada«, sagte der Mann mit überlauter Stimme und jede einzelne Silbe betonend. »Das ist ein sehr langer Weg von dort hierher.«

Ich starrte den Mann an und fragte mich, weshalb er mir etwas derart Banales mit so lauter Stimme erzählte. Nur durch die empörten Mienen meiner Kollegen wurde mir bewusst, wie unmöglich er sich benommen hatte.

Meine Mutter war es, die beschlossen hatte, ich solle diesen Berater aufsuchen, nachdem ich meinen Eltern ein wenig davon erzählt hatte, was mir in all den Jahren in den Heimen widerfahren ist. Sie glaubt, ich sei wütend über das, was ich ihr berichtet habe, und deshalb solle ich mit jemandem reden. Doch mir geht es darum, nach vorn zu schauen, statt zurückzublicken. Trotzdem werde ich jede Woche hierhergebracht, um den Berater zu treffen. Nachdem meine Mutter mich in sein Büro begleitet und geprüft hat, ob mein Laptop richtig funktioniert, lässt sie uns alleine, und ich versuche alles zu verstehen, was geschehen ist.

»Sie müssen akzeptieren, dass Sie sehr intelligent sind«, erzählt mir der Berater ein ums andere Mal.

Ich weiß nicht, was ich ihm antworten soll, wenn er mir das sagt. Es ist, als wolle der Satz nicht bis in mein Gehirn durchsickern. Der Gedanke ist zu gigantisch, um in mein Bewusstsein zu passen. Jahre habe ich damit verbracht, als Idiot behandelt zu werden, und jetzt verklickert mir dieser Mann, der dafür bezahlt wird, mein Freund zu sein, dass ich clever bin?

»Die meisten Menschen verfügen über Mittel, ihre Emotionen auszudrücken«, sagt er. »Sie können Türen zuknallen oder schimpfen und fluchen. Sie aber haben nur Worte, Martin, und das macht es so schwierig für Sie, Ihre Emotionen zu zeigen.«

Dann lehnt er sich in seinem Sessel zurück, schaut mich ernsthaft an, und ich bin wieder mal ratlos, welche Antwort von mir erwartet wird. Ich habe das Gefühl, ein Spiel mitspielen zu sollen, von dem ich nicht die geringste Ahnung habe. Obwohl ich dem Berater wunschgemäß jeden Tag brav eine E-Mail schicke, in der ich ihm mitteile, wie ich mich fühle, antwortet er nur selten. Und wenn ich ihn dann sehe, überschüttet er mich mit Plattitüden, die ich nicht verstehe. Ich frage mich, ob er wirklich daran interessiert ist, was ich denke, oder ob ich nur eine faszinierende Fallstudie für ihn bin. Wird er mir helfen, jene Probleme zu lösen, die ich noch nicht mal in Betracht gezogen habe, als ich davon träumte, irgendwann sprechen zu können? Oder ende ich als Objekt einer wissenschaftlichen Studie über den Mann ohne Stimme?

Der Berater starrt an die Decke und wartet, dass ich zu sprechen beginne. Was soll ich sagen? Dass ich erwartet hatte, mein Leben würde sich total ändern, als ich zu kommunizieren anfing, und dass ich jetzt weiß, nichts wird sich ändern? Dass meine größte Schwierigkeit nicht das Erlernen von Kommunikation ist, sondern wie oder ob man mir zuhört? Dass die Leute nicht hören, was sie nicht hören wollen, und dass ich keinerlei Möglichkeit habe, sie zum Zuhören zu zwingen?

Frostig und unschlüssig starre ich ihn an. Ich weiß, dass ich versuchen muss, über die Gefühle zu reden, die ich vor Jahren tief in mir begraben habe, dass ich eine Vergangenheit ausgraben muss, der ich jede Nacht versuche davonzulaufen, wenn ich einschlafe. Obwohl ich meinen Eltern bruchstückweise über die Ereignisse von damals berichtet habe, ist mir klar, dass es sich um ein Minenfeld handelt, über das sie nicht mit mir gehen möchten, aus Furcht, damit eine gewaltige Explosion auszulösen. Auch ich habe Angst, den fragilen Frieden zu zerstören, den wir gefunden haben. Ich will es nicht in Worte fassen, nicht einmal gegenüber einem Fremden in einer anonymen Umgebung, weil ich sonst eine Büchse der Pandora öffne, die ich nie wieder schließen könnte. Doch ich weiß, dass ich versuchen muss, einiges von dem herauszulassen, was ich gesehen habe; ich muss mich bemühen, es für diesen Mann in Worte zu kleiden, der so ruhig und schweigend vor mir sitzt.

Mein Puls rast bei dem Gedanken an ein Bekenntnis. Was mir angetan wurde, ist eine Finsternis, die mich ständig begleitet, und ich fürchte, wenn ich nicht darüber rede, wird sie mich ewig gefangen halten und foltern.

35
Erinnerungen

Friss endlich, du Scheißaffe!«, brüllt mich die Pflegerin an.

Ich starre auf das graue Gehackte, das auf dem Löffel vor mir liegt. Ich bin einundzwanzig Jahre alt und immer noch der Geisterjunge.

»Friss!«

Ich öffne den Mund, und glühend heißes Essen wird mir hineingeschaufelt. Ranziger Geschmack füllt meine Mundhöhle. Gallenflüssigkeit steigt mir in die Kehle. Ich zwinge mich, zu schlucken.

»Und noch einen.«

Gehorsam öffne ich den Mund. Ich weiß, dass ich versuchen muss, an etwas anderes zu denken, um meinen Magen davon zu überzeugen, dass er annimmt, was ihm geboten wird. Ich schaue mich im Raum um. Die nervtötenden weichen Klänge klassischer Violinmusik ertönen im Hintergrund, während ich auf die anderen Kinder blicke. Einige weinen; andere sind still. Mein Rachen brennt, als ich schlucke.

»Mach hin, du Idiot! Wir brauchen ja noch Stunden, wenn das in diesem Tempo so weitergeht.«

Der Metalllöffel knallt gegen meine Zähne, als sie mir den nächsten Bissen gewaltsam in den Mund schiebt. Ich wünsche, sie ließe mich hungrig, doch ich weiß, das wird sie nicht tun.

»Friss!«

Sie reißt mich an den Haaren – zwei kurze Zupfer, die mir die Tränen in die Augen treiben –, dann hält sie mir den nächsten Löffel vor den Mund. Meine Lippen umschließen ihn, und mein Herz beginnt zu rasen, während ich schlucke. Ich spüre, wie Übelkeit in mir aufsteigt. Mir darf nicht schlecht werden. Ich atme tief durch.

»Komm schon, du Irrer! Was ist heute los mit dir?«

Der nächste Bissen nähert sich meinem Mund, und der üble Gestank steigt mir in die Nase. Zu spät, ich kann es nicht mehr zurückhalten und spüre, wie mir das Essen hochkommt. Ich kann nichts dagegen unternehmen, wie verzweifelt ich mich auch bemühe.

»Du elendes Stück Scheiße!«, schreit die Frau.

Ich bin von oben bis unten voller Erbrochenem, der Teller mit dem Essen auch.

Die Pflegerin gibt mir ein paar Ohrfeigen. Sie ist so dicht an mir dran, dass ich ihren heißen Atem am Hals spüre.

»Meinst du etwa, du wärst besonders schlau?«, brüllt sie. »Meinst du, du könntest dich ums Essen drücken, indem du anfängst zu kotzen?«

Ich sehe, wie sie den Löffel auf den Teller zu bewegt. Sie schiebt ihn durch das Erbrochene und füllt ihn bis zum Rand, um ihn mir dann vor den Mund zu halten.

»Friss!«

Ich öffne den Mund. Mir bleibt keine Wahl. Ich muss mich zwingen, das Essen hinunterzuschlucken, das mein Körper soeben verweigert hat, und ich bete, er möge es nicht wieder tun, sonst steht mir Schlimmeres bevor.

Die Frau hat dies schon früher getan, und sie wird es auch später wieder tun. Ich habe gelernt, dass ich nicht weinen darf, denn das macht sie noch wütender.

Als mir der Löffel in den Mund gestoßen wird, höre ich schallendes Gelächter. Es gelingt mir, die aufsteigende Übelkeit zu unterdrücken. Die Frau grinst und genießt ihren Triumph.

*

Dies ist einer der Gründe, weshalb ich das Heim auf dem Land dermaßen hasste: Eine Frau marterte mich, und die anderen Pflegerinnen schauten lachend zu. An manchen Tagen wurde ich nur gezwickt oder geschlagen, an anderen wurde ich einfach draußen in der sengenden Hitze gelassen oder musste nach einem Bad so lange an der kalten Luft frieren und zittern, bis es der Frau gefiel, mich anzuziehen.

Es gab Momente, in denen ich mich fragte, ob sie sich mit ihrer eigenen Gewalttätigkeit nicht auch selbst Angst einjagte: Nachdem sie mir einen so brutalen Einlauf gemacht hatte, dass ich blutete, steckte sie mich in die Badewanne, und ich sah, wie sich das Wasser leuchtend rot färbte. Dann holte sie mich aus der Wanne, tauchte eine Zahnbürste in das verdreckte Wasser und putzte mir damit die Zähne. Später, nachdem sie mich auf die Toilette gesetzt hatte, starrte ich unter mich in die Kloschüssel und bemerkte, dass sich das Wasser erneut rot färbte. Ich dankte Gott, endlich sterben zu dürfen, und musste über die Ironie des Schicksals lachen, dass ausgerechnet ein blutendes Arschloch meinem Leben ein Ende setzen würde.

Sobald ich zusammenzuckte, wenn sie mich berührte, schlug sie mich derart kräftig, dass es mir die Luft aus der Lunge presste. Oder sie verpasste mir einen Schlag auf den Hinterkopf, wenn ich heulte, weil sie mich so lange in meinem eigenen Kot sitzen ließ, bis sich meine Haut dunkelrot färbte.

Jeden Tag zählte ich die Minuten und wartete sehnsüchtig, dass er zu Ende gehen möge, wieder vierundzwanzig Stunden weniger bis zu meiner Rückkehr nach Hause. Gewöhnlich blieb ich nur ein paar Tage im Heim, doch einmal dauerte es sogar sechs Wochen, und Panik ergriff mich jedes Mal, wenn das Telefon klingelte. War es ein Anruf, in dem mitgeteilt wurde, meine Eltern seien bei einem Verkehrsunfall ums Leben gekommen? Würde ich hier für immer bleiben müssen, als Gefangener einer Einrichtung, in der sich niemand an mich erinnerte? Die Angst wuchs von Tag zu Tag in mir, bis ich sie fast riechen konnte. Wenn meine Mutter oder mein Vater mich dann endlich abholen kamen, musste ich hilflos mit anhören, wie ihnen gesagt wurde, ich habe wieder einen angenehmen Aufenthalt genossen.

Schon auf der Rückfahrt nach Hause konnte ich mich nicht von der Angst lösen, denn die Frage stand im Raum, ob man mich nicht bald wieder dorthin schicken würde. So oft kam es zwar nicht vor, dass ich in das Heim musste – vielleicht ein- oder zweimal im Jahr –, doch sobald ich ins Auto gesetzt wurde und wir die Stadt verließen, begann ich zu weinen, wenn mir klar wurde, wohin die Reise führte. Das Rumpeln des Wagens an einem Bahnübergang sagte mir, dass wir uns dem Heim näherten, und ich horchte auf die vom Unterboden abprallenden Steinchen der Schotterpiste. Während mir mein Herz bis zum Hals schlug und es mir die Kehle zuschnürte, wollte ich schreien, und ich überlegte, ob ich meine Eltern nicht dazu bringen konnte, meine Gedanken zu hören, wenn ich es nur laut genug versuchte.

Doch vor allem anderen erhoffte ich mir, während ich völlig hilflos und ausgeliefert festgeschnallt auf meinem Sitz saß, dass sich jemand zu mir umdrehte. Müssten sie dann nicht sehen, was mir ins Gesicht geschrieben stand? Angst! Ich wusste, wo ich war. Ich wusste, wohin es ging. Ich hatte Gefühle. Ich war nicht nur ein Geisterjunge. Doch niemand drehte sich um ...

36
XXX

Ähnliche Dinge passierten auch in anderen Einrichtungen, in denen Kinder und Erwachsene zu schwach, stumm oder mental wehrlos waren, um ihre Geheimnisse, ihre Leidensfähigkeit mitteilen zu können. Ich musste erfahren, dass jene Menschen, die ihre dunkelsten Gelüste – wie flüchtig auch immer – an uns ausleben, oft nur sehr schwer als solche ausgemacht werden können. Es sind keine Schreckgespenster; es sind ganz gewöhnliche, unauffällige Männer oder Frauen. Vielleicht sind sie sogar völlig unschuldig, bis die Chance, ein anscheinend wehrloses Geschöpf benutzen zu können, sie ermutigt, eine Grenze zu überschreiten, die sie sonst vielleicht niemals zu übertreten gewagt hätten.

Manchmal war es lediglich ein Gefühl, als sei jemand einen Schritt zu weit gegangen, das mich unsicher machte. Ich konnte es nicht genau erklären, denn obwohl ich ein junger Mann war, gab es so viel, das ich nicht verstand.

»Küss, küss!«, wisperte eine Frau mit belegter Stimme, sodass niemand sie hören konnte, während sie sich zu mir hinabbeugte. Sie klang kokett, wie ein Mädchen, das einen unwilligen Freier dazu verlockt, sie zu umarmen.

Bei anderer Gelegenheit kam die Mutter eines Kindes, das ich kannte, in einen Raum, in dem ich von der Hüfte abwärts nackt lag und darauf wartete, angezogen zu werden.

»Was haben wir denn da?«, sagte sie und streichelte sanft meinen Penis.

Der Vorfall war so schnell beendet, wie er begonnen hatte, als eine Pflegerin den Raum betrat. Doch er verwirrte mich, machte mich unsicher, und ich wusste nicht, was ich mit den aufgewühlten Gefühlen anfangen sollte, die mich erfasst hatten.

Allerdings lief es nicht immer so ab. Manchmal war nur allzu deutlich, was geschah, und Furcht ergriff mich, wenn ich erkannte, dass ich auf eine Weise attackiert wurde, gegen die ich mich nicht wehren konnte.

»Schau dich an«, sagte einmal eine Frau, während sie mich badete.

Am nächsten Tag beobachtete ich, wie sie sich im leeren Raum umblickte, ihr Kleid hob, meine Beine spreizte und sich an mir rieb. Ich lag unbeweglich, mit starrem Blick, blind, bis ich spürte, dass sich ihr Gewicht von mir löste. Ich blieb mit der nagenden Furcht zurück, sie könne mich noch einmal berühren, doch sie tat es nicht.

Was war ich für diese Frauen? Eine lange zurückgehaltene und vergrabene perverse Fantasie oder ein Moment der Verrücktheit? Ich kann es nicht sagen. Doch von einer anderen Frau, die mich jahrelang missbrauchte, weiß ich, dass ich nie mehr als ein Objekt war, das sie benutzen konnte, wenn ihr danach war, um es danach wieder fallen zu lassen.

Verborgenheit war der Nährboden für ihr Verhalten: Sie fand immer eine Möglichkeit für uns, alleine zu sein. Bei ihrer ersten Berührung wusste ich schon mit absoluter Sicherheit, was sie vorhatte, als ich spürte, wie ihre Hand vorsichtig an meine Genitalien in der Hose stieß. Es war, als sei sie noch ängstlich, unsicher, und der Zwischenfall war kurz. Beim nächsten Mal war sie kühner, als ihre Hände auf meinem Penis verweilten. Bald schon wurde sie mutiger, als habe sie entdeckt, dass das Öffnen der Tür zu dieser Finsternis nicht so furchterregend war, wie sie vermutet hatte.

Manchmal schlang sie ihre Beine um meinen Körper und stieß härter und härter gegen mich, bis ich sie stöhnen hörte. Oder sie stellte sich hinter mich, während ich auf dem Rücken lag, und dann zog sie mir die Arme über den Kopf, sodass meine Hände auf ihren Oberschenkeln ruhten. Meine Finger zitterten unkontrollierbar, wie sie genau wusste, und ich hörte ihren Atem stoßweise kommen, als sie meine Finger an ihre Scheide drückte.

Meistens schwieg sie, wenn sie sich an mir befriedigte. Zuweilen dauerte es endlos lange, dass sie sich an mich presste, sich an mir rieb und mit ihrem Körper gegen mich stieß, wobei sie ihren Leib im Takt mit meinem ruckweise bewegte, bis sie schließlich zur Ruhe kam. Doch jedes Mal versuchte ich, mich in der Stille zu verlieren, indem ich mich tief in meinem Inneren einschloss. Ich spürte, wie meine Seele gefror. Erst später überkamen mich Schamgefühle.

Wenn sie überhaupt mit mir sprach, war es, als rede ein kleines Kind mit seiner Puppe, von der es weiß, dass sie nicht wirklich lebt.

»Lass uns zappeln«, flüsterte sie einmal, als sie mich aus dem Rollstuhl zog.

Wofür sie immer sorgte, war die Gewissheit, dass ich sie nicht sehen konnte.

»Du sollst doch nicht gucken«, sagte sie, während sie meinen Kopf von sich wegdrehte. Doch es war nicht ich, zu dem sie sprach: Sie redete mit sich selbst.

Es passierte nicht immer. Manchmal vergingen Wochen oder Monate, bevor sie mich wieder berührte, und dann geschah es gleich mehrfach hintereinander. Dies war viel schlimmer für mich, denn ich wusste nie, wann und was sie tun würde. Nichts machte mich machtloser, als darauf zu warten, dass sie wiederkommen würde. Die Angst davor, was sie tun würde, wenn ich sie das nächste Mal zu Gesicht bekam, kroch in mir hoch, während ich mich fragte, ob ich diesmal verschont bliebe oder nicht. Die Furcht warf einen Schleier über meine Tage. Ich wusste, dass ich sie nicht aufhalten oder meine Stimme erheben konnte. Ich war nichts weiter als ein nicht reagierendes Objekt, das sie benutzte, wie und wann sie wollte, eine leere Leinwand, auf die sie ihre dunklen Gelüste malte. Und so saß ich da, wartete und lauschte, bis ich wieder ihre Stimme hörte. In dem Moment aber wusste ich, dass ich mir nie sehnlicher wünschen würde, laufen zu können.

»Hallo, Martin«, sagt sie lächelnd und schaut auf mich hinab.

Ich starre sie an. Mir dreht sich der Magen vor Angst und Übelkeit um. Ich fühle, wie sich in mir ein Schrei ausbreitet, wie eine Fahne, die im Wind flattert, doch ich kann ihn nicht rauslassen.

»Auf geht's!«, sagt sie, und ich spüre, dass sich mein Rollstuhl bewegt.

Sie bringt mich in einen Raum, wo uns niemand finden wird, und legt mich auf eine Bank. Dann hebt sie einen Fuß über mich hinweg und stellt ihn neben mich, während sie den andern Fuß auf dem Boden stehen lässt und ihr Kleid hochzieht. Sie lässt sich sacken, presst sich gegen den großen Zeh meines linken Fußes und beginnt sich rhythmisch zu bewegen. Ich versuche abzutauchen.

Später liege ich reglos da, während sie neben mir sitzt. Sie liest in einer Zeitschrift, blättert geistesabwesend darin herum und bohrt in der Nase. Schließlich blickt sie auf ihre Uhr und steht auf. Doch als sie schon im Gehen ist, dreht sie sich plötzlich um. Offenbar hat sie etwas vergessen.

Ich beobachte, wie sie mit ihrem Finger auf dem Ärmel meines T-Shirts entlangfährt und etwas abwischt. Eine Schleimspur glitzert auf dem Stoff. Jetzt ist ihre Verachtung komplett.

Manchmal liegt sie neben mir, zuweilen auch auf mir. Manchmal berührt sie sich selbst, dann wieder mich. Doch was immer geschieht, ich bedeute ihr nichts, bleibe vergessen, bis ihr einfällt, mich heimzusuchen. Ich hingegen vergesse sie nie. Sie ist ein Monster, das in meinen Träumen haust, mich verfolgt und kreischt, mich foltert und in Schrecken versetzt. Nacht für Nacht wache ich schwitzend und angsterstarrt auf, nachdem sie wieder im Schlaf zu mir gekommen ist. Sie ist ein Parasit, der sich in meine Seele gebohrt hat. Wenn ich im Dunkeln in meinem Bett liege, frage ich mich, ob ich sie jemals loswerde.

37
Fantasien

Zu jener Zeit war ich stärker als je zuvor auf meine Einbildungskraft angewiesen. Wenn meine Fantasiewelt ein stets wiederkehrendes Thema besaß, dann war es Flucht, denn ich konnte alles sein, was ich mir zutraute und sogar noch mehr: nicht nur Pirat, sondern auch Pilot, Weltraumganove oder Formel-1-Fahrer, Wassergeist und Geheimagent, oder Jedi-Ritter mit der Macht des Gedankenlesens.

Manchmal saß ich im Klassenzimmer des Pflegeheims in meinem Rollstuhl und hatte das Gefühl, zu schrumpfen, sobald ich die Welt hinter mir ließ. Während der Rollstuhl größer und größer wurde, wurde ich immer kleiner, bis ich die Größe eines Spielzeugsoldaten hatte, so winzig, dass ich in den Düsenjäger passte, der in der Zimmerecke auf mich wartete. Jeder andere mochte ihn für ein Spielzeug halten, ich alleine wusste, dass es ein Kampfflugzeug war, und es stand dort startklar für mich mit laufenden Turbinen.

In meinen Träumen war mein Körper immer kraftstrotzend. Ich sprang aus meinem Rollstuhl, schaute mich suchend um und lauschte auf näher kommende Schritte. Falls mich jemand sehen sollte, würde er einen Schreck bekommen. Ich war bereit zum Kampf. Vielleicht glaubte man, ich sei ein Produkt ihrer Fantasie, doch das war ich nicht, ich war real. Ich stieß mich vom Rollstuhl ab, landete mit einem gedämpften Aufprall auf dem Fußboden und schaute an mir hinunter: Mein T-Shirt und die Shorts waren verschwunden, und ich trug einen grauen Pilotenanzug. Es raschelte, als ich zum Düsenjäger rannte, die Treppe zur Kabine hochstieg, mich hinter die Steuerelemente klemmte und meinen Helm aufsetzte. Die Turbinen heulten, und vor mir blinkten Lichter auf, doch mir bereitete das keine Sorgen. Ich wusste, weshalb sie leuchteten, denn ich war ein erfahrener Kampfpilot.

Ich schob einen Hebel nach vorne, und das Flugzeug setzte sich in Bewegung. Schneller und immer schneller raste es über den Linoleumboden meines Klassenzimmers, bis es abhob und in den Korridor flog. Marietta kam auf mich zu, doch ich flitzte um ihren Kopf herum. Ich war zu schnell und zu klein, als dass sie mich hätte sehen können, während ich noch einmal den Hebel bediente und den Düsenjäger nach vorne schießen ließ.

Der Beschleunigungs-Andruck presste mich in den Sitz, und vor mir tauchte ein Servierwagen auf. Ich wusste, eine falsche Bewegung, und die Flügel des Jets würden abrasiert, sodass ich mitsamt der Maschine am Boden zerschellen würde. Doch meine Hand blieb ruhig. Wumm! Auf der anderen Seite des Servierwagens kam ich heraus und raste auf die Flügeltür zu, die nach draußen führte.

Die Türen schlossen sich gerade, als ich sie erreichte, daher legte ich das Flugzeug auf die Seite. Es passte millimetergenau durch den schmalen Schlitz, der mir noch blieb, bevor die beiden Flügel krachend zusammenstießen und ich in die Freiheit davondüste. Der Himmel über mir war blau, und die Außenwelt roch nach Staub und Sonne. Ich ließ den Jet steil nach oben fliegen und wusste, dass ich bald hoch genug sein würde, um auf die Erde unter mir zu blicken: vorbeirauschende grüne Flecken und braune Tupfer. Ich drückte den Hebel bis zum Anschlag durch – volles Rohr, Überschall, maximale Geschwindigkeit –, und schon schoss die Maschine korkenzieherartig in den Himmel. Wieder und wieder wurde ich herumgewirbelt.

In meinem Kopf drehte es sich, doch ich fühlte mich leicht. Ich begann zu lachen.

Verstanden, Ende! Ich war endlich frei.

Auf der Schnellstraße unter mir wimmelte es von Autos, und die Menschen fuhren von ihren Arbeitsplätzen in den Feierabend. Ich wusste, wohin mich die Straßen führten, wenn ich ihnen folgte – nach Hause.

Im Heim auf dem Land lag ich im Bett und dachte an die nahe gelegenen Bahngleise. Ich stahl mich nach draußen und rannte durch das hohe braune Gras des Hochlands von Südafrika. In der Ferne sah ich einen Zug ankommen, der verschlissene Güterwagen hinter sich herzog, manche mit Planen abgedeckt, andere offen und beladen mit glitzernder schwarzer Kohle. Ich rannte auf den Zug zu und erwischte gerade noch den letzten Waggon, bevor er am Horizont verschwinden konnte. Ich hatte keine Ahnung, wohin mich der Zug bringen würde. Mich interessierte nur, dass es mir gelungen war, das Heim hinter mir zu lassen.

Wasser war etwas, von dem ich besonders gerne träumte. In meinen Fantasien rauschte es in jeden beliebigen Raum hinein, in dem ich gerade saß, hob mich hoch und trug mich auf einem Wellenkamm davon. Im Wasser konnte ich tauchen und verschwinden, mein Körper war frei und kräftig. Oder ich stellte mir vor, meinem Rollstuhl seien James-Bond-Flügel gewachsen und ich würde in den Himmel aufsteigen, während das Pflegepersonal mir mit offenem Mund nachstarrte und keine Möglichkeit hatte, mich am Davonfliegen zu hindern.

In meiner Fantasiewelt war ich immer noch das Kind, das ich zu Beginn meiner Krankheit gewesen war. Als ich älter wurde, änderte sich nur, dass ich mich als weltberühmten Cricketspieler sah, da ich zunehmendes Interesse für diesen Sport entwickelte, nachdem ich gesehen hatte, mit welcher Begeisterung sich Dad und David die Übertragungen im Fernsehen anschauten.

Mein Bruder war sehr gut im Cricket und berichtete Mam, Dad und Kim von seinem letzten Spiel, wenn er nach Hause kam. Ich wollte etwas mit ihm teilen. David brachte mich immer zum Lachen, indem er mir Witze erzählte, ulkige Stimmen nachahmte oder mich kitzelte, daher begann auch ich, Übertragungen von Spielen im Radio oder Fernsehen gespannt zu verfolgen.

Bald konnte ich Tage und Wochen damit verbringen, mir in meinem Kopf Spiele vorzustellen. Das begann immer damit, dass ich in einem leeren Umkleideraum saß und meine Schuhe zuschnürte, bevor ich ins Sonnenlicht hinaustrat. Während ich auf das Spielfeld ging, rieb ich den Ball an einem Hemdzipfel und prüfte, ob er sauber und glänzend genug war. Dann fasste ich den Schlagmann ins Auge, derweil die Menge verstummte. Dass mich so viele Zuschauer beobachteten, irritierte mich nicht. Mein einziger Gedanke konzentrierte sich darauf, Anlauf zu nehmen und den Ball zu spüren, der rund und fest in meiner Hand lag, bevor ich ihn in Richtung des Schlagmanns schleuderte.

Ein kirschroter Blitz zischte durch die Luft, wenn der Ball meine Hand verließ, und dann hörte ich das leise Klicken der Querhölzer, während die Menge tobte. Doch nicht immer gelang mir ein sicherer Wurf. Manchmal verfehlte ich den Schlagmann, und der Ball kam total vom Kurs ab, oder ich schied mit einer Null aus, was bedeutete, dass ich das Spielfeld verlassen musste und wusste, dass ich heute nicht gut gewesen war. Aber irgendwie spielte das keine Rolle, denn ich war ein Star. Tag für Tag lebte ich in Spielen wie diesem als berühmtester Allroundspieler der südafrikanischen Nationalmannschaft, der die Partie häufiger rettete, als dass er sie verlor. Die Spiele dauerten meistens endlos lange, ein Ball nach dem anderen wurde geworfen, Wickets wurden gewonnen und verloren, wenn ich mich aus der Realität zurückzog.

Die Person, mit der ich redete, war Gott, doch er war nicht Teil meiner Fantasiewelt. Für mich war er real, eine innere und mich umgebende Präsenz, die mir Ruhe und Sicherheit verlieh. So wie die Indianer Nordamerikas vielleicht einen vertrauten Umgang mit ihren Geistführern haben, oder Heiden auf Jahreszeiten und die Sonne achten, sprach ich zu Gott, versuchte dem, was mir widerfuhr, einen Sinn zu geben, und bat ihn, mich vor Bösem zu schützen. Gott und ich redeten nicht über die großen Dinge des Lebens – wir führten keine philosophischen Debatten oder diskutierten über Religion –, sondern ich sprach endlos zu ihm, da ich wusste, dass wir etwas Wichtiges gemein hatten. Ich besaß keinen Beweis, dass es ihn gab, doch ich glaubte dennoch an ihn, da ich wusste, dass er existiert. Gott tat dasselbe für mich. Im Gegensatz zu den Menschen brauchte er keinen Beweis für meine Existenz – er wusste um sie.

38
Ein neuer Freund

Das Geräusch erinnert an einen entfernten Zug, der Fahrt aufnimmt. Es wird lauter und lauter, bis es den ganzen Raum erfüllt – ein Knäuel gelben Fells, eine riesige rote Zunge und nasse Pfoten, die auf das Sofa springen und es in Sekundenschnelle durchnässt haben. Ein gewaltiger Schwanz wedelt wie wild, und große braune Augen schauen sich aufgeregt im Zimmer um.

»Kojak! Platz!«

Der Hund reagiert nicht und blickt sich weiter um, bevor er schließlich mit einem Satz vom Sofa springt und zu mir kommt. Ich könnte schwören, dass er lacht.

»Kojak! Nein!«

Der Hund ignoriert die Befehle seines Herrchens. Er hat nur eines im Sinn: diesen seltsamen Mann, der in einem komischen Stuhl sitzt, zu begrüßen.

»Sitz!«

Der Mann zerrt den riesigen gelben Labrador von mir fort und zwingt ihn mühsam in eine sitzende Haltung. Doch selbst der kräftige Griff des Besitzers am Halsband hält den Hund nicht davon ab, sich zu bewegen. Unwillig und wild schüttelt er den Kopf und windet sich am Boden. Die Zunge hängt ihm weit heraus, da selbst der Atem nicht mit ihm Schritt hält.

Ich schaue Mam und Dad an. Noch nie habe ich sie derart ängstlich gesehen.

»So, das also ist der Hund, für den Sie ein neues Zuhause suchen?«, sagt mein Vater mit neutraler Stimme.

»Ja«, antwortet der Mann. »Wir ziehen nach Schottland und suchen eine neue Familie für ihn. Er ist wirklich ein Schatz von einem Hund. Es tut mir leid, dass er so nass ist, aber Kojak ist ganz verrückt nach Swimmingpools.«

Im Gesicht meiner Mutter spiegelt sich der blanke Horror. Ich weiß, dass sie es nicht wagt, ihre Meinung zu äußern.

»Er ist gegen alles geimpft, und er hat auch ein paar Stunden in der Hundeschule absolviert«, fährt der Mann fort. »Aber wie Sie sehen, ist er noch sehr jung, erst acht Monate, und daher steckt er voller Energie.«

Wie aufs Stichwort versucht Kojak die Hand seines Herrchens abzuschütteln und fängt wie verrückt zu bellen an. Gleich wird meine Mutter schreien, fürchte ich.

»Wie denkst du darüber?«, fragt mich Dad.

Ich starre auf den Hund. Er ist viel zu groß und ungestüm, er ist ganz offensichtlich taub gegenüber jeder Form von Befehlen, und außerdem wird er Chaos und Verwüstung im adretten Haus meiner Eltern anrichten. In vier Monaten Suche ist mir noch nie ein solcher Hund begegnet, dennoch sagt mir irgendetwas, dies ist der richtige für mich.

Ich lächle Dad zu.

»Nun denn, ich denke, Martin hat sich entschieden«, sagt er.

»Das freut mich riesig«, sagt Kojaks Exbesitzer. »Sie werden es nicht bereuen.«

Ich schaue Mam an. Ich glaube, sie versucht, nicht zu heulen.

39
Ob er je lernt?

Pookie habe ich nie vergessen, und das ist auch der Grund, weshalb ich so gerne einen Hund haben möchte. Die Freundschaft, die uns verband, werde ich immer in meinem Gedächtnis bewahren, und jetzt möchte ich einen Kameraden, wie sie es war. Ich möchte für ein Wesen sorgen, das sich nicht all meiner Einschränkungen und Gebrechen bewusst ist. Trotz meines Enthusiasmus gefällt meiner Mutter die Idee keineswegs. Sie will nicht noch jemanden haben, um den sie sich kümmern muss, und schon gar nicht einen großen Hund, der überall Haare und Schmutz hinterlässt.

Am Ende war es Kim, die mir zu Hilfe eilte, als sie Anfang des Jahres zu Besuch aus England kam. Sie erkannte sehr schnell, dass ich härter als je zuvor arbeitete – zeitweise buchstäblich Tag und Nacht – und manchmal nur zu vier oder fünf Stunden Schlaf kam, weil ich mit allem Schritt halten wollte.

Es ist April 2005, fast vier Jahre nach meinen ersten Tests, und seitdem habe ich nie aufgehört zu arbeiten. Es ist, als könne ich es mir nicht leisten, das Leben mal für eine Sekunde loszulassen, nachdem man mir eine Perspektive geboten hat. Ich gehe nicht aus und habe keine Hobbys. Außer Arbeit gibt es nichts, weil ich darum kämpfe, nicht nur den Anforderungen zu genügen, sondern mich immer weiter zu verbessern. Da es so lange nur Stillstand bei mir gab, möchte ich mich weiterentwickeln. Dabei kann ich immer noch nicht begreifen, dass man mir Gelegenheiten dazu bietet. Ich lebe ständig in der Angst, man könne entdecken, wie wenig Lebenserfahrung ich habe, deshalb arbeite ich so hart, um zu kompensieren, was ich als Mangel empfinde und mir das Gefühl gibt, ein Betrüger zu sein.

Nachdem man mir den Auftrag erteilt hatte, als Verantwortlicher die Webseite des Gesundheitszentrums neu zu gestalten, wurde ich von meinem dortigen Job vorübergehend in ein Wissenschaftliches Forschungsinstitut versetzt, wo ich bei der Entwicklung von behindertengerechten Internet-Ressourcen helfe. Derzeit arbeite ich drei Tage pro Woche im Kommunikations-Institut und zwei Tage im Wissenschaftlichen Forschungsinstitut.

Nach Dienstschluss arbeite ich weiter daran, den Bekanntheitsgrad von AAC zu erhöhen, und ich sitze im Vorstand einer nationalen Organisation für Menschen wie mich, die über eine geringe oder gar keine Sprachfähigkeit verfügen. Im Januar unternahm ich meine erste Flugreise im Rahmen einer Wohltätigkeits-Tour mit Kurztrips in fünf Städte, um Spenden für eine Veranstaltung zu sammeln. Ich fragte mich, weshalb Vögel überhaupt jemals auf die Erde zurückkehren, denn mein Körper fühlte sich völlig frei, als das Flugzeug vom Boden abhob.

Wenn ich nicht gerade meiner bezahlten oder freiwilligen Arbeit nachgehe, studiere ich.

All diese Aktivitäten überzeugten Kim bei ihrem Besuch, dass sich etwas ändern müsse. Sie sah, dass es in meinem Leben nichts außer Arbeit gab, deshalb redete sie mit Mam und Dad, die schließlich damit einverstanden waren, dass ich einen Hund bekam.

»Vergiss nicht, dass du dich um ihn kümmern musst«, warnte mich Mam. »Du musst ihn füttern und mit ihm spazieren gehen. Ich muss hier im Haus schon für vier Personen sorgen, der Hund ist also deine Sache.«

»Ich werde dich um keinerlei Hilfe bitten«, versprach ich ihr, obwohl ich erst noch lernen musste, was es hieß, einen übermütigen jungen Labrador im Rollstuhl auszuführen.

So hatte die Suche nach Kojak also begonnen. Obwohl mir alle einen kleinen Hund empfahlen, hatte ich mein Herz an einen goldenen Labrador verloren, da mir diese Tiere als die glücklichsten von allen erschienen. Ich schaute mir einige Würfe an, sah jedoch viele Welpen, die zu schwach wirkten, während andere physische Merkmale besaßen, die darauf hinwiesen, dass sie nicht korrekt gezüchtet worden waren. Ich konnte mir keinen Rassehund mit erstklassigem Stammbaum leisten, daher wartete ich einige Monate, um den einen zu finden, der perfekt zu mir passte. Dann erhielt ich von einer Züchterin den Tipp, es gebe da einen jungen Labrador, den sie verkauft habe, und für den werde jetzt ein neues Zuhause gesucht. In dem Moment, als ich Kojak sah, wusste ich, dass er für mich bestimmt war.

Sich um einen Wildfang wie ihn zu kümmern erweist sich als schwieriger, als ich erwartet hatte. Kaum dass er uns mit seiner Anwesenheit beglückt hatte, gab es auch schon die ersten Auseinandersetzungen. Sekunden nachdem ich die Haustür geschlossen hatte, machte er sich auf den Weg, da es in jedem Winkel seines neuen Zuhauses etwas zu schnüffeln gab, und als er ins Wohnzimmer rannte, fegte er mit seinem Schwanz als Erstes eine Tasse Tee vom Tisch. Meine Eltern sprangen aus ihren Sesseln hoch, um die Schweinerei zu beseitigen, was Kojak als Aufforderung verstand, sich Dads Sessel zu bemächtigen.

»Runter!«, schrie meine Mutter.

Kojak tat, wie ihm befohlen – und sprang in Mams Sessel. Mit einem Blick hatte er die Hackordnung in unserem Haus erfasst.

»Ob wir diesen Hund wohl jemals bändigen werden?«, fragte Mam verzweifelt.

Das fragte ich mich auch, als wir später am Abend beim Essen saßen, während Kojak in der Küche eingesperrt war.

»Nein! Was hat er denn jetzt schon wieder angestellt?«, brüllte Mam, als sie in die Küche kam und einen Fußboden vorfand, der mit Speiseöl und Erbrochenem bedeckt war.

Kojak hatte den größeren Teil einer Flasche Öl mit solcher Begeisterung heruntergeschlürft, dass dieser fast ebenso schnell den Rückweg angetreten hatte. Dennoch schien er immer noch zu lächeln. Als meine Mutter zu toben begann, zogen Kojak und ich es vor, die Küche zu verlassen und einen Spaziergang zu machen. Wir kehrten erst zurück, als ich sicher sein konnte, dass Mam zu Bett gegangen und die Luft rein war.

So ungefähr lässt sich Kojak beschreiben: intelligent und charmant, aber zu jeder Schandtat bereit; clever genug, um zu kapieren, wann er ungezogen war, und verzweifelt bemüht, es nicht wieder zu tun, jedoch irgendwie unfähig, es zu unterlassen. Das Ausmaß seiner Schandtaten droht langsam unübersichtlich zu werden, so verschlang er Handys, verschwand mit mehreren Fernbedienungen für den Fernsehapparat und vernichtete so ziemlich jede verfügbare Pflanze im Garten meiner Eltern.

»Das war Kojak!«, meldet sich meine Mutter gerade mit einem spitzen Schrei. Sie steht vor ihrem Blumenbeet und betrachtet die Krater, die Kojak hinterlassen hat. Aus irgendeinem Grund kann er nicht genug bekommen von diesen bunt schillernden Paradiesvogel-Blumen, die einst Mams ganzer Stolz waren.

Kojaks Eigenarten gehen aber noch weiter. Wenn ein Autofenster offen ist, versucht er sofort, hinauszuklettern; außerdem kann er nicht lange ruhig sitzen bleiben, wenn er pinkeln muss, was dazu führt, dass er von einem Bein aufs andere hüpft, wie ein Boxer, der sich auf seinen Kampf vorbereitet. Mehrfach schon hat er mich samt meinem Rollstuhl umgerissen, weil er sich auf irgendetwas stürzen musste. Ob es sich um einen kläffenden Hund oder einen unbekannten Geruch handelt, er kann nicht widerstehen, es zu untersuchen. Wenn ich in den Swimmingpool gehe, will er sofort hinterherspringen, um mich zu retten. Eines Tages startete er während einer Unterrichtsstunde in der Hundeschule einen Ausbruchversuch, nur um nach einem Sprung über einen Zaun auf der anderen Seite einen fast zwei Meter tiefen Abhang vorzufinden. Durch die Leine aufgehalten, starrte mich Kojak an, als wolle er mich bitten, sein Leben vor dem Scharfrichter zu retten, während Dad ihn gemeinsam mit der Betreiberin der Hundeschule befreite. Die anderen Hunde schauten nur verzagt zu.

Dennoch weiß ich, dass tief verborgen in Kojak ein gescheiter Hund schlummert, der die größten Anstrengungen unternimmt, zum Vorschein zu kommen. Schon bevor ich ihn bekam, war mir bewusst, dass die einzige Möglichkeit, irgendeine Art von Kontrolle über einen Hund zu bekommen, darin besteht, ihm einige Regeln beizubringen, weshalb ich uns in einer Hundeschule anmeldete. Kojak lernt jetzt, auf nonverbale Befehle zu reagieren, und jedes Wochenende bringt uns entweder meine Mutter oder mein Vater zum Unterricht, wo wir langsam lernen, einander zu verstehen.

Wenn ich meine Faust in Brusthöhe hebe, heißt das für Kojak, dass er sich setzen soll, während ein auf den Boden weisender Finger bedeutet, sich der Länge nach hinzulegen. Die an meinen Körper gepresste Faust fordert ihn auf, wieder aufzustehen, und eine aufrecht gehaltene Hand ist für ihn der Befehl, zu warten. Glücklicherweise hat er die Grundregeln schnell gelernt, und so konnten wir uns den eher spielerischen Dingen zuwenden: Wenn ich ihm zuwinke, winkt er mit der Pfote zurück; wenn ich meine Hand schräg hochhalte, klatscht er sie mit der Pfote ab; und wenn ich meine Hand ausstrecke, hebt er die Pfote, sodass er meine Hand schütteln kann.

Es kostet Zeit, doch ich bin sicher, dass Kojak langsam etwas ruhiger wird. Er hat sogar ein paar Hilfsdienste gelernt, wie das Öffnen von Türen und das Schließen von Schubladen. Das kann manchmal zu ungewollten Ergebnissen führen: So brachte ich ihm bei, mir die Socken auszuziehen, und jetzt hat er solchen Geschmack daran gefunden, dass er jedes Paar klaut, das er im Wäschekorb findet. Beim Einüben von Dingen im häuslichen Bereich kam die Idee auf, ihm das Bedienen der Türklingel beizubringen, woraufhin er es sich zur Gewohnheit machte, für einige Zeit zu verschwinden und uns dann später stolz mitzuteilen, er sei wieder zurück.

Welche Unzulänglichkeiten er auch immer haben mag, Kojak ist das, was ich mir von ihm erhofft hatte: ein Kumpel, der mich mit seiner unermüdlichen Fröhlichkeit und seinem liebenswerten Naturell immer zum Lachen bringt. Er kann Fehler haben, wie er will, seine Gegenwart hat meine Welt zu einem sehr viel erfreulicheren Ort gemacht.

40
GD und Mimi

Meine Großeltern, GD und Mimi, erklärten mir die vielleicht wichtigste Sache über die Liebe: Wenn es wahre Liebe ist, dann dauert sie ein ganzes Leben, und wenn sie stark genug ist, kann sie von einer Generation auf die nächste übertragen werden.

Mein ganzes Leben lang hatte ich Geschichten über GD und Mimi gehört: dass GD im Alter von sechzehn Jahren eine Tapferkeitsmedaille bekam, nachdem er sich von einem Felsen ins Meer gestürzt hatte, um eine Frau zu retten, die zu ertrinken drohte, und dass Mimi als junges Mädchen eine so begeisterte Tänzerin war, dass sie kilometerlange Reisen auf sich nahm, um an Tanzveranstaltungen teilzunehmen. GD machte eine Lehre als Minenarbeiter, als sie sich kennenlernten, und er fuhr die 50 Kilometer mit dem Fahrrad, um Mimi zu besuchen. Er war so entschlossen, ihr ein angenehmes Leben zu bieten, nachdem sie versprochen hatte, ihn zu heiraten, dass er sieben Fortbildungskurse im Bergbau absolvierte, um sich als Führungskraft zu qualifizieren. GD war das jüngste von sechzehn Kindern und Mimi das älteste von vier, und so war es wohl selbstverständlich, dass sie selbst auch Kinder haben wollten. Es dauerte nicht lange, da gab es meinen Vater und dessen zwei Schwestern. Während Mimi ihren Töchtern den Charleston beibrachte und den Haushalt versorgte, baute GD ein Haus für seine Familie, damit sie aus der Bergarbeitersiedlung fortziehen konnten.

Meine Großeltern lebten fast sechzig Jahre glücklich zusammen, und das änderte sich auch nicht, nachdem Mimi sich durch einen Sturz die Hüfte gebrochen hatte und fortan ans Bett gefesselt war, kurz nachdem ich das Bewusstsein wiedererlangt hatte. Sie konnte nie wieder gehen, doch von ihrem behaglichen Bett aus kommandierte Mimi die Versorgung ihres Haushalts wie ein Oberstabsfeldwebel. GD wurde gesagt, was er einzukaufen, wie und was er zu kochen, und wann er seine Herztabletten einzunehmen hatte. Er hatte kein Ohr für die ironischen Bemerkungen seiner ›alten Kumpel‹, wenn er sie im örtlichen Seniorenheim besuchte.

Ich liebte meine Großeltern sehr. Jedes Mal, wenn wir sie besuchten, wurde mein Rollstuhl neben Mimis Bett gestellt, sodass sie meine Hände fassen konnte. Während ich auf ihre hauchdünne Haut starrte, die so zerbrechlich wirkte, dass ich immer glaubte, sie müsse gleich zerreißen, fragte ich mich, ob ich wohl so alt werden könnte wie sie. Doch dann, als ich dreiundzwanzig war, wurde Mimi krank, und diesmal konnte man ihr nicht mehr helfen. Sie wurde von Tag zu Tag schwächer, und wenn ich neben ihrem Bett saß, sah ich, wie sie immer wieder das Bewusstsein verlor.

Mein Großvater schien nicht mehr weiterzuwissen.

Es war während unseres letzten Besuchs, dass ich ihn zu meinem Vater sagen hörte, was er sich über alles in der Welt wünschte.

»Ich würde gerne noch ein allerletztes Mal neben ihr schlafen«, sagte GD, da ihm dies nicht mehr erlaubt wurde, weil Mimis Zustand sich dramatisch verschlechtert hatte.

Zwei Tage später klingelte bei uns das Telefon, und Dad nahm ab. Leise sprach er ein paar Sätze, bevor er wieder auflegte.

»Mimi ist gestorben«, sagte er, und ich sah, wie er mit hinter dem Kopf verschränkten Händen den Flur entlangging, als versuche er die Nachricht, seine Mutter verloren zu haben, in den Schädel zu bekommen.

Mich erfüllte Trauer und Mitleid mit meinem Vater, als er mich ins Auto setzte und zu seinem Elternhaus fuhr, um Mimi noch ein letztes Mal zu sehen. Als wir dort ankamen, lag sie auf dem Bett, und mein Vater küsste sie, während ich zusah. Natürlich wusste niemand, dass ich alles verstand, was dort gesagt wurde, und ich hätte GD gerne getröstet, als er weinte und wir alle gemeinsam auf den Bestattungsunternehmer warteten.

»Ich fühle mich, als hätte man mir einen Arm amputiert«, schluchzte GD, und ich wusste, dass ihm das Herz brach, weil ihm die Frau, die er all die Jahre so sehr geliebt hatte, genommen war.

Ihre Liebe hatte ein Leben lang gedauert; ihre Lebensgeschichten waren so eng miteinander verknüpft, dass sie vergessen hatten, wo die eine endete und die andere begann. Überall in diesem Haus fanden sich winzige Hinweise auf ihre Liebe, selbst in den profansten Dingen wie beispielsweise dem Wintermantel, der in Mimis Kleiderschrank hing. GD hatte ein Heidengeld für seine Frau ausgegeben, da er Angst hatte, ihr könne kalt werden.

Ein paar Tage später sprach Dad bei Mimis Beerdigung über die Liebe, die sie ihren Kindern geschenkt hatte. Als er noch klein war, so erzählte er der Trauergemeinde, habe seine Mutter ihm seine Sachen mit ›Liebesmaschen‹ gestrickt, und ihre ruhige, stille Gegenwart habe ihn immer begleitet. Und als kleiner Junge, als er seiner Mutter beim Einwecken von Pfirsichen geholfen habe, hätte er ihr aus Versehen kochend heißen Saft über die Hand geschüttet, sodass sich darauf sofort Blasen gebildet hätten, doch sie sei weder verärgert gewesen, noch habe sie geschimpft. Stattdessen habe sie die Blasen unter fließendes kaltes Wasser gehalten, sich einen Verband gemacht und einfach weitergearbeitet.

Während ich meinem Vater zuhörte, wurde mir klar, dass ich eine weitere Lektion über die Liebe bekam, die ich zwischen Männern und Frauen gesehen hatte: Manchmal war sie spielerisch wie bei Henk und Arrietta, manchmal friedlich wie bei Ingrid und Dave, doch wenn man Glück hatte, konnte sie wie bei GD und Mimi ein ganzes Leben halten. Diese Art von Liebe kann von einem Menschen auf den anderen übertragen werden, wie eine Lebenskraft, die jeden ermutigt, der von ihr berührt wird, und die Erinnerungen schafft, die auch nach Jahren noch tief in einem brennen.

Diese Art von Liebe hatte mein Vater erfahren, und während er jetzt sprach, wusste ich, dass er seine Mutter im Geiste genau so klar vor Augen hatte wie zu ihren Lebzeiten. Während er sich an diese Begebenheiten aus seiner Kindheit erinnerte, spürte er ihre Berührung und hörte ihre Stimme, als wäre er wieder der kleine Junge, der an dem Tag, als er mit seiner Mutter Pfirsiche einweckte, von ihrer Liebe eingehüllt wurde.

41
Leben lieben und Liebe leben

Die Wellen rollen auf den Strand zu, während der salzige Wind den Duft von Brathähnchen heranträgt. Mir läuft das Wasser im Munde zusammen, und ich gönne mir ein weiteres Stück Fleisch. Es schmeckt köstlich!

Es ist Dezember 2006, und ich sitze mit meinem Freund Graham am Rande eines Strands in Kapstadt. Er benutzt ebenfalls AAC, nachdem er vor mehr als zwei Jahrzehnten einen beidseitigen Hirnstamminfarkt erlitten hatte, während er auf einer Insel vor der Küste Südafrikas arbeitete. Nachdem man ihn in ein Krankenhaus geflogen hatte und er wieder aufwachte, wurde ihm mitgeteilt, er sei von den Augen abwärts gelähmt. Damals war er fünfundzwanzig.

Heute kann Graham sich weder bewegen noch sprechen, dennoch lebt er sein Leben und brüllt jeden wie ein Löwe an, der es bezweifelt. Körperlich in vollem Umfang von anderen abhängig, weigerte er sich, nach Hause zurückzukehren und sich von seiner Mutter pflegen zu lassen, wie man es von ihm erwartet hatte. Schließlich lebte sie auf der anderen Seite des Landes, und Graham wollte weiter in Kapstadt bleiben. So begab er sich in ein Pflegeheim, in dem er heute noch wohnt, und ich bin bisher niemandem begegnet, dessen Lebenslust so ansteckend ist wie seine.

Er genießt jede Minute seines Lebens und verstößt mit Vorliebe gegen Vorschriften: Ich bin ziemlich sicher, dass er gleich fragen wird, ob er einen Happen Brathähnchen bekommen kann, obwohl er kein festes Essen zu sich nehmen soll. Ich habe Verständnis für diese Art Verlangen, das zu stark ist, als dass man sich ihm widersetzen könnte. »Man kann doch nicht alles tun, was die Ärzte von einem fordern«, antwortet er jedem, der vielleicht Einwände äußert. Er erzählte mir, es sei nicht so sehr der Geschmack, sondern der physische Akt des Kauens und Schluckens, nach dem er schmachtet. Deshalb wird der ärztliche Rat von Zeit zu Zeit in den Wind geschlagen, indem er einen kleinen Happen fester Nahrung zu sich nimmt.

Wir begegneten uns vor ungefähr achtzehn Monaten bei einem Kongress, und ich bin jetzt hier in Kapstadt, weil wir morgen bei einer Veranstaltung eine Rede halten werden. Vorher aber haben wir uns an den Strand begeben, sitzen hier nebeneinander und blicken aufs Meer. Während ich an meinem Hähnchen kaue, denke ich an ein Foto, das Graham mir gezeigt hat.

»Sie ist eine Bekannte«, sagte er, als ich die hübsche Frau betrachtete, die in die Kamera schaute.

Er zwinkerte mit den Augen und bediente den Infrarotzeiger, welcher die winzigen Bewegungen verfolgt, die er mit seinem Kopf machen kann, und mit dessen Hilfe er sein Kommunikationsgerät steuert und zu mir spricht. Ich hätte ihm auch gerne das Foto einer Frau gezeigt, die ich liebe. Doch ich habe keins, und langsam befürchte ich, dass ich nie eins haben werde, weil ich ein ums andere Mal die schmerzliche Erfahrung machen musste, dass nur wenige Frauen über den Körper hinwegsehen können, der mich einschließt.

Ich weiß nicht, ob meine Sehnsucht nach Liebe immer ein Teil meiner selbst gewesen ist oder ob die Saat an einem Tag gesät wurde, an den ich mich immer noch lebhaft erinnern kann, obwohl er schon mehr als zehn Jahre zurückliegt. Es war später Nachmittag, als eine Gruppe von Schwesternschülerinnen das Pflegeheim besuchte. Ich lag auf einer Matratze und spürte, wie sich jemand neben mich kniete. Als mir ein Strohhalm in den Mund geschoben wurde, schaute ich hoch und sah eine junge Frau. Langes braunes Haar rahmte ihr zartes Gesicht ein, und plötzlich überkam mich ein so starkes Verlangen, dass ich fast nach Luft ringen musste, als ich die Sanftheit ihrer Hände spürte. Ich hätte viel darum gegeben, diesen winzigen Moment bis in die Ewigkeit auszudehnen, als dieses Mädchen, das nach Blumen und Sonnenschein duftete, die Welt für mich wurde. War es dieses Erlebnis oder all das, was ich zwischen Henk und Arrietta, Dave und Ingrid, GD und Mimi gesehen habe, das mein Verlangen nach Liebe in mir zum Leben erweckte? Vielleicht war es aber auch auf die jahrelange Zuwendung und Hingabe meiner Eltern zurückzuführen, die sie mir, meinen Geschwistern und einander zukommen ließen.

Wo immer der Grund auch liegen mag, meine Sehnsucht nach Liebe brannte noch stärker in mir, als ich zu kommunizieren begann, und erst jetzt erkenne ich, wie naiv ich gewesen bin. Ich war wirklich davon überzeugt gewesen, Liebe allein durch meinen Willen erzeugen zu können und dass ich eine Person finden würde, die jene Art von Gefühlen mit mir teilen würde, die ich als Geisterjunge gesehen hatte. Dann erfuhr ich durch Virna, dass es erheblich schwieriger war, als ich es zunächst gedacht hatte, und ich versuchte, die Lehre zu akzeptieren. Ich verabschiedete mich von meinen Gefühlen und erstickte sie in Arbeit. Ich bin für jede einzelne Bestätigung dankbar, und dennoch gibt es jetzt Zeiten, in denen ich mich genauso einsam fühle wie zu jener Zeit, als ich noch nicht kommunizieren konnte.

Vor Jahren schon wurde mir klar, dass meine Liebe für Virna ein Mythos war, den ich für mich selbst geschaffen hatte, ein Schattenbild meiner eigenen Vorstellung, das ich niemals hätte festhalten können. Was ich auch gedacht haben mochte, sie hat in mir immer nur einen Freund gesehen, und das kann ich ihr nicht einmal zum Vorwurf machen. Doch aus den Lektionen, die sie mir ungewollt erteilte, habe ich nichts gelernt, stattdessen denselben Fehler ein ums andere Mal wiederholt. Obgleich ich mittlerweile dreißig bin, gibt es Zeiten, in denen ich glaube, immer noch so viel von den Frauen zu verstehen wie damals, als ich ein zwölfjähriger Junge und von der Dunkelheit verschlungen war.

Anfang des Jahres reiste ich mit meinem Vater zu einem Kongress nach Israel. Ich saß in einem verdunkelten Saal und lauschte einem Professor, der über die Herausforderung und die Schwierigkeiten sprach, denen sich Menschen wie ich gegenübersehen, die eine romantische Beziehung haben wollen. Auch wenn ich es nicht wahrhaben wollte, wusste ich dennoch, dass er recht hatte.

Seit ich zu kommunizieren begonnen habe, habe ich immer mal wieder versucht, Kontakt zu Frauen aufzunehmen. Doch es war jedes Mal eine Enttäuschung. Ich bin Frauen begegnet, die mich als Kuriosität betrachteten, die man mal kurz inspiziert, und anderen, die glaubten, ich sei eine Herausforderung, der man sich gewachsen zeigen muss. Eine Frau, die ich über eine Dating-Seite im Internet kennenlernte, starrte mich an, als sei ich ein seltenes Tier aus dem Zoo, während eine andere, die als Sprachtherapeutin arbeitete, mir bei einem privaten Treffen einen Strohhalm reichte und mich bat, durch ihn hindurchzublasen, wie sie es wohl von einem Patienten verlangte, der eine Atemübung machte. Diesen Frauen hätte ich gerne gesagt, dass ich kein kastrierter Hund bin, der nicht bellen oder beißen kann; wie sie habe auch ich Sehnsüchte und Gefühle.

Kurz nach meiner Rückkehr aus Israel begegnete ich einer Frau, die meine Aufmerksamkeit erregte wie andere Frauen zuvor, und erneut machte ich mir Hoffnungen. Ich wollte mir weismachen, der Professor habe unrecht. Was wusste er denn schon? Diesmal war ich mir sicher, dass das Interesse dieser Frau an mir echt war, und mein Herz pochte wie wild, als wir eines Abends ausgingen, um Pizza zu essen und zu klönen. Für ein paar Stunden fühlte ich mich so normal wie jeder andere. Dann schickte mir die Frau eine E-Mail und teilte mir mit, sie habe einen neuen Freund, und ich war wieder am Boden zerstört.

Ich war ein unglaublicher Idiot. Wie konnte ich nur hoffen, eine Frau würde mich lieben? Weshalb sollte sie? Ich weiß, dass ich zu empfindlich bin und mich viel zu schnell in Schmerz und Traurigkeit ergehe. Es macht mich neidisch, Leute meines Alters zu sehen, die ihre Teenager-Jahre hatten, in denen sie vom Leben gebeutelt wurden und lernen mussten, sich nach dessen Gesetzen zu verhalten. Sosehr ich mich auch bemühe, mich nicht davon beeinträchtigen zu lassen, so finde ich es dennoch fast unmöglich, einfach hinzunehmen, dass der Wunsch nach Liebe, der so heftig in mir brennt, niemals erwidert werden sollte.

Jetzt schaue ich aufs Meer hinaus und beobachte, wie die Wellen sich im Sand brechen, und ich erinnere mich an ein Ehepaar, das zu einem der offenen Tage im Kommunikations-Institut kam, bei denen ich als Gastgeber fungiere. Sie fielen mir sofort auf, denn der Mann, der mit seiner Frau und zwei kleinen Kindern erschienen war, hatte ungefähr mein Alter, und das Paar vermittelte mir – von der Art, wie sie Blicke tauschten, bis zu kleinen Gesten und dem Lächeln, das so viel verriet –, dass sie sich sehr liebten.

»Mein Mann hat einen Gehirntumor im Endstadium und verliert seine Sprachfähigkeit«, flüsterte mir die Frau zu, während sich ihr Mann einige Geräte anschaute, die wir ausgestellt hatten. »Aber wir möchten so lange miteinander reden, wie es irgend geht, deshalb sind wir heute gekommen, um zu sehen, ob sie uns helfen können. Er will Video-Aufzeichnungen mit einer Botschaft für unsere Kinder machen, solange er noch dazu in der Lage ist, und ich glaube, für mich will er auch eine anfertigen.«

Plötzlich erstarrte ihre Miene. »Ich bin noch nicht bereit, ihn gehen zu lassen«, flüsterte sie.

Verzweiflung huschte über ihr Gesicht, als sie an die Unsicherheit einer Zukunft ohne jenen Mann dachte, an den sie ihr Leben gebunden hatte.

»Meinen Sie, Sie könnten uns helfen?«, fragte sie leise.

Ich nickte, und sie drehte sich um und ging zu ihrem Mann zurück. Traurig sah ich ihr hinterher. Wie konnte eine Familie, in der es so viel Liebe gab, zerrissen werden? Dann kam ein anderes Gefühl in mir auf, eine Form von Neid, denn als ich sah, wie sich der Mann und die Frau zulächelten, wurde mir klar, dass die beiden die Chance gehabt hatten, so zu lieben und geliebt zu werden, wie ich es mir sehnlichst wünschte.

42
Welten prallen aufeinander

Meine Mutter lächelt die Physiotherapeutin an, die mich aus ihrem Behandlungsraum schiebt. Ich habe es satt, hier Woche für Woche erscheinen zu müssen, hochgehoben und ermuntert zu werden, mich mit schwankenden Schritten auf meinen schmerzenden Füßen und Beinen zu bewegen. Trotzdem tue ich es, denn meine Eltern haben nie die Hoffnung aufgegeben, mich irgendwann doch noch gehen zu sehen. Manchmal habe ich den Verdacht, meine Familie erinnert sich an den Jungen, der ich früher einmal war, und sie vermisst ihn, weswegen meine Eltern immer so versessen darauf sind, dass ich gehen soll, und weshalb sie wollten, dass ich statt einer Alphabetvorlage meine computergenerierte Stimme zum Sprechen benutzen soll.

Sie sind nur schwer davon zu überzeugen, dass sich mein Körper unkalkulierbar verhält: Wenn ich an einem Tag aufstehen kann, heißt das noch lange nicht, dass es mir auch am nächsten gelingen wird. Zuweilen habe ich das Gefühl, meine Eltern fast zu enttäuschen, weil ich körperlich nicht die Fortschritte mache, die sie sich von mir erhoffen, doch ich weiß, dass das bei Eltern häufig der Fall ist.

Als vor einiger Zeit ein Junge zu uns ins Kommunikations-Institut kam, um untersucht und getestet zu werden, sagten wir seiner Mutter, er müsse lernen, mittels eines Kopfschalters zu kommunizieren, da sein Hals und Genick die einzigen Körperteile waren, die er stabilisieren konnte. Doch seine Mutter blieb hartnäckig: Sie wollte, dass ihr Sohn die Hände benutzt, nicht den Kopf. Er sollte sich auf Teufel komm raus anpassen, sollte so sein wie alle anderen, auch wenn es nur einen noch so kleinen Bereich betraf.

Ich verstehe, weshalb meine Eltern möchten, dass ich gehe und spreche, aber es ist anstrengend, in einem Körper zu leben, der einem das Gefühl vermittelt, alle anderen könnten über ihn bestimmen. Deshalb sagte ich meiner Mutter gestern, ich wolle diese Woche nur ein Mal zur Physiotherapie, und jetzt hoffe ich, dass sie sich an die Vereinbarung hält.

»Wollen wir einen Termin für Freitag machen?«, fragt die Physiotherapeutin.

Ich starre meine Mutter an und versuche sie daran zu erinnern, was ich gesagt habe.

»Ja«, sagt sie, ohne mich anzuschauen.

Ich spüre, wie der Zorn heiß in meinen Adern brennt. Morgen werde ich mich bei meiner Kollegin Kitty wütend darüber auslassen, was hier gerade gelaufen ist.

»Was soll die ganze Kommunikation, wenn mir niemand zuhört!«, werde ich sagen. »Weshalb rede ich überhaupt, wenn sich die Leute nach all den Jahren weigern, zuzuhören, was ich sage?«

Dennoch schlucke ich meinen Ärger vorerst herunter, um zu verhindern, dass er hier allen die Laune verdirbt. Denn so groß er auch sein mag, die Angst, meine Wut einfach rauszulassen, ist noch größer. Zorn ist eines der Gefühle, das ich immer noch fast gar nicht zeigen kann, weil ich mich so lange zwingen musste, meine Wut zu unterdrücken. Selbst jetzt wird es mir wahrscheinlich nicht gelingen, sie zu zeigen, denn einerseits bin ich durch die Monotonie meiner computergenerierten Stimme in meiner Ausdrucksweise eingeschränkt, und andererseits hindert mich die permanente Angst, andere vor den Kopf zu stoßen. Nachdem ich so lange Zeit als Außenseiter verbracht habe, möchte ich jetzt nichts tun, das mich wieder in diese Rolle treiben könnte.

Langsam wird mir bewusst, dass ich vor vielen Dingen Angst habe: Ich habe die Befürchtung, etwas falsch zu machen, jemanden zu beleidigen oder meine Arbeit nicht gut genug zu verrichten; ich bin besorgt, ich könnte jemandem auf die Füße treten, ich sei einer Sache nicht gewachsen, die von mir verlangt wird, oder ich könnte eine Meinung äußern, die mit Sicherheit belächelt wird. Dieses Gefühl beherrscht mich praktisch die ganze Zeit, und das ist der Grund, weshalb ich meiner Mutter auch sechs Jahre nach meinen ersten Kommunikationsversuchen noch immer nicht sage, was ich wirklich denke.

Es gibt aber noch eine andere Welt, in der ich mich

bewege. In dieser Welt wurde ich einer der beiden ersten Südafrikaner ohne Sprachvermögen, denen es gelang, einen Universitätskurs zu besuchen und mit einem Hochschulabschluss zu beenden. Ich wurde auserwählt, Präsident Thabo Mbeki zu treffen. Ich habe zu Hunderten Menschen gesprochen und werde von meinen Kollegen respektiert.

Auch wenn meine Familie und die Freunde mein Lebensmittelpunkt sind, so bleibe ich in meinem Privatleben in vielerlei Hinsicht doch ein passives Kind, das gewaschen und im Rollstuhl geschoben wird, dem man zulächelt und das man zuweilen beiseiteschiebt, wie ich es so oft erlebt habe. Meine Eltern kümmern sich weiterhin um meine körperlichen Bedürfnisse, schirmen mich gegen viele Widrigkeiten aus der Außenwelt ab, die mich vielleicht verletzen könnten; aber mir wäre es lieber, wenn sie mir manchmal mehr zuhören würden. Bei meiner Schwester Kim habe ich zuweilen das Gefühl, als sei ich für sie eher ein Rehabilitations-Projekt als ein Bruder, wenn sie bei ihren Besuchen neue Sachen aus England mitbringt: rutschfeste Matten für das Badezimmer oder Plastikränder, die verhindern, dass das Essen von meinem Teller fällt. Für andere bin ich ein gelegentliches Wohltätigkeits-Objekt, jemand, der festgebunden werden muss, oder der stumme Mann, der freundlich lächelnd in einer Ecke sitzt. Alles zusammengenommen habe ich das Gefühl, als habe ich kein Recht auf Leben, als müsse ich ständig um Erlaubnis bitten, aus Angst davor, etwas Falsches zu tun. Die Vergangenheit wirft immer noch ihren Schatten auf mich.

Ich würde gerne rebellieren, aber ich weiß nicht wie. Früher standen mir alberne, hinterlistige Mittel zur Verfügung, und ich entsinne mich der grimmigen Befriedigung, als ich sah, wie meine Beinschienen den Lack am Auto meiner Mutter zerkratzten. Ich musste sie nach einer besonders schmerzhaften Operation tragen, daher fand ich großen Gefallen an meinem unbeabsichtigten Akt der Rebellion, als mir Mam aus dem Wagen half.

Heute könnte ich solch böses Verhalten weder rechtfertigen, noch kann ich anderen Leuten die ganze Schuld an meiner Frustration zuschieben.

Ich weiß, dass man sich so viel Freiheit nimmt, wie einem geboten wird, und ich muss lernen, meine Freiräume einzufordern, aber häufig frage ich mich, ob ich jemals den Mut aufbringen werde, es zu tun.

Wir schreiben das Jahr 2007, und Anfang des Jahres habe ich meinen Job beim Kommunikations-Institut aufgegeben und arbeite nun ganztags beim Wissenschaftlichen Forschungsinstitut. Es ist ein gewaltiger beruflicher Aufstieg – ein Glücksfall, wie er Leuten wie mir im Normalfall nie geboten wird.

Da jeder an meinem neuen Arbeitsplatz ermutigt wird, sich fortzubilden, stellte ich den Antrag, nebenbei ein Examen an der Universität abzulegen, doch mir wurde gesagt, ich müsse erst den Abschluss der Highschool vorweisen. Niemand ging auf mich ein, auch wenn ich geduldig zu erklären versuchte, dass ich in einem anderen Universitätskurs gerade als einer der Besten meinen Abschluss gemacht hatte. Der Berg, den ich bezwungen hatte, um meine Qualifikation zu erreichen, wurde plötzlich bedeutungslos, als ich mich um etwas anderes bewarb, wo wieder eigene Gesetze galten.

So büffle ich nun jede Nacht nach der Arbeit, um meinen Highschool-Abschluss zu machen, was normalerweise Sechzehnjährige tun. Und ich frage mich, ob der Versuch, im Leben voranzukommen, überhaupt einen Sinn hat, wenn das Gewicht all jener Dinge, die mich hindern, dermaßen schwer erscheint, dass es mich immer wieder nach unten zieht. Angesichts all dessen befürchte ich, bald so eingeschüchtert zu sein und so große Zweifel zu haben, überhaupt einen Platz im Leben verdient zu haben, dass ich nicht mehr die Kraft aufbringen werde, mir diesen Platz zu erkämpfen.

43
Fremde

Erst als ich am Leben verzweifelte, erkannte ich, dass wir keine Stricke und Ketten brauchen, um an diese Welt gefesselt zu sein – selbst die unscheinbarsten Dinge können die Verbindung aufrechterhalten.

Es war 1998, und ich war zweiundzwanzig Jahre alt. Sechs lange Jahre zuvor hatte ich das Bewusstsein wiedererlangt, und ich war damals davon überzeugt, niemand werde je bemerken, dass ich mich aus meinem Geisterhaus befreit hatte. Nach so vielen Jahren vergeblichen Hoffens, vielleicht doch gerettet zu werden, hatte der Gedanke, der zermürbenden Monotonie meines Daseins niemals entfliehen zu können, dafür gesorgt, dass ich innerlich total dichtmachte. Ich wollte nur noch, dass mein Leben endete, und fast erfüllte sich dieser Wunsch, als ich ernstlich an Lungenentzündung erkrankte.

Ich erfuhr, dass ich in das verhasste Pflegeheim auf dem Land geschickt werden sollte, und das brachte mich schließlich dazu, aufzugeben. Ich erinnere mich, wie meine Eltern uns alle zu einem Besuch bei Freunden mitnahmen. Während meine Mutter mich mit dem Mittagessen fütterte, wusste ich, dass ich nichts unternehmen konnte, um den anderen zu zeigen, wie verzweifelt ich war, wieder weggeschickt zu werden. Meine Familie ahnte nichts von meinem inneren Kampf, alles um mich herum plauderte und lachte.

In der Woche darauf begann meine Nase zu laufen, und mein Gesundheitszustand verschlechterte sich zusehends. Meinen Eltern war bald klar, dass es sich um mehr als eine Erkältung handelte, als meine Temperatur stieg und ich mich immer wieder übergeben musste. Dann wurde ich so krank, dass mich meine Eltern in die Notaufnahme des örtlichen Krankenhauses brachten, in der mir ein Arzt ein paar Medikamente gab und mich wieder nach Hause schickte. Als es danach noch schlimmer wurde, fuhr meine Mutter mit mir erneut ins Krankenhaus und bestand darauf, eine Röntgenaufnahme von meiner Brust machen zu lassen. Dabei stellte sich dann heraus, dass ich eine Lungenentzündung hatte.

Mir war es egal, ob ich behandelt wurde oder nicht. Ich konnte an nichts anderes denken, als wieder fortgeschickt zu werden, sobald mein Vater die geplante Dienstreise antrat. Ich wusste, dass ich es nicht mehr ertragen würde. Als meine Nieren und die Leber zu versagen begannen, hörte ich meine Eltern besorgt darüber reden, während sie neben mir saßen und ich abwechselnd bewusstlos und dann wieder bei Bewusstsein war. Ich wusste, dass ich mich in einem Raum mit anderen Patienten befand, und manchmal hörte ich Schwestern hereinkommen, die sich um jemanden kümmerten, der den Alarmknopf gedrückt hatte.

Schwermut öffnete einen Abgrund in mir. Ich war des Lebens überdrüssig. Ich wollte nicht mehr kämpfen. Als mir eine Maske auf das Gesicht gedrückt wurde, um mich mit Sauerstoff zu versorgen, betete ich, man möge sie wieder wegnehmen; und als eine Physiotherapeutin kam und auf meinen Brustkorb hämmerte, um die Atemwege frei zu machen, hoffte ich, es möge ihr nicht gelingen; und als sie dann versuchte, mir einen Schlauch den widerspenstigen Rachen hinunterzuschieben, um die Lungenstauung zu beheben, hoffte ich nur noch, sie möge mich in Ruhe lassen.

»Ich muss dieses Biest unbedingt in dich reinkriegen«, sagte sie fast wütend zu mir. »Du stirbst, wenn ich es nicht schaffe.«

Ich frohlockte, als ich das hörte. Ich betete, die Krankheit möge mich überwältigen und vor der Hölle bewahren. Ich hörte meine Eltern über das Patientenblatt an meinem Bettende reden, das mein Vater jedes Mal las, wenn er kam. Auch Kim besuchte mich, und das Geräusch ihrer Clogs hallte außerhalb meines Zimmers im Flur wider, während ihr heiteres Lächeln fast wie ein Lichtstrahl in der Dunkelheit war, als sie mich anschaute. Doch nichts erreichte mich, und ich hörte, ohne wirklich hinzuhören, wie sich die Schwestern über ihre Arbeitsbedingungen beschwerten oder von den letzten Rendezvous mit ihren Freunden berichteten.

»Ich habe ihn mir richtig gut ansehen können, als er vor mir ins Kino ging«, erzählte eine der anderen, während sie mich wuschen. »Der hat einen verdammt sexy Arsch.«

»Du hast auch nur eins im Sinn«, mahnte die Freundin kichernd.

Ich beschwor meinen Körper, endlich aufzugeben. Mich brauchte keiner in dieser Welt, und niemand würde es bemerken, wenn ich mich verabschiedete. Die Zukunft interessierte mich nicht, denn alles, was ich wollte, war mein baldiger Tod. Eines Nachmittags lag ich in meinem Bett und hörte jemanden mit einer Schwester reden. Dann erschien ein Gesicht, und ich sah, dass es Myra war, eine Frau, die ich nur flüchtig kannte. Sie arbeitete in dem Büro, in dem meinem Vater in seiner Funktion als Vorsitzender des Verwaltungsausschusses meines Pflegeheims Schecks abgezeichnet wurden. Jetzt aber kam Myra mich besuchen, und ich verstand nicht, weshalb sie es tat, denn sonst erschienen hier nur meine Familienmitglieder.

»Wie geht es dir?«, fragte Myra und beugte sich über mich. »Ich bin gekommen, um dich zu besuchen, weil ich gehört habe, wie krank du gewesen bist. Armer Junge! Ich hoffe, die kümmern sich hier gut um dich.«

Myras Miene war besorgt, während sie auf mich herunterblickte. Als sie zögerlich lächelte, wurde mir plötzlich klar, dass ein anderes menschliches Wesen, durch keinerlei Blutsbande oder Verpflichtungen mit mir verbunden, an mich gedacht hatte. Auch wenn ich mich dagegen wehrte, diese Erkenntnis verlieh mir Kraft. Beinahe unbewusst registrierte ich von da an die Wärme und Freundlichkeit, die mir auch von Seiten anderer entgegengebracht wurde: Ich hörte eine Krankenschwester zu einer anderen sagen, sie möge mich, da ich ein guter Patient sei; eine Pflegerin behandelte meine schmerzende Haut fürsorglich, indem sie eine Lotion in meine Schulter rieb, um zu verhindern, dass meine wundgelegenen Stellen noch schlimmer wurden; ein Mann lächelte mir im Vorbeigehen zu, als ich am Tag meiner Entlassung aus dem Krankenhaus in meinem Rollstuhl saß. All diese Begebenheiten ereigneten sich nicht direkt hintereinander, doch rückblickend weiß ich, dass diese winzigen Gesten von Fremden der Anlass für mich waren, wieder Anschluss an das Leben zu finden.

Ungeachtet all dessen, was sich ereignet und mich davon überzeugt hatte, wieder einen Platz in dieser Welt zu haben, war mein positives Gefühl von einer Enttäuschung durchdrungen: Ich hatte es nicht einmal geschafft, zu sterben. Luft füllte meine Lungen, ich wachte morgens auf und schlief abends ein, ich wurde gefüttert, um zu Kräften zu kommen, und ich wurde nach draußen in die Sonne geschoben wie eine Pflanze, die sich nach oben richten soll. Ich konnte nichts unternehmen, um die Menschen daran zu hindern, mich am Leben zu lassen.

Doch als ich eines Tages im Pflegeheim in einem Knautschsack saß, setzte sich eine Pflegerin neben mich. Sie war neu, daher kannte ich sie noch nicht richtig, aber ich erkannte ihre Stimme, als sie mit mir sprach. Ihre Hände umfassten einen meiner Füße, und sie begann ihn zu massieren. Ich spürte, wie sie meinen schmerzenden und hässlichen Fuß mit den Händen knetete, die Knoten löste und die Verspannung milderte. Ich konnte gar nicht glauben, dass sie mich aus eigenem Antrieb berührte, und die Tatsache, dass sie es tat, brachte mich zu der Erkenntnis, es gebe ja vielleicht doch noch einen winzigen Grund, nicht völlig am Leben zu verzweifeln. Möglicherweise war ich auch nicht ganz so abstoßend, wie ich gedacht hatte.

Dann hörte ich das Geräusch eines sich öffnenden Reißverschlusses an einem Beutel, den die Frau immer mit sich herumtrug und in dem sich die ganzen Öle befanden, die sie für ihre Aromatherapie benutzte.

»Na also«, sagte sie sanft, während sich der Duft von Minze in der Luft verteilte. »Ich bin sicher, das fühlt sich gleich viel besser an, wie? Dann lass uns mal den anderen Fuß vornehmen und sehen, ob wir den nicht auch etwas entspannen können.«

Natürlich, der Name der Frau war Virna, und es war das erste Mal, dass sie mich angesprochen hatte. Doch dieser Moment war es, der alle anderen kleinen Begebenheiten zusammenführte und das Puzzle komplettierte. Ich wusste nicht, was mir jede dieser fremden

Personen gegeben hatte, bis eine von ihnen meinen gebrochenen, gekrümmten, nutzlosen Körper berührte und mir zu verstehen gab, dass ich nicht vollkommen abstoßend war. Und da realisierte ich, dass es vielleicht unsere Familien sind, die uns ein ums andere Mal auffangen, doch auch Fremde können uns retten – selbst wenn ihnen gar nicht bewusst ist, dass sie es tun.

44
Alles wird anders

Ich weiß, dass sich ein Leben im Bruchteil einer Sekunde ändern kann: Ein Auto kann auf einer belebten Straße ins Schleudern geraten, ein Arzt setzt sich, um eine schlechte Nachricht zu überbringen, oder ein Liebesbrief wird in einem Versteck entdeckt, von dem der Besitzer gedacht hatte, dort würde er nie gefunden. All diese Dinge können innerhalb von Sekunden eine ganze Welt zum Einsturz bringen. Aber ist es auch möglich, dass das Gegenteil geschieht – dass das Leben plötzlich einen neuen Sinn bekommt, statt zerstört zu werden? Dass ein Mann ein Gesicht sieht und sofort weiß, dass es jener Frau gehört, mit der er den Rest seines Lebens verbringen will?

Sie ist eine dieser Frauen, die das Herz eines jeden Mannes höher schlagen lässt, und dennoch spüre ich mit Gewissheit, dass da etwas an ihr ist, das sich nur mir zuwendet. Ich lernte sie vor einem Monat am Neujahrstag kennen, als Kim aus England anrief. Zuerst schenkte ich dem Gespräch keine besondere Aufmerksamkeit, als sich meine Eltern über die Webcam mit meiner Schwester unterhielten und ich hörte, wie Kim ihnen ihre Freundinnen vorstellte, mit denen sie den Tag verbrachte. Doch dann wendete ich den Kopf, sah eine

Frau mit blauen Augen, blondem Haar und dem wärmsten Lächeln, das mir je begegnet war, und mein Leben änderte sich für immer.

Sie saß zwischen Kim und einer dritten Frau mit dunkelbraunem Haar. Sie alberten herum, während ihre Gesichter auf dem Bildschirm erschienen.

»Das hier ist Danielle«, sagte Kim und wies auf die dunkelhaarige Frau. »Und das ist Joanna.«

»Hallo, Martin!«, sagten sie im Chor.

Ich hörte sofort, dass beide aus Südafrika stammten. Sie lachten. Ich lächelte zurück.

»Oh!«, sagte Danielle. »Er sieht gut aus.«

Mein Gesicht lief feuerrot an, als alle drei zu lachen begannen. Dann stand Kim auf und verließ den Raum, und ich war Joanna und Danielle alleine überlassen.

»Zeig uns deine Arme«, sagte Danielle. »Ich bin Ergotherapeutin, daher weiß ich, dass Burschen wie du meistens kräftige Arme haben.«

Ich hatte das Gefühl, mein Gesicht müsste noch röter anlaufen, als ich sie anschaute. Ich wusste nicht recht, was ich sagen sollte.

»Wie geht es euch beiden?«, schrieb ich.

»Hervorragend!«, sagte Danielle. »Was machst du heute?«

»Arbeiten, wie an jedem anderen Tag. Wie war euer Silvesterabend?«

»Lustig. Wir waren in London. Es war toll.«

Joanna war ruhiger als Danielle, doch ich bemerkte,

wie ihr Blick immer nach unten wanderte, sobald ich etwas schrieb. Sie konzentrierte sich auf jedes meiner Wörter. Ich wollte sie sprechen hören.

»Wie hast du denn meine Schwester kennengelernt, Joanna?«, fragte ich.

»Wir arbeiten zusammen«, antwortete sie. »Ich bin Sozialarbeiterin, wie Kim.«

»Wie lange bist du schon in England?«

»Sieben Jahre.«

»Und gefällt es dir da?«

»Ja. Ich muss zwar zu viel arbeiten, aber es macht mir Freude.«

Sie lächelte, und wir beide begannen uns zu unterhalten. Es ging um nichts Besonderes. Wir erzählten uns, was wir Weihnachten gemacht hatten, welche Vorsätze wir für das neue Jahr gefasst hatten, welche Musik wir mochten und welche Filme wir uns anschauen wollten. Auch als sich Danielle vom Computer entfernte und wir uns weiter unterhielten, änderte sich unser Gespräch kaum. Joanna war wunderschön, und man konnte so zwanglos mit ihr chatten: Sie lachte und scherzte, achtete genau auf alles, was ich sagte, und stellte Fragen. Für mich war es ungewohnt, jemanden gefunden zu haben, mit dem ich mich so locker unterhalten konnte, und zwei Stunden vergingen wie im Fluge.

»Ich muss jetzt Schluss machen«, sagte ich widerwillig, als ich merkte, dass es schon nach Mitternacht war.

»Warum denn?«, fragte Joanna. »Macht dir das Gespräch keinen Spaß?«

Nur zu gerne hätte ich ihr gesagt, wie sehr ich es genoss.

»Ich muss morgen früh raus«, sagte ich, weil ich ihr nicht verraten wollte, dass mich mein Vater ins Bett bringen musste und selbst schlafen gehen wollte, da es schon spät war.

»Verstehe«, erwiderte Joanna. »Wollen wir über Facebook Kontakt halten, sodass wir uns noch ein bisschen mehr unterhalten können?«

»Ja. Das sollten wir bald tun.«

Wir verabschiedeten uns, und ich war total aufgeregt, als ich den Computer herunterfuhr und mich mit Kojak nach draußen begab, um ihn noch einmal auf die Straße zu lassen. Joanna war so freundlich. Sie schien Interesse an mir zu haben und wollte weiter mit mir reden.

Doch dann holte mich die Realität wieder ein. Kurz vor Weihnachten hatte ich eine Frau kennengelernt, die ich sehr mochte, und ich hatte mich ungeheuer gefreut, als sie mich ins Theater einlud. Dort tauchte sie dann mit ihrem Freund auf, und ich fühlte mich wie ein erbärmlicher Hund, dem man gerade einen Tritt verpasst hatte. Wie konnte ich es nur zulassen, mich jetzt schon wieder so zu begeistern? Ich hatte doch ein ums andere Mal den Beweis bekommen, dass ich nicht die Art von Mann war, in die sich Frauen verliebten, und ich war doch auch schon oft genug zurückgewiesen worden. Wenn Joanna nur eine Freundschaft mit mir wollte – wie alle anderen Frauen, die ich kennengelernt hatte –, dann musste ich mich eben damit zufriedengeben.

Als ich ins Haus zurückkam und zu Bett gebracht worden war, schwor ich mir, einfach alles zu vergessen, was geschehen war. Joanna war weit entfernt von mir, und dabei sollte es auch bleiben!

Dann kam eine E-Mail: »Hallo Martin«, schrieb Joanna. »Ich habe auf eine Nachricht von dir gewartet, aber es ist nichts gekommen. Deshalb dachte ich, ich sollte dir vielleicht mal schreiben. Ich fand es sehr schön, mich mit dir zu unterhalten. Melde dich doch bei mir, wenn du noch etwas mit mir chatten willst.«

Was sollte ich tun? Einer solchen Verlockung konnte doch kein Mann widerstehen.

45
Mickey Maus treffen?

Ich muss dich etwas fragen«, sagt Joanna, während ich ihr Gesicht auf dem Bildschirm betrachte.

Es ist Mitte Februar, und wir sind ständig in Kontakt geblieben, seit wir uns kennengelernt haben. Eine Woche lang schickten wir uns gegenseitig höfliche E-Mails und tasteten uns nur ganz vorsichtig voran, wie Badende, die das Wasser zuerst nur mit den Zehenspitzen berühren, bevor sie sich entschließen, hineinzuspringen. Doch schon bald gaben wir unsere Zurückhaltung auf und unterhielten uns jeden Abend über Internet. Es war immer genauso ungezwungen wie zu Beginn, und manchmal chatteten wir online noch bis Tagesanbruch und hatten uns immer noch etwas zu sagen.

Ich wusste gar nicht, dass man mit einem anderen Menschen dermaßen ungezwungen umgehen und dass ein Gespräch mit einer Frau so natürlich sein konnte wie mit Joanna. Ich möchte alles über sie erfahren, und die Worte sprudeln nur so aus uns heraus, wenn wir über unser beider Leben berichten und was sich darin ereignet hat – über kleine, unbedeutende Details wie Lieder, die wir gerne hören, bis hin zu den einschneidendsten Ereignissen während meiner Zeit als Geisterjunge und dem Tod von Joannas Vater, den sie vergöttert hatte. Es ist, als gebe es nichts, das ich nicht äußern könnte, denn Joanna hört mir in einer Art zu, wie ich es bisher noch nie erlebt habe: Sie ist interessiert, witzig und sensibel, positiv, neugierig und verträumt wie ich. Wir unterhalten uns über die unwichtigen Einzelheiten unseres Tagesablaufs und unsere Hoffnungen für die Zukunft, wir scherzen miteinander und lachen, und wir reden ernsthafter über unsere innersten Gefühle, als ich es je zuvor getan habe. Es gibt nichts zu verbergen.

Ich spüre, dass ich ihr vertrauen kann. Mit jedem neuen Lächeln gerät mein Entschluss, nüchtern mit meinen Gefühlen umzugehen, stärker ins Wanken, und die Vernunft geht über Bord, wenn ich merke, wie ich immer tiefer in diese bislang unbekannte Welt eintauche. Joanna ist einunddreißig, ein Jahr älter als ich. Wie meine Schwester Kim ist sie Sozialarbeiterin und lebt in der Nähe von Essex. Doch die Verbindung zu Kim ist nur die letzte in einer langen Kette von Beinahe-Begegnungen, die sich im Laufe der Jahre ergeben hatten. Joanna und ich stellten fest, dass wir als Schulkinder bei denselben regionalen Sportveranstaltungen waren, und als Studentin hat sie sogar mein Pflegeheim besucht. Wir sind so oft kurz vor einem Zusammentreffen gewesen, dass es nur eine Frage der Zeit zu sein schien, wann wir uns wirklich begegnen würden. Wenn ich an Schicksal glauben würde, wäre ich überzeugt, dass unsere Begegnung vorbestimmt war.

Joanna wirkt ein wenig nervös, als sie den Mund öffnet und zu sprechen beginnt, und ich lächle in mich hinein. Schon nach so kurzer Zeit kenne ich ihr Mienenspiel gut genug, um zu wissen, ob sie müde oder glücklich, ungehalten oder verzweifelt ist. Während unserer Gespräche habe ich Stunde um Stunde damit verbracht, sie zu beobachten, und dabei habe ich festgestellt, dass ihr Gesicht nicht wie bei anderen eine Maske ist – vielmehr spiegelt sich dort jede Emotion wider, wenn ich nur genau genug hinschaue.

»Ich mache Ende dieses Monats Urlaub und besuche Disney World«, sagt sie hastig. »Und ich habe die ganze Nacht darüber nachgedacht, deshalb frage ich dich jetzt ganz direkt: Kommst du mit? Ich weiß, dass es etwas plötzlich kommt, aber irgendwie kommt es auch genau richtig.«

Ungläubig starre ich auf den Bildschirm. Jede Silbe aus ihrem Mund macht mich glückseliger.

»Ich weiß, du hast noch keinen Langstreckenflug gemacht, aber ich bin sicher, dass wir eine Fluggesellschaft finden, die dich mitnimmt«, sagt sie. »Ich habe mich nach Tickets erkundigt, und es sind noch Plätze frei. Ich habe zwei Wochen Zeit, aber du kannst so lange bleiben, wie du willst. Ich habe bei dem Hotel nachgefragt, in dem ich gebucht habe, und mein Zimmer hat zwei Betten, wir können es uns also teilen. Denk bitte darüber nach, was ich dir gesagt habe. Sag nicht vorschnell ›Nein‹. Ich möchte dich treffen, und ich glaube, du willst es auch. Mach dir bitte wegen des Geldes keine

Gedanken, und mach dir auch keine Sorgen über die Arbeit. Ich verstehe, dass du vielleicht meinst, du könntest nicht alles liegen und stehen lassen, aber manchmal im Leben muss man es einfach tun, glaubst du nicht?«

Meine Hand stoppt über der Tastatur. Was mich fast am meisten überrascht, ist die Tatsache, dass ich weder ängstlich noch unsicher bin. Ich bin überwältigt und ekstatisch, kein bisschen besorgt. Sie möchte mich treffen! Ich brauche nicht zu überlegen, ob ich die Reise antreten will. Mehr als ich mir je etwas im Leben gewünscht habe, möchte ich jetzt Joanna treffen. Doch während ich noch zögere, wie ich es ihr sagen soll, wird mir klar, dass Worte dazu nicht ausreichen.

»Ich komme sehr gerne«, tippe ich. »Wirklich!«

»Wirklich?«

Sie lacht und erwartet, dass ich noch mehr sage, doch ich kann es nicht. In meinem Kopf schwirrt es, während ich sie auf dem Bildschirm vor mir anschaue.

»Ich weiß, dass du etwas Hilfe brauchst, und mir macht es nichts aus, die zu leisten«, sagt sie. »Wir haben jetzt die einmalige Gelegenheit, uns zu sehen, und die sollten wir beim Schopfe packen!«

Sie kichert. Ich liebe es, wenn sie lacht.

»Weshalb möchtest du mich treffen?«, frage ich.

Ich muss das fragen. Die Frage ist mir die ganze Zeit durch den Kopf gegangen, seit sie mich aufgefordert hat, Teil dieses verrückten Plans zu werden.

Für einen Moment schweigt sie. »Weil du der aufrichtigste Mann bist, dem ich je begegnet bin«, sagt sie dann. »Und weil du mich, obwohl wir uns erst seit ein paar Wochen kennen, richtig glücklich gemacht hast. Du bringst mich zum Lachen, du bist interessant, und du verstehst mich auf eine Weise, wie ich es bislang noch bei niemandem erlebt habe.«

Wir schweigen eine Weile. Ich sehe sie über die Webcam, wie sie eine Hand in Richtung des Bildschirms hebt, und ich weiß, dass sie mir aus einer Entfernung von 10.000 Kilometern die Hand reichen will.

»Dann kommst du also ganz sicher?«, fragt sie.

»Ich bin fest entschlossen«, sage ich. »Ich werde alles in meiner Macht Stehende tun, dich zu treffen.«

Ich betrachte ihr Gesicht. Ich kann kaum glauben, dass sie überzeugt davon ist, alles könne so einfach ablaufen wie der Kauf eines Tickets und das Treffen mit einem Fremden. Sie ist so sicher, dass wir beide uns eines Tages lieb haben werden, und sie sagt mir, dass wir es nicht beschleunigen oder kontrollieren können, wir sollten es sich einfach entwickeln lassen. Sie fühlt sich nicht von der Liebe betrogen, wie es mir manchmal ergeht, und ich spüre, dass ihr Optimismus mich Faser um Faser ansteckt und mir den Glauben vermittelt, alles sei möglich.

»Die Dinge geschehen zur rechten Zeit«, sagt Joanna. »Für jeden von uns gibt es einen Plan.«

Ich hebe meine Hand, um ihre Hand auf dem Bildschirm vor mir zu bedecken. Wie sehr verlangt es mich,

Joanna ganz in meiner Nähe zu haben! Wie heftig beginnt mein Herz zu klopfen, wenn ich ihr Gesicht betrachte und sehe, dass es ihr ernst ist mit dem, was sie sagt. Sie will mich treffen! Sie will ihre Zeit mit mir verbringen, um mich kennenzulernen. Ich kann es kaum erwarten, ihr persönlich zu begegnen. Aber vorher gibt es noch etwas, über das ich mit ihr reden muss.

»Ich möchte dir noch sagen, wie es körperlich um mich bestellt ist«, schreibe ich. »Ich möchte, dass du genau weißt, wer ich bin.«

»In Ordnung«, sagt sie.

46
Die Wahrheit über mich

Ich werde nichts beschönigen«, schreibe ich ihr in einer E-Mail. »Ich erzähle dir alles, wobei ich Hilfe benötige, und wenn du deine Meinung änderst, nachdem du es gelesen hast, ist es auch gut.

Ich esse alles und kann mit den Fingern essen, aber bei Messer und Gabel brauche ich Hilfe. Ich kann nicht alleine unter die Dusche gehen und komme auch nicht alleine heraus, aber ich kann mich selbst waschen und abtrocknen, obwohl ich dich eventuell bitten müsste, die Shampooflasche aufzuschrauben.

Außerdem muss ich rasiert werden, da ich es selbst nicht kann, und ich kann mich einigermaßen gut selbst anziehen, wenn meine Kleidung neben mir ausgebreitet wird. Ich kann keine Knöpfe zumachen, Reißverschlüsse hochziehen oder Schnürsenkel binden.

Ich brauche Hilfe, wenn ich auf die Toilette will, außerdem beim Ein- und Aussteigen zwischen Rollstuhl und Auto. Ohne Unterstützung kann ich nicht aufrecht sitzen, daher muss ich gegen etwas gelehnt werden, sofern ich nicht in meinem Rollstuhl sitze.

Ich kann meine Füße benutzen, um meinen Rollstuhl auf Holzböden zu bewegen, nicht aber auf Teppichböden. Und während ich den Rollstuhl bewegen kann, indem ich mich von etwas mit meinen Armen abstoße, habe ich nicht die Kraft, mich auf einer Straße oder dem Bürgersteig fortzubewegen, wenn ich in meinem gewöhnlichen Rollstuhl ohne Elektroantrieb sitze.

Ich glaube, das ist es im Wesentlichen. Ach ja, ich trinke mit einem Strohhalm.«

Ich starre ein letztes Mal auf den Bildschirm. Mein Herz schlägt schneller, als ich auf die ›Senden‹-Taste drücke. Ich frage mich, ob ich noch alle Tassen im Schrank habe, ihr das alles so frank und frei und auch noch schwarz auf weiß zu erzählen. Aber ich will vollkommen aufrichtig mit Joanna sein, weil ich keine Pflegerin brauche oder jemanden, der mich bedauert. Ich will auch keine Träumerin, deren Fantasie wie eine Seifenblase zerplatzt, wenn sie mit der Realität konfrontiert wird, oder jemanden, der mich retten will. Und schon gar nicht erhoffe ich mir eine Frau, die mich gerade wegen meines nicht perfekten Körpers liebt. Wenn ich als der geliebt werden will, der ich bin, dann muss Joanna alles über mich wissen. Obwohl ich schon etwas Angst habe, ihr das alles zu beichten, bin ich doch irgendwie sicher, dass es ihr nichts ausmachen wird. Weshalb, kann ich nicht genau erklären. Ich weiß einfach, dass es so ist.

Am nächsten Morgen erhalte ich eine Antwort auf meine Nachricht: »Das spielt doch alles keine Rolle«, schreibt sie. »Für alles findet sich eine Lösung, wenn wir uns nur einig sind.«

Tief in meinem Inneren wächst ein Gefühl wie die friedliche Ruhe, die sich einstellt, wenn in einem herbstlichen Wald das letzte Blatt vom Baum fällt. Alles ist still. Mein ganzes Leben habe ich als Last empfunden. Joanna schenkt mir ein Gefühl von Schwerelosigkeit.

47
Löwenherz

Wie kommt es, dass Joanna so mutig ist? Das habe ich mich wieder und wieder gefragt, nachdem sie alleine nach Amerika geflogen ist, weil ich mein Visum nicht rechtzeitig bekommen habe, um sie dort zu treffen. Wir waren beide bitter enttäuscht, aber zumindest wissen wir jetzt, dass es nur eine Frage der Zeit ist, dass wir uns sehen werden.

Momentan bin ich dabei, mich mit meinem neuen Leben zu arrangieren. Bisher gab es bei mir lauter exakte Ecken und sanfte Kurven, die voraussehbar und geordnet auftauchten. Doch plötzlich habe ich es ständig mit unerwarteten Windungen und jener Art von Chaos zu tun, die eine andere Person schaffen kann. Joanna stellt mein ganzes Leben auf den Kopf. Ich hatte mich darin geübt, Entwicklungen einfach abzuwarten und zu akzeptieren: Ich hatte mich damit abgefunden, ein ernsthaftes Leben auf der Basis von Arbeit und Studium zu führen, und plötzlich bringt sie mich abwechselnd zum Lachen und zum Weinen. Ich hatte geglaubt, nie eine Frau zu finden, die ich lieben kann, und jetzt darf ich hoffen, eine gefunden zu haben. Normalerweise bin ich sehr vorsichtig und bedacht, doch Joanna macht mich leichtsinnig. Sie sieht keine Hindernisse, nur Möglichkeiten, sie ist absolut furchtlos, und ich beginne ebenso zu denken.

Sie erzählte mir, ein Jugendfreund habe sie gelehrt, über die Körperlichkeit eines Menschen hinwegzusehen, nachdem dieser Freund vom Hals abwärts gelähmt war. Er war etwas über zwanzig und glaubte vielleicht, sein Leben sei sinnlos geworden nach jener Nacht, in der das Auto, in dem er saß, von einem Zug erfasst wurde. Doch dann beschloss er, wie sein Vater Farmer zu werden. Heute ist er verheiratet und betreibt eine 400-Hektar-Farm.

»Vielleicht ist er nicht in der Lage, ohne fremde Hilfe Tee zu trinken, aber er kann eine Farm leiten, weil er sprechen kann, und mehr braucht es nicht dafür«, erzählte mir Joanna. »Außerdem ist er weitaus glücklicher als die meisten Menschen, die ich kenne.«

Doch ich denke, die Wurzeln ihrer Furchtlosigkeit reichen sehr viel weiter zurück, in ihre Kindheit im ländlichen Südafrika, als sie von dieser Freiheit, die in so großem Ausmaß Bestandteil dieses Landes ist, durchdrungen wurde. Und wenn es einen Menschen gibt, der wirklich verantwortlich ist für ihren Mut, dann ist dies meiner Meinung nach ihr Vater, At Van Wyk. Er war ebenfalls Farmer, und sobald seine drei Töchter und sein Sohn alt genug waren, auf sich selbst aufpassen zu können, durften sie auf seinem Land tun und lassen, was sie wollten.

»Man sollte Dinge immer versuchen, bis man absolut

nicht mehr in der Lage dazu ist«, predigte er seinen Kindern, »statt einfach ›Nein‹ zu sagen und es gar nicht erst zu probieren.«

So lernten Joanna und ihre Geschwister schon in jungen Jahren den sicheren Umgang mit Waffen und durchstreiften unbeaufsichtigt das Land, das ihr Vater bewirtschaftete. Als At im Alter von dreiundsechzig Jahren eine Herzattacke erlitt und sich einer Bypass-Operation unterziehen musste, warf er nach seiner Entlassung aus dem Krankenhaus als Erstes eine Seilschlinge über den höchsten Ast, den er finden konnte, um eine Schaukel für seine Kinder in die Höhe zu ziehen. Sie hing hoch über einem ausgetrockneten Flussbett.

»Wie hoch schafft ihr es?«, schrie er begeistert, als sie über ihm durch die Luft schwirrten.

At wusste, dass er dem Tod um Jahrzehnte zu früh nahe gewesen war, doch er ließ sich nicht einschüchtern, indem er sonderlich vorsichtig mit sich selbst oder seinen Kindern umging. Als er sie mit ans Meer nahm, um ihnen den Ozean zu zeigen, ließ er sie in den hohen Wellen schwimmen und passte dabei auf, dass ihnen nichts zustoßen konnte, aber er erlaubte ihnen, das Wasser und sich selbst herauszufordern. Wenn sie auf Entdeckungsreise in den Busch fuhren, saßen die Kinder auf der Ladefläche eines offenen Lieferwagens.

»Ich halte an und hebe sie auf, wenn sie runterfallen, aber vorher nicht«, sagte er der Mutter einer Freundin von Joanna, als diese Einwände dagegen erhob, wie die Kinder reisen sollten.

Joannas schönste Erinnerungen drehen sich um die Ferien, die sie und ihre Familie jedes Jahr auf einer Farm am Rande des Kruger Game Parks verbrachten, die dem besten Freund ihres Vaters gehörte. In diesen wunderbaren Wochen streiften Joanna und ihre Geschwister durch den Busch, auf der Suche nach Löwen, Gnus, Elefanten und Antilopen, und dabei lernten sie ungeheuer viel Wertvolles über die Tierwelt und sich selbst.

Als Erstes lernten sie Bescheidenheit, ausgelöst durch die Erkenntnis, wie unbedeutend Wünsche der Menschen sind: Elefanten, die auf ihren gewohnten Pfaden zum Wasser unterwegs sind, trampeln Menschen einfach nieder, wenn ihr Weg versperrt ist, und Bienen werden keinen Langfinger dulden, der sich an ihrem Honig gütlich tun will. Für wie wichtig wir uns auch halten mögen, wir sind lediglich eine Fußnote im Kreislauf der Natur.

Danach lernten sie, jede Sekunde hellwach zu sein, nachdem sie erfahren hatten, dass Löwen praktisch unsichtbar sind, wenn sie nachmittags im hohen, trockenen Buschgras liegen, um zu schlafen. Die Kinder mussten ständig auf der Hut sein, jeden einzelnen Schritt sorgfältig bedenken, wenn sie nicht versehentlich in ein schlafendes Rudel stolpern wollten.

Schließlich lernten sie Mut und wie sie diesen einsetzen konnten: Auge in Auge mit einem wütenden Elefanten hieß es laufen, was das Zeug hielt, wurden sie aber von einem Löwen angegriffen, mussten sie das Raubtier austricksen, indem sie ihm vorgaukelten, sie seien keine lohnende Beute, und stocksteif stehen blieben.

Dies waren die Lehren, die Joanna bereits als Kind in sich aufsog, und diese Furchtlosigkeit machte sie im Kopf so frei, wie ich es bei einem Menschen nie für möglich gehalten hätte. Doch Schritt für Schritt beginnt sie es auf mich zu übertragen, und ich habe das Gefühl, als würde ich mich innerlich auf einen Höhenflug begeben.

48
Ich offenbare mich

Letzte Nacht schrieb ich ihr: »Ich denke die ganze Zeit nur an dich. Ich liebe dich! Ich musste es dir sagen.«

Woher ich das weiß? Ich kann es nicht mit Sicherheit sagen, aber irgendetwas anderes als Logik oder der Verstand vermittelt mir, dass es wahr ist. Vor ein paar Wochen erst habe ich ihre Bekanntschaft gemacht, dennoch bin ich sicher, dass sie ein Leben lang halten wird.

»Mein Geliebter«, schreibt Joanna am nächsten Morgen, »weißt du, wie lange ich schon gehofft hatte, eine Nachricht mit dieser Anrede beginnen zu können? Aber bisher hatte ich ja noch keine Gelegenheit dazu. Vermutlich weißt du gar nicht, wie glücklich du mich machst. Ich liebe dich so sehr, es ist schon fast schmerzhaft.«

Mein Herz rast, als ich diese Zeilen lese.

»Mir ist klar, wie verrückt das ist, da wir uns ja noch nicht mal getroffen haben«, schreibe ich. »Aber ich bin mir deiner sicherer, als ich es irgendeiner Sache vorher je gewesen bin.«

»Verstehe«, antwortet sie. »Ich muss mich immer selbst daran erinnern, dass dies wahr ist, denn manchmal kann ich gar nicht richtig glauben, dass ich diese Gefühle habe. Wie könnte ich auch? Ich wusste doch gar nicht, dass ich zu solchen Gefühlen fähig bin, und es macht mir schon fast wieder Angst. Es ist, als habe ich meine Emotionen nicht mehr im Griff.«

»Aber sooft ich mich auch frage, ob ich verrückt bin, weiß ich doch, dass mir das egal ist«, teile ich ihr mit. »Ich liebe dich! So einfach ist das.«

Wir unterhalten uns eindringlich, die Worte fliegen hin und her, über E-Mails, SMS und Internet-Telefon, und bei allem versuchen wir eine Erklärung für das zu finden, was wir gerade erleben.

»Wie kannst du dir deiner Gefühle denn so sicher sein, wenn wir uns noch nicht getroffen haben?«, fragt mich Joanna.

»Weil ich es körperlich spüren kann, mit jeder Faser«, erwidere ich. »Mein Herz zieht sich zusammen, wenn ich dir meine Liebe erkläre. Ich weiß, dass es in vielerlei Hinsicht keinen Sinn ergibt, doch es ist, als seien wir schon verbunden. Ich fühle mich von dir in stärkerem Maße akzeptiert als von jedem Menschen, dem ich jemals begegnet bin.«

»Manchmal glaube ich zu spinnen«, schreibt sie. »Es ist, als müsste ich innehalten und mich kneifen, weil ich so wahnsinnig in einen Mann verknallt bin, dem ich noch nicht mal von Angesicht zu Angesicht begegnet bin, und trotzdem habe ich das Gefühl, dich schon seit Jahren zu kennen.«

Ich verstehe, weshalb wir Fragen zu einem Wirbelsturm stellen müssen, der ohne Vorwarnung über unser beider Leben hereingebrochen ist. Es raubt einem die Orientierung, wenn die eigene Welt praktisch über Nacht sich grundlegend verändert. Aber bei der Liebe geht es nicht um Logik, und unsere Zweifel werden leicht ausgeblendet. Im Laufe der Jahre hatte ich Leute häufig sagen hören, man wisse, wenn man dem richtigen Menschen begegnet sei, und jetzt verstehe ich auch, was sie gemeint haben. Dieses Gefühl ist total anders als alles, was ich bisher erlebt habe.

49
Zucker und Salz

Ich verliere mich in Joanna, sobald wir gemeinsam zu träumen beginnen.

»Ich möchte mit dir tanzen«, teile ich ihr mit.

Mit Worten formen wir Gemälde, wenn wir einander erzählen, was wir alles tun werden, sobald wir uns endlich treffen. Außerhalb unserer Arbeitszeiten unterhalten wir uns jetzt fast durchgehend online. Unsere Tage haben einen Rhythmus angenommen, der auf den entgegengesetzten Erdteilen fast gleich ist, da der Zeitunterschied zwischen Südafrika und England nur wenige Stunden beträgt. Das heißt, dass ich Joanna morgens mit einer Nachricht wecken kann, dann mit ihr chatte, bis wir uns zur Arbeit aufmachen, tagsüber schicken wir uns E-Mails, und den ganzen Abend verbringen wir dann online miteinander. Wenn einer von uns essen oder einen Telefonanruf beantworten muss, fahren wir unsere Computer nicht herunter. Und wenn Joanna mich nachts noch einmal anruft, antworte ich ihr mit Piepstönen an meinem Telefon, die ›Ja‹ oder ›Nein‹ bedeuten, und so bleibt uns noch Zeit für ein paar letzte liebe Worte.

Unsere Sehnsucht nach dem anderen ist so groß, dass ich vor kurzem Joanna eine SMS schickte, als ich kurz nach Mitternacht aufwachte, wobei ich wusste, dass sie nach einem nächtlichen Ausflug mit Freunden auf dem Nachhauseweg sein musste.

»Du hast mich gerade geweckt«, scherzte ich, und Sekunden später piepste mein Handy.

»Du wirst es nicht glauben«, simste Joanna zurück, »aber ich habe gerade meine Schlüssel fallen lassen, als ich die Tür aufschloss, und dann dachte ich, ich müsste dich geweckt haben, bevor mir klar wurde, dass das wohl kaum möglich sein kann.«

An einem anderen Tag begann meine rechte Hand zu schmerzen, und ich erzählte Joanna, mir sei vollkommen schleierhaft, woher diese Schmerzen kämen.

»Meine rechte Hand schmerzt heute auch!«, antwortete sie lachend.

Ich habe keine Erklärung für diese Dinge, aber das ist auch gar nicht nötig, weil ich mich an die Wirklichkeit halten kann. Es ist April 2008, und ich habe einen Flug für Anfang Juni nach England gebucht. Es dauert nur noch acht Wochen, bis Joanna und ich endlich zusammen sein werden, und dann können wir entscheiden, wie es mit uns weitergeht. Wir wissen bereits, dass wir uns lieben, und das heißt, wir haben gar keine andere Wahl, als einen Weg zu finden, wie wir zusammenbleiben können.

Meine Eltern sind insgeheim ziemlich aufgeregt. Wird die Fluggesellschaft zustimmen, dass ich so lange alleine fliege? Wer füttert mich aus den kleinen Schüsseln, die man mir vorsetzen wird? Und wer stützt mich in meinem Sitz, um sicherzustellen, dass ich mir nicht den Kopf stoße, wenn mich die Schwerkraft bei der Landung nach vorne schleudert, da ich das Gleichgewicht nicht halten kann? Doch selbst wenn ihre Fragen mich umschwirren, erinnere ich mich immer wieder an mein Versprechen, meine Unabhängigkeit zu erlangen. Ich bin zweiunddreißig Jahre alt. Es ist fast sieben Jahre her, dass ich meine ersten Tests hinter mich gebracht habe, und in der Zwischenzeit habe ich viel gelernt. Die Zeit ist reif: Ich brauche keine Angst mehr zu haben.

Wie sicher Joanna und ich uns unserer Liebe auch sein mögen, so wissen wir doch, dass wir lernen müssen, mit den Bedenken und Einwänden unserer Mitmenschen zu leben. Nur dann wird unsere Beziehung eine Chance haben. Nachdem die Wochen zu Monaten geworden sind, wird immer deutlicher, dass manch einer argwöhnt, unsere Gefühle seien nur eine Fiktion, die wir uns zusammenreimen, ohne die Unannehmlichkeiten des alltäglichen Lebens in Betracht zu ziehen, die unser Vorhaben zunichtemachen können. Sie glauben, die Illusion habe keine Chance gegen die Realität, und ich habe Verständnis für ihre Skepsis: Wir sind uns nie begegnet, unser Leben verläuft völlig unterschiedlich, und dies ergibt keinen Sinn. Doch es gibt auch Zeiten, da wünsche ich mir, Joanna müsse nicht die durch die guten Absichten anderer Leute heraufbeschworenen Qualen erleiden.

»Was ist passiert?«, fragte ich sie eines Abends.

Ihr Gesicht war farbloser als sonst, das Strahlen war verschwunden.

»Ich hatte einen furchtbaren Nachmittag«, sagte sie.

»Warum?«

»Ich habe ein paar Freundinnen getroffen und hatte mich so gefreut, ihnen von dir erzählen zu können. Aber die wollten einfach nicht zuhören. Alles, was sie interessierte, war die Frage, ob ich mir darüber im Klaren bin, wie verletzlich du sein musst. Sie meinten, es sei grausam von mir, dich glauben zu machen, wir hätten eine gemeinsame Zukunft.«

Ihre Stimme brach.

»Es war grauenhaft«, sagte sie. »Ich habe den Mund gehalten, weil ich mich nicht getraut habe, noch etwas zu sagen.«

»Das tut mir wirklich leid.«

»Es ist doch nicht deine Schuld. Aber ich verstehe nicht, wie Freundinnen mir solche Sachen überhaupt sagen können. Kennen sie mich denn nicht? Es ist, als sei ich ein Kind, dem man nichts zutraut.«

»Dieses Gefühl kenne ich nur zu gut.«

Ihre Miene hellte sich kurz auf, bevor sie wieder traurig wurde.

»Ich frage mich nur, was andere Leute denken werden, wenn wir uns mit ihnen treffen«, sagte sie. »Mich macht es jetzt schon wütend, wenn ich mir überlege, dass vermutlich alles, was sie sehen werden, dein Rollstuhl ist. Das ist so gemein. Meine Freundinnen haben noch nicht mal erwähnt, dass wir uns noch nicht begegnet sind. Das Einzige, was denen Sorgen bereitet, ist das, was in Wirklichkeit die geringste Rolle spielt.«

»Das ist häufig so«, schrieb ich. »Die Leute vergessen alles, außer der Tatsache, dass ich nicht gehen kann.«

»Ich weiß«, sagte sie traurig. »Aber so sollte es nicht sein.«

Während ich Joanna zuhörte und beobachtete, hatte ich das Verlangen, meine Hand auszustrecken und sie zu berühren, ihr leibhaftig zu versichern, dass wir den Leuten beweisen werden, wie falsch sie liegen. Ich hätte ihr so gerne gezeigt, wie sicher ich war, dass es uns gelingen wird. Liebe ist schließlich eine andere Form von Schicksal. Ich weiß, unsere Liebe ist wahrhaftig, und ich vertraue ihr vollkommen.

»Die Leute müssen lernen, mit uns umzugehen, denn wir empfinden nun mal so, und wir können nichts daran ändern«, sagte ich ihr.

»Glaubst du denn, dass sie es tun werden?«

»Ja.«

Sie schwieg einen Moment.

»Es macht mich furchtbar traurig, genau zu wissen, dass ich mit meinen Freundinnen nicht mehr über dich reden kann. Ich habe das Gefühl, ich sei nie mehr in der Lage, ihnen das Wertvollste, das in meinem Leben existiert, anzuvertrauen.«

»Vielleicht wirst du es später können. Möglicherweise

ändern sie ja auch ihre Meinung, wenn sie erkennen, dass wir zusammenstehen, was auch immer geschehen mag.«

Sie lächelte mich an.

»Vielleicht, mein Liefie«, sagte sie leise.

Den Namen habe ich jetzt weg: ›Mein Liefie‹, mein Liebster.

Ganz gewiss müssen wir Schwierigkeiten ins Auge sehen. Auf verschiedenen Kontinenten zu leben und lediglich über Telefon und Internet miteinander zu kommunizieren, statt sich von Angesicht zu Angesicht zu unterhalten, kann leicht Anlass zu Missverständnissen geben, daher haben wir angefangen, gewisse Regeln aufzustellen. An oberster Stelle steht, dass wir immer ehrlich miteinander umgehen müssen, danach kommt, dass wir Probleme gemeinsam lösen.

»Du musst ein bisschen Salz essen«, sagen südafrikanische Mütter ihren Kindern, wenn diese heulend nach Hause kommen, weil ihnen auf dem Spielplatz Unrecht geschehen ist. Damit machen sie ihren Kleinen klar, dass man im Leben immer Schwierigkeiten begegnen wird.

Joanna und ich wissen das, und die Rückschläge, mit denen wir rechnen müssen – ob es sich nun um Fragen anderer Leute oder die Abneigung der Fluggesellschaften handelt, mich nach England mitzunehmen –, schweißen uns nur noch enger zusammen. Um die Buchung für einen Flug nach London zu bekommen, brauchte ich eine ärztliche Unbedenklichkeitserklärung und andere Genehmigungen; Formulare mussten ausgefüllt und Bescheinigungen von Ärzten eingeholt werden. Doch Joanna ist genauso wild entschlossen wie ich, dass wir uns nicht unterkriegen lassen.

Es war ein Gefühl, als hätten wir es mit der ganzen Welt aufgenommen und gewonnen, als sie mich eines Morgens auf der Arbeit anrief und sagte: »Die Fluggesellschaft hat zugesagt, dich mitzunehmen. Endlich kommst du nach England!«

Es war ein gewaltiger Sieg für uns, doch es gibt andere, kleinere Schwierigkeiten, die wir ebenfalls gemeinsam bewältigen müssen.

»Mir ist klar geworden«, sagte mir Joanna eines Nachts, »dass ich nie hören werde, wie du meinen Namen aussprichst.«

Wir hatten vorher nie darüber geredet, doch ich spürte den Schmerz in ihrer Stimme, als sie dies sagte.

»Es stimmt mich traurig, wenn ich daran denke, dass ich die Wörter ›ich liebe dich‹ niemals aus deinem Mund hören werde«, fuhr sie fort. »Und obwohl ich keine Ahnung habe, weshalb ich darüber nachdenke, kann ich jetzt aus irgendeinem Grund nicht mehr damit aufhören. Es ist, als hätte ich etwas verloren, obwohl ich mir nicht sicher bin, was es ist.«

Ich wollte sie trösten, wusste zunächst aber nicht, wie ich es anstellen sollte. Nach so vielen Jahren war meine

Stummheit eine Selbstverständlichkeit für mich, und schon vor langer Zeit hatte ich aufgehört, einer Stimme nachzutrauern, an deren Existenz ich mich nicht einmal mehr erinnern kann; doch ich verstand, dass Joanna etwas äußerst Kostbares vermisste.

Ein paar Tage danach unterhielten wir uns gerade online, als ich die Tastatur meines Laptops bediente, um mein Kommunikationssystem zu aktivieren. Ich benutze es nur selten im Gespräch mit Joanna, da meine Hände mittlerweile kräftig genug sind, mit den Fingern zu tippen, während wir uns unterhalten, und mein Laptop ist nicht kompatibel mit unserer Internet-Telefonverbindung. Doch seit sie davon gesprochen hatte, sie wolle meine Stimme hören, hatte ich verbissen an etwas für sie gearbeitet.

»Hör mal!«, schrieb ich. »Da ist etwas, das ich sagen will.«

Sie schwieg, und ich drückte auf eine letzte Taste meines Laptops.

»Joanna«, sagte eine Stimme.

Es war Perfect Paul, und er sprach Joannas Namen so aus, wie ich es ihm eingegeben hatte, nachdem ich Stunden damit verbracht hatte, die Aussprache der Vokale und Konsonanten zu enträtseln. Statt sich der englischen Sprechweise – Jo-A-nA – zu bedienen, hatte Perfect Paul es nach der afrikaansen Version ausgesprochen, wie sie es zu hören gewöhnt ist: Jo-nAH.

»Ich liebe dich!«, sagte Perfect Paul.

Joanna lächelte, bevor sie laut zu lachen begann. »Danke!«

Vor kurzem schickte ich ihr einen Brief mit der Fotokopie meiner Hände, nachdem sie mir wieder und wieder gesagt hatte, sie sehne sich danach, sie zu berühren.

»Jetzt habe ich dich bei mir«, sagte sie lächelnd aus einer weit entfernten Welt.

Es ist wahr, in jedem Leben gibt es sowohl Salz als auch Zucker. Ich hoffe, wir werden immer beides miteinander teilen.

50
Fallen

Im Englischen heißt es, Menschen ›fall in love‹, wenn sie sich verlieben. Man gleitet, schlittert oder stolpert eben nicht hinein, sondern man stürzt sich in dem Moment, in dem man sich entschieden hat, gemeinsam mit jemandem vom Rand einer Klippe zu springen, kopfüber in die Tiefe, um erst danach zu sehen, ob man gemeinsam fliegt. Liebe ist vielleicht irrational, aber man entschließt sich, alles zu riskieren. Ich weiß, dass ich mit Joanna ein Wagnis eingehe, denn es wird immer einen leisen Zweifel geben, wenn auch nur einen winzigen, bis wir uns getroffen haben. Die größte Erkenntnis allerdings, die ich durch sie gewinne, ist, dass es im Leben darum geht, Risiken auf sich zu nehmen, auch wenn sie einem Angst einjagen.

Es war ungefähr eine Woche nach unserem ersten Kontakt, dass ich das Wagnis einging, mich in Joanna zu verlieben. Sie hatte mir eine E-Mail geschickt, und ich wollte gerade antworten, als ich plötzlich innehielt.

›Gehe ich schon wieder ein Risiko mit meinem Herzen ein?‹, dachte ich. ›Setze ich erneut alles aufs Spiel?‹

Die Antwort kannte ich unmittelbar, nachdem ich

die Frage gestellt hatte, denn der Preis, um den es hier ging, war schließlich das, was ich mir am sehnlichsten wünschte. Ich wusste, was ich zu tun hatte. Doch ich schwor mir, dass ich für den Fall, wirklich die wahre Liebe zu finden, eine Liebe, die den unausweichlichen Stürmen eines lebenslangen Miteinanders standhalten sollte, niemandem etwas vorgaukeln dürfte, das ich nicht bin. Ich wollte Joanna gegenüber total ehrlich sein, egal, worum es gehen mochte – ob es nun der Missbrauch war, den ich erlitten hatte, meine Pflegebedürftigkeit oder das Verlangen, mit einer Frau zu schlafen –, denn ich durfte nicht zulassen, dass mich die Angst zu einem Versteckspiel zwang.

Manchmal fühlte ich mich mutig, wenn ich ihr gewisse Dinge erzählte, dann wieder war meine Furcht vor Zurückweisung das Schreckgespenst, das mich heimsuchte, doch letztlich überwand ich mich, mich weiter zu öffnen. Alles, was ich seit jenem Tag gelernt habe, als ich in einen Raum geschoben und aufgefordert wurde, meinen Blick auf ein Bild mit einem Ball zu konzentrieren, hat mich in die Lage versetzt, jetzt mein Herz aufs Spiel zu setzen. Die Lektionen waren zuweilen schmerzhaft; doch Teil dieser Welt zu sein, Fehler und Fortschritte zu machen, hat mich gelehrt, dass das Leben nicht auf Armeslänge erfahren werden kann wie ein wissenschaftliches Projekt. Es muss gelebt werden, und viel zu lange habe ich versucht, es unter Kontrolle zu halten, indem ich mich in Arbeit und Studium vergraben habe.

Jetzt verstehe ich, wie es dazu kommen konnte. Lange Zeit wusste ich nicht, wie ich mich in dieser Welt verhalten sollte. Ich fand sie verwirrend, ich hatte keine Orientierung, und in mancherlei Hinsicht war ich wie ein Kind. Damals glaubte ich, gut und schlecht seien weiß und schwarz, wie ich es über viele Jahre hinweg im Fernsehen gesehen hatte, und ich äußerte die Wahrheit genau so, wie ich sie sah. Doch schon bald erkannte ich, dass die Menschen die Wahrheit nicht immer hören wollen. Was vielleicht als richtig erscheinen mag, muss es nicht zwangsläufig sein. Das war hart für mich, denn das meiste von dem, was ich lernen musste, war unsichtbar und unausgesprochen.

Die größte Herausforderung für mich war das Durchschauen des komplexen Netzes von Verhaltensweisen und Hierarchien, in dem sich meine Kollegen bewegten. Mir war klar, dass das Verständnis für diese Gesetze mir in vielerlei Hinsicht behilflich sein würde, aber ich war viel zu ängstlich, es überhaupt zu versuchen, vor allem aus der Furcht heraus, Fehler zu machen. Statt mich bei Besprechungen zu melden und ein paar Anmerkungen zu machen, für deren Erstellung auf dem Computer ich Stunden investiert hatte, für den Fall, dass ich sie brauchte, blieb ich stumm. Wenn mir jemand sagte, er spiele gerade ›Babysitter‹

für mich, starrte ich ihn nur an und wusste nicht, was ich erwidern sollte.

Nach und nach habe ich aber gelernt, meinem eigenen Urteil zu trauen – auch wenn es manchmal falsch ist –, nachdem ich festgestellt habe, dass es im Leben um die Schattierungen von Grau geht, nicht um Schwarz oder Weiß. Und das Wichtigste, das ich gelernt habe, ist die Art und Weise, wann und wie ich Risiken eingehen muss, denn bevor ich zu kommunizieren begann, hatte ich ja nicht die geringste Erfahrung damit. Doch als ich dann meinen ersten Job hatte, war ich dazu gezwungen, da ich wusste, dass es auf der Karriereleiter kein Weiterkommen gab, wenn ich es nicht versuchte. So investierte ich viele Überstunden, hielt den Mund, wenn mir Tätigkeiten aufgetragen wurden, die ich nicht verstand, und unterdrückte meine Enttäuschung, wenn Kollegen für eine Arbeit gelobt wurden, an der ich meines Erachtens großen Anteil hatte. Andererseits begegnete ich vielen Leuten, die mir halfen und Anleitungen gaben, mir zuhörten und mir Mut zusprachen, wenn ich an mir selbst zweifelte.

Vermutlich kann man sich gar nicht vorstellen, wie schwierig es phasenweise für mich war, an mich selbst zu glauben. Wenn ich da alleine saß und ein kompliziertes Computerproblem zu lösen versuchte, verfolgten mich die Geister all jener Jahre, in denen ich als Idiot behandelt worden war. Erst als ich zu arbeiten begann, drang zu mir durch, in welchem Ausmaß mir die Notwendigkeit von Gewohnheit und Routine durch meine Jahre in den Pflegeheimen eingebläut worden war und wie tief das saß. Alles in mir schrie nach Weiterentwicklung, doch immer wieder fühlte ich mich auf verlorenem Posten, versunken in Selbstzweifeln, und es war mir unmöglich, mich mal zu entspannen.

Vielleicht war dieses Gebundensein an Routine der Grund, weshalb ich es so schwierig fand, Jobs aufzugeben, nachdem ich sie einmal bekommen hatte – ob es nun das Gesundheitszentrum war, in dem ich meinen ersten Job fand und in der Registratur arbeitete und Fotokopien machte, oder das Kommunikations-Institut, in dem ich die Chance erhielt, mich weiterzubilden. An jedem dieser Orte fühlte ich mich sicher, und es war schwer, diese Sicherheit aufzugeben.

Während der Wechsel in einen Ganztagsjob beim Wissenschaftlichen Forschungsinstitut, wo ich heute beschäftigt bin, in mancherlei Hinsicht nervenaufreibend war, zwang er mich gleichzeitig, mich an Freiheiten zu gewöhnen, denn plötzlich befand ich mich in einem Umfeld, in dem sich mein Arbeitspensum oder Aufgabengebiet unerwartet ändern kann und Abgabetermine ohne Vorwarnung verschoben werden. Anfangs empfand ich es als belastend, von lauter qualifizierten und erfahrenen Leuten umgeben zu sein, während ich mir im Alter von achtundzwanzig Jahren Lesen und

Schreiben selbst beibrachte und die meisten meiner Kenntnisse dadurch erarbeitete, dass ich alleine vor einem Computer saß. Ich war sicher, mit meinen Kollegen nicht mithalten, geschweige denn mit ihnen konkurrieren zu können.

Doch nach und nach stellte ich fest, dass es keine Rolle spielt, wie man eine Position erreicht, sofern man sie verdient hat. Mit der Zeit ist mein Selbstvertrauen gewachsen, und ich habe erkannt, dass meine Kollegen sich auf mich verlassen. Es spielt auch keine Rolle, ob ich mich selbst unterrichtet habe, denn im wirklichen Leben geht es um Bilanzen, kleine Siege und geringfügige Misserfolge. Ich habe Jahre damit verbracht, auf Ereignisse zu hoffen, die mein Leben in eine unerwartete Richtung lenken würden. Obwohl ich es verwirrend fand, als diese Ereignisse dann tatsächlich eintraten, erfuhr ich jeden Tag, jede Woche, jeden Monat, dass das Leben genau so ist – unvorhersehbar, unkontrollierbar und spannend.

In vielen Bereichen war ich immer noch von diesem faszinierenden Leben ausgeschlossen, denn ich hatte keine Gelegenheit gehabt, jemanden richtig kennenzulernen und mit einer Frau so verbunden zu sein, wie es nur möglich ist, wenn man sich verliebt. Dann traf ich auf Joanna, und jetzt bin ich darauf vorbereitet, mit ihr das größte Risiko meines Lebens einzugehen. Zum ersten Mal in meinem Leben ist es mir egal, was andere Leute denken, und ich brauche auch nicht zu versuchen, den äußeren Schein zu wahren oder Eindruck zu schinden. Mir ist es ziemlich egal, wenn ich jemanden enttäusche oder meinen Job nicht richtig mache. Seit ich zu kommunizieren begann, habe ich immer versucht, meine Existenz durch Arbeit und Studium, Lernen und Leistung zu rechtfertigen. Aber wenn es etwas gibt, wofür ich mich niemals rechtfertigen werde, dann ist das Joanna.

Vor kurzem erklärte ich ihr, sie solle mich noch einmal genau so sehen, wie ich vor meiner Ankunft in England ausschaue. Ich setzte mich vor den Computer, nahm eine Webkamera in die rechte Hand und führte sie auf und ab, vor und zurück. Zunächst zeigte ich ihr mein Gesicht, dann meine Arme und das weite T-Shirt, das meine Brust bedeckte. Dann hielt ich die Kamera weiter weg, damit sie den Rollstuhl sehen konnte, in dem ich Tag für Tag sitze. Natürlich hatte sie ihn schon früher gesehen, doch jetzt richtete ich die Kamera auf mich und zeigte ihr jedes Detail, sodass nichts verborgen blieb.

Joanna lachte leise, als die Kamera die Metallplatten zeigten, auf denen meine nackten Füße ruhten. »Hobbit-Zehen«, kicherte sie.

Doch selbst als ich in ihrem Gesicht vor mir auf dem Bildschirm nach Anzeichen von Erschrecken oder Verwirrung forschte, war mir klar, dass ich nichts dergleichen finden würde. Nach einer lebenslangen Gewöhnung an solche Blicke erkenne ich diese sofort, aber in

Joannas Gesicht fand sich nichts davon, nur ein Lächeln.

»Du bist schön«, sagte sie mit weicher Stimme.

Es ist ihr Glaube an mich, der mir die Sicherheit gibt, das Richtige zu tun, wenn ich alles für sie riskiere.

51
Klettern

Ehrfürchtig starre ich zu der Sanddüne über mir hinauf. Sie flimmert in der Hitze.

»Bist du bereit?«, fragt David.

Ich nicke.

Wir machen Urlaub in Namibia. Mam wurde hier geboren, und nachdem Kim mal wieder aus England zu Besuch gekommen ist, haben wir uns auf die Reise gemacht, um uns das Land anzuschauen, in dem unsere Mutter aufgewachsen ist. Mein Blick ist auf die Düne geheftet, und ich frage mich, wie ich es jemals schaffen soll, dort hinaufzukommen: Sie ist über hundert Meter hoch. Mam und Dad sind losgezogen, um die Gegend zu erkunden, und ich habe David gesagt, ich wolle zur Spitze dieser Düne. Überraschung breitete sich auf seinem Gesicht aus, bevor er aus dem Wagen stieg, meinen Rollstuhl aus dem Kofferraum lud, mir in ihn hineinhalf und mich durch den Sand schob. Jetzt werfe ich noch einmal einen Blick auf die Düne über mir. Ich habe mir vorgenommen, Joanna etwas Sand vom Gipfel mitzubringen. Diese Düne ist eine der höchsten auf der Erde, und die Wüste ist einer ihrer Lieblingsorte.

»Die Stille ist so vollkommen, dass man sich gar nicht vorstellen kann, dass so etwas überhaupt existiert, bis man dort gewesen ist«, erzählte sie mir. »Und die Landschaft ist dermaßen überwältigend, dass sie sich in jeder Stunde des Tages verändert. Selbst der Sand ist dort weicher als alles, was man vorher berührt hat.«

Deshalb möchte ich für Joanna etwas Sand vom Dünengipfel in eine Flasche füllen und diese dann Kim mit nach England geben, als Erinnerung an mich und die Reisen, die sie früher mit ihrer Familie in die Wüste gemacht hat. Die Luft flimmert wellenförmig in der Hitze über der Düne, und ich sehe, wie Leute von oben zurücklaufen, nachdem sie die Spitze erreicht haben. Sie lachen und kreischen, als sie nach dem langen Aufstieg hinuntersausen.

»Wie sollen wir das anstellen?«, fragt mein Bruder zweifelnd.

Ich bin mir auch nicht sicher. David hilft mir beim Aufstehen, bevor ich mich im Sand auf die Knie fallen lasse. Ich kann nicht kriechen, deswegen zieht mich mein Bruder, während ich ihn zu unterstützen versuche, indem ich meinen anderen Arm in den Sand grabe und versuche, mich vorwärtszurobben. Langsam beginnen wir uns die Düne hinaufzubewegen, und die Leute, die sich auf dem Rückweg befinden, starren uns überrascht an. Es ist schon fast Mittag, im Grunde viel zu spät, um Derartiges zu unternehmen. Der Sand ist mittlerweile so warm und weich, dass er immer wieder wegrutscht, und ich muss mich selbst ausgraben, bevor es weiter nach oben geht. Wir hätten in der Morgendämmerung kommen sollen, als der Sand noch kühler und fester war.

Die Sonne knallt vom Himmel, während David mich weiter nach oben schleift. Wir schwitzen beide und klettern höher und höher, ich robbend, David an mir zerrend. Die Düne wird steiler, je näher wir dem Gipfel kommen.

»Willst du wirklich bis ganz nach oben?«, fragt David, als wir eine Pause machen.

Er starrt zur Spitze, und mein Blick folgt seinem. Ich muss zum Gipfel! Wie ein Stammesangehöriger von Ureinwohnern, der in gutem Glauben seinen Regentanz macht, muss ich den Himmel überzeugen, mir seinen Segen zu schicken und mich Joanna beweisen lassen, dass es kein Hindernis gibt, das ich für sie nicht bezwingen kann – selbst meinen eigenen Körper. Dies soll der endgültige Beweis sein, dass sie jetzt ein Teil von mir ist, und ich muss ihr zeigen, dass sie mehr aus mir herausholt, als ich mir selbst jemals zugetraut hätte.

David stöhnt verzweifelt auf, als ich ihm zulächle, und dann beginnen wir wieder vorwärtszukriechen, Meter für Meter. Sand klebt uns in den Haaren, im Mund und in den Augen, und das von der Düne reflektierte gleißende Licht blendet uns.

»Nicht aufgeben!«, meldet sich eine Stimme. »Du hast es fast geschafft!«

Ich schaue nach unten. Kim kommt heraufgelaufen, um sich uns anzuschließen. Ganz weit unten sehe ich unsere Eltern neben dem Auto stehen und zu uns dreien heraufstarren. Sie winken mir zu.

»Also los!«, sagt David.

Wir sind jetzt ungefähr eine Dreiviertelstunde unterwegs, und die Leute, die gleichzeitig mit uns aufgebrochen sind, sind schon längst wieder nach unten zurückgekehrt. Uns steht noch ein letzter Kraftakt bevor, dann haben wir den Gipfel erreicht. Es ist fast geschafft. Ich denke noch einmal an Joanna, dann grabe ich mich in den Sand und schlängele mich vorwärts. Stück für Stück robbe ich mich in Richtung Gipfel. Der Himmel über mir ist azurblau, und mein Mund ist staubtrocken. Mein Herz rast vor Aufregung, und ich höre David keuchen, als er zum letzten Mal an mir zerrt. Plötzlich ist alles vorbei.

Wir haben die Spitze der Sanddüne erklommen, und Kim setzt sich neben mich. Niemand spricht ein Wort, während wir nach Atem ringen. Unter uns breitet sich die Wüste wie ein endloses Meer aus. Kim beugt sich zu mir herüber. In der Hand hält sie eine Glasflasche. Ich schaue zu, wie sie sie öffnet. Sie reicht sie mir, und ich schiebe sie in den Sand.

52
Das Ticket

Ist es Ärger oder Frustration, was da so bitter in mir aufsteigt, während ich auf den Bildschirm des Computers starre? Es sind noch zehn Tage bis zu meinem Flug nach England, und ich sitze an meinem Arbeitsplatz. Soeben habe ich eine E-Mail des Reisebüros erhalten, das ich um ein Preisangebot für Flüge nach Kanada gebeten hatte. In drei Monaten soll ich dort an einem Kongress teilnehmen, und ich habe Joanna gefragt, ob sie mich dorthin begleiten würde, statt meiner Eltern, die mir in der Vergangenheit immer geholfen haben. Der Mann vom Reisebüro möchte wissen, ob ich mit meiner Mutter oder meiner Freundin nach Kanada reisen will. Offenbar hat Mam das Gespräch angenommen, als er anrief, um mir ein paar Informationen durchzugeben, und bei dieser Gelegenheit hat sie ihm wohl gesagt, sie wolle die Flüge buchen. Ich weiß, was sie denkt.

»Kim hat eine Freundin, die jemanden über Internet kennengelernt hatte und glaubte, total in ihn verliebt zu sein«, erzählte Mam vor ein paar Tagen. »Aber dann hat sie sich mit dem Mann getroffen und stellte fest, dass sie nichts gemeinsam hatten. Das passiert häufiger, wie ich gehört habe.«

Einen Moment lang bin ich unsicher, wie ich meine

Mutter davon überzeugen soll, dass ich weiß, was ich tue. Das ist so, als wolle man einem Farbenblinden erklären, der Himmel sei blau, wenn er überzeugt ist, dass er grün ist.

»Joanna und ich kennen uns zu gut, als dass so etwas passieren könnte«, buchstabiere ich ihr in meinem Alphabet. »Wir sind uns unserer Gefühle sicher. Alles wird bestens, wenn wir uns sehen.«

»Ich hoffe es für dich, Martin«, sagt sie. »Von ganzem Herzen.«

Ich verstehe ihre Angst. Ihr Sohn spreizt seine Flügel zwei Jahrzehnte später, als es normal gewesen wäre. Auf diesen Moment hat sie lange gewartet, und jetzt, da er gekommen ist, erfasst sie Furcht. Mein ganzes Leben lang wurde ich fast wie ein Kind gehalten: Anfangs als Geisterjunge, und danach waren meine Eltern jahrelang an jedem Schritt meiner Entwicklung beteiligt. Es ist hart für sie, sich vorzustellen, dass ich ohne sie um die halbe Erde fliege, und ich habe Verständnis für sie, denn ich bin ebenfalls besorgt.

Bisher habe ich erst einen kurzen Inlandflug absolviert, bei dem ich auf mich selbst gestellt war; um Joanna zu treffen, muss ich Ozeane überqueren, und es müssen so viele praktische Dinge in Betracht gezogen werden. Ich weiß, meinen Eltern geht es einzig und allein um meine Sicherheit, doch ich weiß auch, dass ich nicht den Rest meines Lebens damit verbringen will, mich von ihren Erwartungen und Ängsten zu lösen. An einem bestimmten Punkt muss ich mich ohne sie ins Unbekannte stürzen.

»Was ist, Liebling?«

Eine Nachricht von Joanna erscheint auf dem Bildschirm. Ein paar Minuten zuvor habe ich ihr eine SMS geschickt, dass ich mit ihr reden müsse.

»Gott sei Dank, dass du dich meldest«, antworte ich ihr. »Ich muss dir dringend etwas erzählen.«

Ich berichte ihr, was meine Mutter getan hat und wie unsicher ich bin, auf welche Weise ich sie davon abbringen soll, etwas zu tun, das sie selbst für das Beste hält.

»Weshalb hat deine Mutter denn überhaupt etwas damit zu schaffen?«, schreibt Joanna, nachdem ich ihr alles erklärt habe.

»Weil sie erfahren hat, dass ich die Flüge buchen will, und jetzt sagt sie, sie habe Angst, dass sich der Preis erhöhen könne, wenn ich die Tickets nicht schon bald bekäme«, antworte ich.

Ich brauche ja nicht zu sagen, dass Mam auch befürchtet, zwischen Joanna und mir könnte es während meines Besuchs in England zu einem Bruch kommen, wodurch ich dann auf einem nutzlosen Flugticket sitzen bleiben würde.

»Kannst du sie denn nicht davon abhalten?«, fragt Joanna. »Sag ihr doch einfach, dass wir es gemeinsam organisieren.«

»Ich will es versuchen. Aber ich bin nicht sicher, dass sie damit einverstanden ist.«

»Sie muss!«

Für eine Minute ist Funkstille auf meinem Bildschirm.

»Langsam werde ich sauer«, schreibt Joanna schließlich. »Ich verstehe nicht, was deine Mutter das Ganze überhaupt angeht. Ist das nicht deine Sache? Wenn du Hilfe bei irgendetwas brauchst, bin ich für dich da.«

Ich würde ihr gerne erläutern, dass die Dinge nicht so einfach liegen. Bis jetzt haben wir uns immer so gut verstanden, doch plötzlich befürchte ich, dies könnte das erste Mal sein, dass es uns nicht gelingt.

»Das macht mich alles stocksauer«, schreibt sie. »Warum sagst du ihr nicht einfach, sie soll sich da nicht einmischen?«

Noch nie haben wir so kurz vor einem Streit gestanden, und ich habe Angst. Wie soll ich mich gegenüber einer Frau rechtfertigen, die als Mädchen den Busch durchstreifte und in tiefem Wasser schwamm? Wie soll ich Verständnis für mich wecken, wenn unsere Lebenserfahrungen dermaßen unterschiedlich sind?

»Meine Eltern sind es, die mich morgens aus dem Bett heben«, schreibe ich. »Und sie sind es auch, die mir beim Anziehen helfen, mich am Frühstückstisch füttern, mich waschen, zur Arbeit fahren und mich abholen. Was soll ich tun, wenn ich sie so sehr verärgere, dass sie das alles nicht mehr tun wollen? Natürlich weiß ich, dass es dazu nicht kommen würde, weil sie mich lieben und niemals etwas tun würden, das mir schadet. Aber auch wenn man etwas weiß, heißt das noch lange nicht, dass man keine Angst davor hat, und in einem Rollstuhl zu sitzen bedeutet, in so vielen Dingen auf die Hilfe anderer angewiesen zu sein, dass Menschen, die das nicht sind, keine Ahnung davon haben.«

Auf meinem Bildschirm tut sich für einen Moment erneut nichts. Dann erscheinen fünf Wörter.

»Es tut mir leid, Liebster!«

Wir vereinbaren, uns abends weiter zu unterhalten, doch zunächst möchte ich meinen Vater sprechen, daher schicke ich ihm eine E-Mail und bitte ihn, in meinem Auftrag mit meiner Mutter zu reden.

Abends fällt kein Wort, bis ich mich nach dem Essen mit meinen Eltern zusammensetze.

»Ich muss mit euch reden«, sage ich mit Hilfe meines Alphabets. »Es ist wichtig.«

Meine Eltern schauen mich an. Mein Herz pocht wie wild. Ich muss mich unmissverständlich ausdrücken, wenn ich ihnen klarmachen will, wie wichtig es für mich ist.

»Ich fliege mit Joanna nach Kanada«, sage ich. »Sie wird mich auf dieser Reise betreuen, weil ich es so will.«

Meine Mutter scheint etwas sagen zu wollen, und ich bete, sie möge lange genug den Mund halten, dass ich meine Rede zu Ende bringen kann.

»Ich weiß, dass ihr es für keine gute Idee haltet, aber es wird Zeit, dass ihr mir vertraut«, sage ich. »Ich muss die Möglichkeit bekommen, eigene Entscheidungen zu treffen und Fehler zu machen. Ihr könnt mich nicht ewig beschützen, und ich bin mir keiner Sache sicherer als dass Joanna und ich es gemeinsam schaffen werden.«

Meine Mutter schweigt einen Moment.

»Wir wollen dich von nichts abhalten, Martin«, sagt sie dann. »Alles, was wir wollen, ist dein Glück.«

»Ich weiß«, sage ich. »Aber wenn ihr das wirklich wollt, dann müsst ihr mir die Chance geben, herauszufinden, was mein Glück ist. Bitte, gebt sie mir. Bitte, lasst es mich tun.«

Meine Eltern schweigen eine Weile, dann steht meine Mutter auf. »Ich werde noch etwas Kaffee machen«, sagt sie ruhig.

Weder meine Mutter noch mein Vater sagen danach noch etwas. Es gibt vieles, das meine Eltern unausgesprochen lassen. Ich kann nur hoffen, dass sie mich dieses Mal ernst nehmen.

53
Heimkehr

Als der Flugkapitän durchgab, wir befänden uns über Paris, hatte ich das Gefühl, mein Puls liege bei tausend Schlägen pro Minute und gleich würde mein Herz ganz aussetzen. Jetzt wünsche ich mir fast, es wäre dazu gekommen, als mich ein Mann durch den Flughafen Heathrow schiebt. Joanna befindet sich nur ein paar Augenblicke entfernt auf der anderen Seite irgendeiner Wand in diesem riesigen Gebäude. Ich versuche ruhig zu atmen, doch es gelingt mir nicht. Wird unsere schöne bunte Welt, in der wir während der letzten sechs Monate gelebt haben, zu grauen Schatten verblassen, wenn wir uns endlich begegnen?

»Gleich sind wir da, Sir«, höre ich jemanden sagen.

Ich frage mich, ob das hier vielleicht nur eine Generalprobe ist. Ruft der Regisseur gleich »Danke!«, sodass ich noch ein letztes Mal meinen Text durchgehen kann? Wie sieht er denn überhaupt aus, mein Text? Was werde ich sagen? In meinem Kopf herrscht gähnende Leere.

Der Flug war der reinste Hindernisparcours, den ich Hürde für Hürde zu bewältigen hatte: aus dem Büro nach Hause und das Gepäck holen; zum Flughafen fahren und einchecken; ins Flugzeug gelangen und elf Stunden Flug, ohne etwas zu essen oder zu trinken, um zu verhindern, dass ich mich mit irgendetwas bekleckere und schmutzig aussehe, wenn ich Joanna begegne. Doch wie erwartet, nahm ich sämtliche Hürden.

Nachdem wir gelandet waren, kam ein streng aussehender Beamter an Bord und fragte mich: »Wohin reisen Sie?«

Joanna und ich hatten stundenlang darüber beraten, welche Fragen mir gestellt werden könnten, und ich hatte für den Flug ein spezielles Kommunikationssystem in schriftlicher Form vorbereitet. Doch die Antwort auf diese Frage war nicht darin enthalten, und der Mann wirkte gereizt, während er darauf wartete, dass ich etwas sagte.

»Wohin geht Ihr Anschlussflug?«, fragte er.

Ich starrte ihn an.

»Ihr Reiseziel.«

Er seufzte frustriert, als ich weiter stumm blieb, bis er endlich eine Frage stellte, die ich beantworten konnte.

»Ist London Ihr endgültiges Reiseziel?«

Ich nickte, und er winkte einen älteren Mann heran.

»Er gehört Ihnen«, sagte er, und ich wurde aus dem Flugzeug geschoben und von einem Zollbeamten mit Pokerface vernommen, der meinen Reisepass abstempelte, bevor ich zur Gepäckausgabe gebracht wurde.

Jetzt habe ich eine kilometerlange Reise durch Korridore und Gänge hinter mir und komme zu zwei weißen Türen, die sich automatisch vor mir öffnen. Als ich hindurchgeschoben werde, sehe ich eine lange Absperrung aus Metall, hinter der jede Menge Menschen stehen. Einige halten Schilder hoch und winken damit in meine Richtung; andere stehen mit erwartungsvoller Miene in kleinen Familiengruppen zusammen. Dutzende Augenpaare huschen über mich hinweg, bis die Leute erkannt haben, dass ich nicht derjenige bin, den zu sehen sie gehofft hatten. Schilder werden wieder gesenkt, und Blicke wenden sich ab, um auf Neuankömmlinge zu warten. Ich schaue mich um, betrachte die Gesichter und werde langsam nervös, weil es vielleicht einen Fehler gegeben hat und Joanna möglicherweise gar nicht gekommen ist, um mich zu begrüßen. Was soll ich dann machen?

»Martin?«

Ich wende den Kopf. Sie ist da! Ich kann kaum atmen. Sie ist noch hübscher, als ich es für möglich gehalten hatte. Sie lacht und beugt sich zu mir herunter.

»Hallo, mein Liefie«, sagt sie auf Afrikaans. »Mein Liebster.«

Für einen Moment fühle ich mich unbehaglich, dann schließen wir uns in die Arme. Und als ich sie zum ersten Mal an mich drücke, merke ich, dass sie nach Bonbon und Blumen duftet. Ich weiß, dass ich sie nie mehr loslassen werde.

Ich bin zu Hause.

54
Zusammen

Ich bin trunken, berauscht von allem, was für mich zum ersten Mal geschieht: Sie lächeln zu sehen, wenn sie zu mir hochschaut, während ich ihr gegenübersitze; mich in ihrem Kuss zu verlieren; zu beobachten, wie sie in einem Restaurant die Augenbrauen zusammenkneift, als sie zu entscheiden versucht, welches Menü sie gerne essen würde; oder wenn wir im strömenden Regen zusammen unter einer Weißbuche sitzen.

»Mein Liefie«, sagt sie ein ums andere Mal, als müsse sie sich selbst davon überzeugen, dass ich wahrhaftig hier bin.

Wir sind nach Schottland gefahren, nachdem wir ein paar Tage in Joannas Wohnung verbracht haben, wo wir zusammen mit Kim und einigen Freunden ihren Geburtstag feierten. Doch jetzt sind wir ganz allein, und wir haben kaum etwas von den sanften Hügeln und dem Himmel gesehen, der sich draußen vor unserem Cottage abwechselnd bedrohlich dunkel und strahlend blau präsentiert. Stattdessen bleiben wir im Haus, sitzen oder liegen Seite an Seite, immer miteinander verbunden, Hand in Hand, Schulter an Schulter oder ein Bein lässig über den Schoß des anderen gelegt. Nach all den Wochen der Sehnsucht halten wir es nicht aus, auch nur für einen Moment voneinander getrennt zu sein.

Mein Alphabet habe ich kaum benutzt. Stattdessen zeichne ich ihr mit dem Finger Buchstaben auf die Haut, Wörter, die sie auf ihrer Körperoberfläche verfolgen und lesen kann. Meist sind sie ziemlich überflüssig. Wir haben genug gesagt nach all den Monaten des Redens, und oft brauchen wir gar keine Worte, denn Joanna versteht auch so vieles, indem sie einfach in meinem Gesicht liest. Eine Bewegung mit der Augenbraue oder ein Blick genügen meist, um eine ihrer praktischen Fragen zu beantworten. Auch wenn ich mir vor meiner Ankunft flüchtig Gedanken darüber gemacht hatte, ob wir höflich stammeln würden, sobald wir nicht mehr wüssten, was wir sagen sollten, oder aus Unsicherheit versuchen würden, uns gegenseitig mit irgendwelchen Blödeleien zu unterhalten, so war das vollkommen überflüssig. Ab dem Moment unserer Begegnung auf dem Flughafen haben wir uns förmlich gegenseitig aufgesogen, und wir waren völlig sorgenfrei und zufrieden durch die Gegenwart des anderen.

Noch nie bin ich einer Person begegnet, die mich so vorbehaltlos akzeptiert und dermaßen großen Frieden in sich trägt. Joanna ist nicht der Mensch, der die Pausen zwischen uns mit sinnlosem Geschwätz füllt. Stattdessen treiben wir auf einem Strom genügsamen Beisammenseins dahin, und es gibt Augenblicke, in denen ich vor Überraschung fast zusammenzucke, wenn sie mich berührt: Die Finger biegen sich beim Streicheln meiner Hand, oder meine Wange zittert unter einem Kuss auf meine Augen. Es ist, als könne mein Körper ihre Sanftheit gar nicht glauben. Ich hatte ja bisher auch noch niemanden, der Freude an mir empfunden hat. Es ist das einfachste und zugleich tollste aller Gefühle.

Wir sind Kartografen der Haut des jeweils anderen, folgen mit unseren Fingerspitzen den Linien der Wangenknochen, des Kinns und der Hände, vermitteln uns Stunde um Stunde unsere Empfindungen füreinander. Ihre Hände passen genau in meine, und ich streichle die Narbe, die entstand, als sie als Kind mit ihrer Hand im Hühnerstall hängen blieb. Ich war mir nicht bewusst, dass Liebe meine sämtlichen Sinne durchdringen würde: Jeder Teil von mir ist auf sie eingestellt, wenn ich sie lachen sehe, ihren Duft einatme, ihre Stimme höre, ihre Küsse schmecke und ihre Haut berühre.

Das Einzige, was wir nicht machen, ist miteinander schlafen. Wir einigten uns vor meiner Ankunft, damit zu warten, denn schließlich bleibt uns noch der ganze Rest unseres Lebens. Ich habe es nicht vorgeschlagen, doch Joanna und ich wissen, dass wir heiraten werden. Wir haben sogar vor meinem Kommen darüber diskutiert, und wir sind uns einig, dass ich nach England ziehen werde, damit wir hier ein gemeinsames Leben beginnen können. Es erstaunt mich, wie leicht wir solche Entscheidungen treffen können; es ist, als seien wir jeweils die Fortsetzung oder Ergänzung des anderen. Ich genieße diese Unkompliziertheit nach einem Leben, in dem selbst die irrelevantesten Dinge problematisch werden können. Miteinander zu schlafen wird das letzte Teilchen in unserem Puzzle sein. Wir heben es uns für unsere Hochzeitsnacht auf.

Im Moment ist es so, als heile Joanna alles, was sich in mir seit langem aufgestaut hat, indem wir Tag für Tag mehr über uns erfahren. Ich bin an Menschen gewöhnt, die mich zu Dingen drängen oder von mir erwarten, passiv herumzusitzen, während sie alles für mich erledigen. Joanna hingegen akzeptiert mich so, wie ich heute bin, und trauert nicht dem nach, was ich einst war. Am meisten überrascht mich allerdings, dass sie an meiner Rehabilitation kaum interessiert zu sein scheint. Sie drängt mich nicht, irgendwelche Dinge zu tun, und sie zieht auch keine Augenbraue hoch, wenn ich etwas nicht kann. Ihr ist es sogar egal, dass ich nur meine Alphabettafel bei mir habe, weil es zu unpraktisch gewesen wäre, meinen alten Laptop mitzunehmen. Meine ›Stimme‹ will sie gar nicht hören. Und sie wacht auch nicht ständig über mich wie eine Mutter, die nur darauf wartet, ihr krabbelndes Baby aufheben zu müssen. Stattdessen hilft sie mir lediglich, wenn ich es wirklich brauche. Sie traut mir zu, meinen Körper selbst einschätzen zu können, und dabei akzeptiert sie, dass dieser an manchen Tagen mehr zu leisten in der Lage ist als an anderen.

»Nicht du bist es, der das nicht schafft, sondern deine

Hände«, sagte sie mir eines Tages, als ich völlig frustriert damit kämpfte, einen Pullover anzuziehen. »Du solltest ihnen mal ein bisschen Ruhe gönnen und es dann später noch mal probieren.«

Selbst versehentliche Fehler, die ihr manchmal unterlaufen, versetzen sie nicht in Panik und bringen sie auch nicht in Verlegenheit, wie das bei so vielen anderen der Fall wäre.

»Mein Liefie!«, rief sie, als sie eines Morgens ins Schlafzimmer kam und mich ausgestreckt auf dem Bett liegen sah.

Sie war gegangen, als ich mich gerade anziehen wollte, beim Überstreifen des Pullovers hatte ich aber das Gleichgewicht verloren und war wie eine gefällte Eiche umgekippt.

»Alles in Ordnung?«, kicherte Joanna, während sie mich aufrichtete. »Da muss ich nächstes Mal wohl aufpassen, dass ich dich besser abstütze.«

Sie entschuldigte sich nicht, sie war nicht verlegen oder aufgeregt, sie hatte auch kein schlechtes Gewissen, weil sie irgendetwas falsch gemacht haben könnte, und ihre Unkompliziertheit tat mir gut. Stattdessen lachte sie nur, gab mir einen Kuss und verließ das Zimmer, sodass ich mich weiter anziehen konnte.

Wenn sie etwas anmerken will, tut sie es sehr sachlich, wie vor ein paar Tagen, als ich mich hinabbeugte, um meinen Kaffeebecher bis zur bitteren Neige zu leeren, wie ich es immer tue.

»Ich verstehe nicht, weshalb du immer so schnell trinkst und isst«, sagte Joanna. »Das wirkt, als hättest du es unglaublich eilig.«

Im ersten Moment wusste ich gar nicht, was sie meinte. Ich habe nie langsam gegessen oder getrunken. Früher hatte es sich stets um hastige Tätigkeiten gehandelt, bei denen es den Leuten lediglich darum ging, meinen Körper mit Nachschub zu versorgen und mich dann möglichst schnell wieder loszuwerden, denn sie vergeudeten ja wertvolle Zeit damit, mir zu helfen. Essen oder Trinken zu schmecken und zu genießen ist mir ganz selten in den Sinn gekommen. An diesem Abend reichte mir Joanna meinen ersten Löffel mit Crème Caramel, und ich zwang mich, sie langsam genug zu essen, um sie auch schmecken zu können. Als Erstes war da etwas Süßes, dann kam eine geheimnisvolle Vielfalt des gebrannten Zuckers, der über meine Zunge floss, gefolgt von einer leicht bitteren Komponente, und zum Schluss spürte ich den reichhaltigen Geschmack der Crème mit einem Anflug von Vanille.

»Das scheint dir aber geschmeckt zu haben«, sagte Joanna.

Sie erzählte mir, eine der größten Freuden, die ich ihr bereiten kann, sei das Vergnügen, das ich plötzlich an neuen Dingen entwickle. Sie meint, sie habe noch nie jemanden so intensiv genießen sehen wie mich. Und es macht sie glücklich, dass mich die Welt so oft in Erstaunen versetzt, denn es gibt fast so viele neue Erfahrungen und Überraschungen, wie es Wege gibt, ein Wonnegefühl zu genießen.

Bisher waren dies größtenteils persönliche Empfindungen und Gedanken gewesen, die ich niemandem vermitteln konnte, umso größer ist das Vergnügen, meine Freude jetzt mit Joanna teilen zu können. Sie lacht, wenn sie meine weit aufgerissenen Augen beim Anblick eines blutroten Sonnenuntergangs sieht, oder ich lächle erstaunt, wenn wir um eine Kurve kommen und sich vor uns die Schönheit einer smaragdgrünen Landschaft ausbreitet.

Die Akzeptanz, die sie mir entgegenbringt, ist der Grund, weshalb ich seit meiner Ankunft begonnen habe, immer mehr Dinge auszuprobieren. Sie möchte, dass ich größere Zuversicht in einen Körper entwickle, in den ich das Vertrauen schon vor langer Zeit verloren habe. Nachdem ich Joanna eine Woche lang in der Küche zugeschaut hatte, beschloss ich eines Morgens, jetzt sei ich mit einem Versuch an der Reihe. Bis dahin hatte ich noch nicht einmal eine Tasse Kaffee selbst gemacht, denn meine zittrigen Hände sind eine Belastung, der kaum jemand in einer Küche trauen würde. Joanna aber, die die ganze Woche über für mich gekocht hatte, sagte keinen Ton, als ich ihr mitteilte, jetzt sei es an mir, für das Frühstück zu sorgen.

Nachdem sie einen Styroporgriff an meiner rechten Hand befestigt hatte, mit dessen Hilfe ich kleine Teile wie Messer und Löffel aufnehmen konnte, schraubte sie die Deckel der Kaffee- und Marmeladengläser auf, von denen sie wusste, dass ich sie niemals allein öffnen könnte. Danach verließ sie die Küche.

»Ich werde noch etwas in meinem Buch lesen«, sagte sie.

Ich starrte auf den elektrischen Wasserkocher vor mir. Das kochende Wasser in die Tassen zu gießen, würde ich nicht wagen, aber ich konnte es zum Kochen bringen. Ich schaltete den Kessel an und widmete mich dann dem Glas mit dem löslichen Kaffee auf der Anrichte. Es stand dort etwa auf gleicher Höhe mit meinen Augen, und ich fixierte es genau, während ich meine Hand ausstreckte und mich in meinem Rollstuhl so weit es eben ging nach vorne beugte. Meine Finger umfassten das Glas, dann zog ich es zu mir heran und schob den Deckel herunter. Danach griff ich nach einem Löffel, meinem ganz persönlichen Angstgegner – ein winziges Objekt, um das sich meine gefühllosen Hände nicht vernünftig schließen können.

Der Löffel flatterte in meiner zitternden Hand, als ich ihn in das Glas stieß und nach dem Kaffee fischte. Beim Versuch, ihn herauszuziehen, fiel bereits ein Teil des körnigen Pulvers vom bebenden Löffel, der letzte Rest verteilte sich auf der Anrichte, als ich ihn schließlich ganz draußen hatte. Die Frustration nagte an mir, und ich wünschte mir, ich könnte meinen widerspenstigen Händen befehlen, sich auf der Stelle meinem Willen zu unterwerfen. Und so versuchte ich es noch einige

Male, einen Löffel voll Kaffee in die beiden Tassen zu füllen, dann wandte ich mich dem Zucker zu. Es war ein hoffnungsloses Unterfangen, in einer Tasse befand sich genügend Kaffee, um daraus einen sirupartigen Teer zu brauen, in der anderen reichte es für ein wässriges Imitat. Immerhin, es war ein Anfang.

Als Nächstes war der Toast dran. Joanna hatte zwei Scheiben Brot im Toaster gelassen, und ich drückte den Hebel herunter, bevor ich mich an der Arbeitsplatte entlangzog, um die Butter und Marmelade zu holen. Ich legte mir beides auf den Schoß, stieß mich von der Anrichte ab in Richtung Tisch und stellte die Sachen dort ab. Dann stieß ich mich erneut ab, durchquerte die Küche und kam zum Schrank, in dem sich die Teller befanden. Ich bückte mich, öffnete die Tür, nahm heraus, was ich benötigte, fuhr wieder zum Tisch und deponierte die Sachen auf der Tischplatte.

Jetzt brauchte ich noch Messer. Wer hat behauptet, das Frühstück sei die einfachste Mahlzeit des Tages? Mir erschien es mitnichten so. Es gab so viele verschiedene Dinge, die gleichzeitig erledigt werden mussten. Die Toastscheiben waren schon fertig und wurden kalt, das Wasser im Wasserkessel hatte bereits gekocht. Ich musste mich beeilen, wenn ich Joanna noch etwas Warmes vorsetzen wollte.

Ich nahm zwei Messer aus einer Schublade, legte mir die Toastscheiben auf den Schoß und stieß mich ein letztes Mal in Richtung Tisch ab. Zwar konnte ich den

Kaffee nicht mit heißem Wasser aufgießen, aber zumindest wollte ich die Toastscheiben schmieren. Ich legte ein Messer und eine Scheibe Toast auf den Tisch, und als ich nach dem anderen Messer griff und es festhalten wollte, begann ich wild damit in der Luft herumzufuchteln. Ich stieß die Klinge in Richtung Butter und sah, wie sie hineinfuhr und dann wieder herauskam. Ich starrte auf die riesige Gletscherspalte, die ich in die ehemals akkurat viereckige Portion gelber Masse gerissen hatte, bevor das Messer auf den Toast zuruckte. Ein glitschiges Stück Butter machte sich teilweise darauf breit.

Jetzt noch die Marmelade – mein finaler Gipfelsturm. Ich zog das Glas zu mir heran und stieß mein Messer hinein. Es bewegte sich klappernd an den Innenseiten, schoss wieder heraus und schleuderte auf den Toast zu. Mit aller Kraft presste ich das Messer nach unten und versuchte es in meine Gewalt zu bekommen, doch es traf nur die Toastkante, bevor es über den Teller hinwegrutschte und eine glitzernde rote Schleimspur auf dem Tisch hinterließ. Entgeistert blickte ich auf den ramponierten Toast, um mir dann die Bescherung auf dem Fußboden anzuschauen, der mit Kaffeepulverkörnern und Zucker bedeckt war. Die Butter erweckte den Eindruck, als sei sie einmal genüsslich von einem Wildtier durchgekaut worden, und die Marmelade hatte sich großflächig über den Tisch ergossen.

Ich war euphorisch. Ich hatte Toast gemacht, der Kaffee wartete in den Tassen, und das Wasser hatte gekocht – Joanna konnte sich an den fertigen Frühstückstisch setzen. Ich schlug mit dem Löffel auf die Tischplatte, um ihr mitzuteilen, alles sei bereit, und ein Lächeln erschien auf ihrem Gesicht, als sie hereinkam.

»Toll, so ein Frühstück vorgesetzt zu bekommen!«, sagte sie.

Als sie Platz nahm, war ich so begeistert, dass ich mir vornahm, häufiger etwas für sie zu tun und meinen Körper besser in die Gewalt zu bekommen, damit ich mich künftig stärker um sie kümmern konnte.

»Mein Liefie!«, sagte Joanna, als sie sich auf dem Tisch umschaute und dann mich anblickte. »Du brauchst kein Messer zu benutzen, das weißt du doch.«

Fragend zog ich die Augenbrauen hoch.

»Weshalb nimmst du beim nächsten Mal nicht einfach deine Hand?«, sagte sie. »Das wäre viel einfacher für dich. Es kommt doch nicht darauf an, wie du etwas machst, Hauptsache, du schaffst es. Findest du nicht?«

Ohne noch ein Wort zu verlieren, aßen wir unseren Toast. Später hob ich eine Hand, um ihre Wange zu streicheln. Endlich war mir klar, was Liebe ist. Ich wusste, dass ich einer anderen Frau gegenüber niemals solche Gefühle entwickeln würde wie Joanna gegenüber. Sie war alles, was ich jemals brauchen würde.

55
Ich kann mich nicht entscheiden

Martin?« Ich klammere mich an die Schachtel, die ich wie einen Schild vor mich halte, um mich gegen einen Angriff zu schützen.

»Martin? Ist alles in Ordnung?«

Ich kann sie nicht anschauen. Ich bin innerlich erstarrt. Lichter scheinen grell über mir, und aus den Lautsprechern dröhnt Musik. Halbwüchsige gehen kreischend an meinem Rollstuhl vorbei, und vor mir erhebt sich eine Wand mit Turnschuhen. Man erwartet von mir, dass ich aus dieser Galerie von in Reihen neben- und übereinandergestapelten Paaren eins herausgreife, doch ich kann es nicht. Ich weiß nicht, wie ich es anstellen soll.

»Sollen sie weiß oder farbig sein?«

»Nike oder Adidas?«

»Klassisch, Hi-Tops oder Skate Shoes?«

»Unter 50 Pfund oder über 100 Pfund?«

Anfangs fand ich es noch toll, dass die Verkäufer hier in England mit mir redeten. Doch inzwischen ist alles, woran ich denken kann, das Paar brauner Lederstiefel in der Schachtel auf meinem Schoß, das Joanna gerade für mich gekauft hat. Sie hat bereits so viel Geld für mich ausgegeben, ich will nicht noch mehr haben.

»Möchten Sie vielleicht etwas anprobieren?«, fragt die Verkäuferin. »Oder soll ich mal Ihre Schuhgröße messen?«

Ich starre auf meine schwarzen klobigen Schuhe. Ich habe sie jetzt seit ungefähr acht Jahren, und sie sind an den Knöcheln verstärkt, um den Füßen mehr Halt zu geben. Es ist mir nie in den Sinn gekommen, ein anderes Paar besitzen zu wollen. Dies sind meine Schuhe. Ich trage sie jeden Tag. Wenn ich sie nicht anhabe, benutze ich Pantoffeln. Aber als Joanna meinte, ich würde doch vielleicht gerne etwas Neues haben, stimmte ich zu, weil ich nicht wusste, was ich sagen sollte. Was soll ich denn jetzt mit drei Paar Schuhen anfangen?

Mir ist klar, dass ich mich entscheiden und zeigen muss, dass ich weiß, was ich will. Wenn nicht, wird Joanna die Wahrheit über etwas erfahren, das ich ihr bislang verheimlicht habe. Es ist ein Geheimnis, das ich über all die Monate hinweg, die wir uns jetzt schon kennen, für mich behalten habe. Ich habe es so sehr gehütet, dass ich auf jeden Fall verhindern muss, es jetzt in aller Öffentlichkeit auszubreiten. Doch mir bleibt keine Wahl, ich muss es offenlegen: Ich bin ihrer nicht würdig. Wie soll ich ihr jemals ein guter Ehemann sein, wenn ich noch nicht einmal ein Paar Schuhe auswählen kann? Ich bin aufgeschmissen in Joannas Welt, in der ständig Entscheidungen getroffen werden müssen – was gegessen werden soll, wohin man geht, wann Dinge zu erledigen sind. Sobald eine Entscheidung gefallen ist, habe ich das Gefühl, die nächste liegt schon auf der Lauer, und ich fühle mich überfordert durch die Alternativen, zwischen denen zu wählen ich nicht gelernt habe.

»Welches Müsli hättest du gerne?«, fragte mich Joanna bei unserem ersten Einkauf in einem Supermarkt.

Ich linste auf die verwirrende Vielfalt bunter Schachteln in den Regalen und stellte fest, dass ich nicht den leisesten Schimmer hatte, wie oder wo ich mit einer Entscheidung beginnen sollte. Wie schafften die Leute es nur, überhaupt irgendetwas zustande zu bringen, wenn die Frage, was sie essen sollten, bereits Stunden in Anspruch nahm? Und in dem Supermarkt ging es mir mit allem so, da gab es von allem nicht nur eine Sorte, sondern hundert.

Als sie sah, dass ich mich nicht entscheiden konnte, fragte mich Joanna, worauf ich Appetit habe, doch auch das konnte ich nicht beantworten. Vor Urzeiten schon hatte ich vergessen, wie es war, Hunger zu haben oder mich auf ein bestimmtes Essen zu freuen, weil ich gelernt hatte, das Gefühl eines knurrenden Magens oder ein Verlangen, von dem ich wusste, dass ich es nie würde befriedigen können, einfach zu ignorieren. Inzwischen bin ich hin und wieder in der Lage, einen Essenswunsch zu äußern, aber ich könnte nie genug auswählen, um einen ganzen Einkaufswagen zu füllen, wie andere das tun.

Ich starre erneut auf die Turnschuhe. Ich wusste, das

dieser Moment kommen würde, ich habe auf ihn gewartet. Und ich wusste auch, dass ich manchmal gezwungen sein würde, eine Entscheidung für mich selbst zu treffen, aber Joanna hat nicht auf mich gehört. Stattdessen versuchte sie mich damit zu beruhigen, ich würde in ihrer Welt schon zurechtkommen, und deshalb wollte ich ihr den Fehler ihrer Vorgehensweise dadurch deutlich machen, dass ich sie immer wieder fragte, weswegen genau sie mich liebt.

»Weil du ein guter, lieber Mann bist, der sich von allen anderen unterscheidet, die ich bisher gekannt habe«, sagt sie. »Weil du intelligent, rücksichtsvoll und nachdenklich bist, warm und weise. Weil du so unverbrüchlich liebst und mich gelehrt hast, mal halblang zu machen und von einer Welt Notiz zu nehmen, die lange Zeit einfach an mir vorbeigerauscht ist. Es gibt so viele Gründe, Martin: dein Lächeln, die Art, wie du mich anschaust. Ich kann sie dir nicht alle aufzählen.«

Im Moment helfen mir ihre Beteuerungen allerdings wenig. Ich kann nicht einmal entscheiden, welche Schuhe ich haben will. Sie wird erkennen, dass ich in meinem tiefsten Inneren die Welt der Erwachsenen immer noch nicht verstehe. Meine Angst vor der Welt wirkt wie eine Bürde, die unglaublich schwer auf mir lastet, wie ein Schatten, der all ihr Licht schluckt. Ich bin nicht der, für den sie mich hält. Ich bin ein Hochstapler.

»Was für ein hübscher Mann!«, sagte sie vor ein paar Tagen, als sie mich rasierte.

Joanna lächelte mich im Spiegel an, doch ich konnte ihr Lächeln nicht erwidern und erstarrte innerlich, da ich noch nie von einer Frau als Mann bezeichnet worden war. Lange schon hatte ich gehofft, diese Worte von einer Frau zu hören, gleichzeitig aber überkam mich Angst, als sie dann fielen, denn ich hatte Jahre dafür gebraucht, endlich zu akzeptieren, dass ich erwachsen bin. Als Joanna mich anschaute, schaffte ich es nicht einmal, mein eigenes Spiegelbild zu betrachten, weil ich nicht glauben konnte, was sie sagte.

»Schau dich an, Martin«, sagte sie sanft. »Bitte, schau dich einfach mal an.«

Sie hätte mir nicht gesagt, ich sei ein Mann, wenn sie die Wahrheit gekannt hätte: dass ich der Situation nicht im Geringsten gewachsen war, mich unter dermaßen vielen fremden Menschen zu befinden, als Kim und Joannas Freunde zu ihrer Geburtstagsfeier gekommen waren; dass ich im Restaurant beim Anblick von Speisekarten viele Gerichte überhaupt nicht kenne, geschweige denn, dass ich wüsste, welches ich davon wählen soll; dass ich mich fast im Minutentakt entschuldigen möchte für irgendetwas, das ich meines Erachtens falsch gemacht habe.

Es ist nicht so, als wolle ich nicht der sein, für den Joanna mich hält. Ich habe nichts anderes im Sinn, als sie zu beschützen und ihr Sicherheit zu geben. Aber während sie mich jetzt anschaut, wird mir klar, dass es nicht darum geht, was ich will; ich bin nicht die Sorte

Mann, die Joanna braucht. Sie wird sich nie auf mich verlassen können. Ich bin so erschüttert von der Welt, dass ich mich aus diesem winzigen Streifen, den ich kennengelernt und verstanden habe, zurückziehen werde.

»Martin, mein Liebster!«, sagt Joanna. »Ist alles in Ordnung mit dir?«

Mein Herz schlägt dumpf in wilder Panik, als ich den Kopf hebe. Ihr Gesicht verschwimmt vor meinen Augen, in denen sich Tränen sammeln. Es gelingt mir nicht, sie zurückzuhalten. Mitten in dem Geschäft beginne ich zu weinen, und dann spüre ich, wie sie mich in die Arme nimmt.

56
Ginger und Fred

Es gibt sehr viele Momente mit Joanna, an die ich mich erinnere, und dies ist einer davon. Es ist ungefähr elf Uhr abends, und wir befinden uns auf dem Trafalgar Square im Herzen Londons. Nachdem wir den Tag mit dem Besichtigen von Sehenswürdigkeiten und einem Theaterbesuch verbracht haben, sind wir jetzt mitten auf diesem gewaltigen Platz gelandet. Über uns steht Admiral Nelson auf seiner Säule und wacht über London. Beschützt wird er durch vier imposante Löwen, und daneben gibt es einen Springbrunnen, der nachts beleuchtet ist. Endlich ist es dunkel. In England geht die Sonne um diese Jahreszeit erst sehr spät unter, doch jetzt ist der Himmel über uns schwarz. Wir müssen bald aufbrechen, doch vorher ist da noch etwas, das wir tun müssen.

In meinem Kopf schwirrt es von all den Bildern der vergangenen zwei Wochen, Momentaufnahmen, die ich mit mir nehmen werde, wenn ich abreise: Wie ich Joanna zum ersten Mal auf meinen Armen trage, als wir schwimmen gehen und das Wasser mich so weit unterstützt, dass ich sie halten kann; wie wir das Yorck Minster betreten und mich die Schönheit der Kathedrale überwältigt – die Steine und das Licht, die Ruhe und

Beschaulichkeit –, während ich ihre Hand in meiner spüre; wie wir zusammen in einem Rosengarten sitzen und im Sonnenschein zu Abend essen; wie ich den Duft frischen Kaffees einsauge, während Joanna mir gegenübersitzt und ich begreife, dass wir endlich zusammen sind. Es gilt unendlich viele Erinnerungen festzuhalten: neben ihr einzuschlafen, obwohl sich auf der Kinoleinwand Schauspieler anbrüllen; ihr ins Gesicht zu lachen, als sie harten schottischen Whisky hinunterzuspülen versucht; das Lächeln in ihrem Gesicht, als wir zusammen im Sherwood Forest sitzen.

Jetzt schweigen wir und blicken uns an. Vor unserer Begegnung haben wir von so vielen Dingen geträumt, die wir tun wollten, und das hier war einer dieser Träume. Ich nehme ihre Hand und stoße mich mit dem Fuß vom Boden ab. Langsam gleite ich in meinem Rollstuhl voran und führe Joanna im Kreis um mich herum. Ich schaue sie an und weiß, dass sie dieselbe Musik hört wie ich. Es ist eine fröhliche Weise – nicht zu schnell, nicht zu langsam. Sie lacht, während sie herumwirbelt, und ihr Haar beginnt in der leichten Brise zu schweben. Freude durchflutet meinen Körper. Wir tanzen.

57
Abreise

Falls ich irgendwann geglaubt haben sollte, Joanna sei ein Traum, dann ist jetzt der Zeitpunkt gekommen, in dem ich ganz sicher weiß, dass sie Realität ist. Es tut mir weh, als ich sie weinen sehe. Heute verlasse ich England, und es wird zwei Monate dauern, bis wir uns in Kanada wiedersehen werden. Während ich sie betrachte, sage ich mir, dass wir nach vorne schauen müssen, mit Blick aufs Jahresende, wenn sie über Weihnachten nach Südafrika fliegen wird, und danach kehren wir nach England zurück, um unser gemeinsames Leben zu beginnen. Diese Entscheidung haben wir getroffen, doch vorerst werden wir niemandem davon erzählen, bis wir unsere endgültigen Pläne gemacht haben. Dennoch erscheint alles unendlich fern, als ich Joannas Wange küsse. Sie richtet sich schweigend auf und wischt ihre Tränen weg.

»Was werde ich nur ohne dich tun, Liefie?«, fragt sie und beugt sich nach vorne, um mir einen Kuss zu geben.

Ich schaue sie an und weiß, dass sie alles versteht, was ich sagen möchte.

Dann reißt sie sich los und steht seufzend auf. »Ich bringe das Gepäck in den Wagen«, sagt sie. »Wir müssen uns bald aufmachen.«

Ihre Finger gleiten langsam aus meiner Hand, als wolle sie so lange wie möglich mit mir verbunden bleiben. Doch wir wissen beide, dass wir uns ins Unvermeidliche fügen müssen, als sie das Zimmer verlässt. Mein Herz fühlt sich wie ein Stein in meiner Brust an, während ich in den leeren Flur schaue, aber nach all den Beschwichtigungen, die sie mir hat zuteil werden lassen, muss ich mich Joanna gegenüber tapfer zeigen.

»Ich weiß, dass es nicht immer so sein wird«, sagte sie mir, nachdem ich ihr meine Angst gebeichtet hatte, sie habe sich unklugerweise für einen Mann entschieden, den ihre Welt so verwirrt und orientierungslos gemacht habe. »Dies war doch ein erster Besuch, und dir blieb gar nichts anderes übrig, als verwirrt zu sein. Ich bin sicher, dass es nicht ewig andauern wird, denn du wirst dich an das hiesige Leben gewöhnen. Und ich weiß, was für ein starker und fähiger Mann du bist, Martin. Schau dir doch nur an, was du alles geschafft hast. Bitte lass nicht zu, dass du durch diese Reise an dir selbst zu zweifeln beginnst.«

Als sie mich anlächelte, war mir klar, dass es mir nie zu viel werden würde, mit ihr an einem Tisch zu sitzen und zu reden. Es ist eines unserer größten gemeinsamen Vergnügen, und häufig sind wir die Letzten, die ein Restaurant verlassen.

»Gut gemacht, mein Sohn!«, sagte eines Tages ein alter Mann zu mir, als er an unserem Tisch vorbeikam und Joanna und mich reden sah.

Wir schauten ihn beide an und wussten nicht recht, was er gemeint hatte.

»Dass du dein Alphabet gelernt hast!«, sagte er und deutete auf meine Alphabettafel.

Doch unser Gelächter scheint jetzt so lange zurückzuliegen, als ich meinen Kopf wende und mich im leeren Zimmer umschaue. Ich spüre schon jetzt den Schmerz, wenn ich Joanna vermisse. Ich versuche ihn zu unterdrücken. Ich darf mich ihm nicht hingeben. Ich muss ihr gegenüber tapfer bleiben. Doch der Schmerz wird immer stärker. Innerhalb von zwei Wochen hat sich alles geändert. Ich habe mich daran gewöhnt, jeden Morgen als Erstes sie zu sehen, am Abend als Letztes wieder sie, und tagsüber wieder und wieder ihre Berührung zu spüren. Jetzt muss ich zurück in mein altes Leben. Doch wie soll das gehen, nachdem ich so lange darauf gewartet habe, sie zu finden?

Meine Brust zieht sich zusammen, und der Schmerz wird immer heftiger. Ich verschlucke mich fast, als ich ein gedämpftes Geräusch höre, ein ersticktes Keuchen vor Schmerz. Es kommt aus dem Nichts. Ich schaue mich um. Das Zimmer ist leer. Ich war es, der das Geräusch machte. Es ist das erste Geräusch, das ich mich selbst habe machen hören. Es ist der aus den tiefsten Tiefen kommende Aufschrei eines verwundeten Tiers.

58
Scheideweg

Diese Aussprache hatte seit meiner Rückkehr in der Luft gelegen wie ein Raubvogel, der nur darauf wartet, hinabzuschießen.

»Du bist einfach verschwunden«, sagt mein Vater, als er sich mir gegenüber hinsetzt. »Du hättest uns wenigstens sagen können, wo du bist und was du tust. Deine Mutter war außer sich, als wir nichts von dir hörten.«

Ich glaube nicht, dass er wirklich mit dem Herzen bei diesem Gespräch ist, aber ich habe damit gerechnet, nachdem Kim mich kurz vor meiner Abreise aus England zur Seite genommen hatte.

»Mam und Dad haben sich richtig Sorgen gemacht«, sagte sie. »Und Dad war stocksauer, dass du dich am Vatertag nicht gemeldet hast.«

Ich hatte meine Zweifel, ob das ganz der Wahrheit entsprach. Meine Eltern wissen immer über alles Bescheid, was ich gerade tue und wo ich wann gerade bin, aber ich glaube, meiner Mutter wäre es viel mehr an die Nieren gegangen, wenn ich meine Familie zum ersten Mal vergessen hätte. Allerdings ist mein Kopf dermaßen mit der Zukunft beschäftigt, dass ich mir kaum Gedanken über die Gegenwart mache, als mein Vater mich zur Rede stellt.

Joanna und mir bleiben wieder einmal nur das Internet und das Telefon, und ich frage mich, wie wir die ersten sechs Monate nach unserem ersten Kontakt überhaupt überleben konnten. Und jetzt ist es noch um vieles härter, von ihr getrennt zu sein, als es vor unserem Treffen schon war.

Doch statt mich total verrückt zu machen, indem ich jeden Tag jede einzelne Stunde herunterzähle, bis es endlich nach Kanada geht, versuche ich mich mit anderen Dingen zu beschäftigen. Meine größte Ablenkung ist ein Ring, den ich für Joanna anfertigen lasse. Es ist die Kopie eines Exemplars, das sie billig erstanden hat, aber sehr gerne mag, und ich habe den Juwelier gebeten, dafür echtes Gold zu verwenden, überzogen mit einem Muster ineinander verschlungener Blätter und verziert mit winzigen Smaragden. Den werde ich Joanna an jenem Tag überreichen, an dem ich sie bitte, meine Frau zu werden.

»Martin?«

Mein Vater schaut mich an.

»Hörst du mir zu?«

Manchmal bin ich ganz froh, nichts sagen zu müssen.

»Gut, dann stimmst du also zu, dass du eine Verantwortung hast, den anderen mitzuteilen, wie es dir geht?«, fragt er. »Ich weiß, dass du wichtigere Dinge zu tun hattest, als du unterwegs warst, aber du hättest uns wenigstens informieren müssen.«

Ich nicke.

Die Miene meines Vaters entspannt sich ein wenig, als er aufsteht und geht. Für den Moment ist er beruhigt. Seine Welt ist wieder in Ordnung, da ich nach Hause zurückgefunden habe. Als er das Zimmer verlässt, wird mir zum ersten Mal bewusst, wie hart es meine Eltern treffen wird, wenn ich ihnen eröffne, dass ich nach England ziehe, um dort mit Joanna zu leben. Ich verlasse ja nicht nur das Zuhause, ich ziehe ans andere Ende der Welt. Während Teenager vielleicht gedankenlos gegen ihre Eltern angehen, wenn sie sich ihre Freiheit erkämpfen wollen, kann ich nicht so tun, als wüsste ich nicht, dass sich auch das Leben meiner Eltern für immer verändern wird, wenn ich einen neuen Lebensweg einschlage.

59
Geständnisse

Mir war gar nicht bewusst, dass sich die Inhalte von Träumen ständig ändern, bis ich mal auf meine eigenen achtete und dabei feststellte, wie gravierend sie sich von den früheren unterschieden. Diese Veränderung hatte ich bemerkt, als Joanna und ich in Kanada waren. Im Rahmen des Kongresses hatten wir an Diane Bryens Traum-Workshop teilgenommen, den ich nach jenem ersten im Kommunikations-Institut noch mehrere Male mitgemacht hatte.

»Wovon soll ich träumen, wenn es nach dir geht?«, hatte Joanna gefragt, als wir wieder mal zusammengluckten.

Ich erinnerte mich an all die Male nach der Begegnung mit Diane, dass ich mich gefragt hatte, welchen Traum zu träumen ich mir zutraute. Als ich mir diese Frage zum ersten Mal stellte, ging es mir nur darum, besser kommunizieren und mich in die Welt begeben zu können. Nachdem ich das erreicht hatte und zu arbeiten begann, träumte ich von einem Leben mit größerer Unabhängigkeit und davon, jemanden zu finden, mit dem ich dies teilen konnte. Jetzt habe ich Joanna gefunden, und ihr Traum ist auch meiner: unsere Hochzeit und ein gemeinsames Leben.

Diese Dinge sind jetzt schon beinahe in Reichweite, denn seit ich aus England zurück bin, bemühe ich mich um ein Visum für den Umzug nach Großbritannien. Meine Eltern wissen, dass das Verfahren läuft, ebenso wie mein Bruder David, doch wir haben noch über keinerlei Einzelheiten gesprochen, da ich mich sehr zurückhalte, meine Pläne mit ihnen zu besprechen, bevor diese nicht unter Dach und Fach sind. Während des Traum-Workshops wurde mir jedoch klar, dass ich den anderen Teilnehmern erzählen müsse, welche Erwartungen ich an mein Leben habe, und so sagte ich ihnen, Joanna und ich wollten heiraten.

Die Nachricht verbreitete sich wie ein Lauffeuer, denn unter den Wissenschaftlern und Fachleuten, den anderen Benutzern und deren Familien innerhalb der AAC-Gemeinschaft bin ich sehr bekannt. Obwohl ich befürchtet hatte, manch einer könne mir vielleicht verübeln, dass ich mein Leben in Südafrika und alles, was ich dort an Arbeit geleistet habe, aufgebe, reagierten meine Freunde und Kollegen positiver, als ich zu hoffen gewagt hatte. Wir feierten alle gemeinsam, und seitdem zähle ich nur noch die Wochen, bis ich nach England reisen kann.

Natürlich wird es mir alles andere als leichtfallen, meine Eltern zu verlassen, und die Vorstellung, mich bald von Kojak trennen zu müssen, ist nahezu unerträglich – schließlich waren wir unzertrennliche Freunde. Obwohl Joanna sich nach einer Möglichkeit erkundigt hat, ihn mit nach England zu nehmen, wissen wir beide, dass es keinen Sinn hat, denn sechs Monate Quarantäne würde er nicht überstehen. Ich bin sicher, dass Mam und Dad damit einverstanden sind, wenn er bei ihnen bleibt, weil sie ihn inzwischen schon fast in ihr Herz geschlossen haben, aber dennoch graut mir vor dem Moment, mich von Kojak verabschieden zu müssen.

Ich habe es immer vor mir hergeschoben, meine Eltern in unsere Pläne einzuweihen, da diese vorher ganz konkret sein sollten. Jetzt sind sie es endlich. In ein paar Wochen kommt Joanna über Weihnachten nach Südafrika, und danach fliege ich zusammen mit ihr zurück nach England. Deshalb kann ich das Unausweichliche nicht länger hinauszögern, und ich habe vor, meinen Eltern noch heute Abend zu sagen, dass ich Joanna einen Heiratsantrag machen möchte, sobald sie hier ist.

»Ich möchte mit euch reden«, sage ich ihnen, als wir zu dritt im Arbeitszimmer an unseren Tischen sitzen.

Erwartungsvoll schauen sie mich an, und ich denke an all die Stunden, die wir zusammen in diesem Zimmer verbracht haben. Zuerst haben wir nach Kommunikationsgeräten gesucht, und danach haben wir sie ausprobiert. Später war das Arbeitszimmer vollgestopft mit Pappkartons voller Gerätschaften, und ich schaute zu, wie meine Eltern geduldig Software auf dem Computer installierten. Ich erinnere mich an meine Verwunderung, als mir klar wurde, dass ich bald in der Lage sein würde, ganz viele Wörter zu sagen, und an all die

Monate, in denen meine Mutter hier Stunden um Stunden, Wochen um Wochen mit mir saß und mir half, das Kommunizieren zu lernen, und an die Begeisterung, die Mam und Dad elektrisierte, als sie zuschauten, wie ich behutsam genügend viele Symbole anklickte, um zum ersten Mal einen ganzen Satz zu sagen.

Beide waren furchtbar stolz, als mir der Job im Gesundheitszentrum angeboten wurde, und als sie erfuhren, dass ich an dem Universitätskurs teilnehmen durfte. Bei jedem kleinen Schritt auf meiner Reise in die große Welt waren sie an meiner Seite: Sie begleiteten mich zu Kongressen, Konferenzen und Meetings, füllten Formulare aus und halfen mir bei Reisen; sie hörten sich Vorlesungen mit an, standen neben mir, wenn ich Leuten vorgestellt wurde; sie sprachen mir Mut zu, wenn ich aufgeben wollte, und sie feierten meine Erfolge. Außerdem kümmerten sie sich Tag für Tag um jedes einzelne meiner täglichen Bedürfnisse, egal ob zu Hause oder unterwegs. Statt in einen behaglichen mittleren Lebensabschnitt hinüberzugleiten, widmeten sie sich der Aufgabe, für mich zu sorgen, und ich kann nur hoffen, dass sie Verständnis dafür haben, wenn ich sie jetzt verlasse.

Nach meiner Rückkehr aus England habe ich beobachten können, wie ihre Vorbehalte bezüglich Joanna langsam schwanden. Sie sehen jetzt ein, dass unsere Beziehung echt ist, und sie sind froh, dass ich jemanden gefunden habe, den ich gernhaben kann. Meine Mutter sagte mir, sie habe mich noch nie so glücklich gesehen. Meine Eltern erkundigen sich nach Joanna, chatten manchmal mit ihr über Internet, und sie freuen sich darauf, sie Weihnachten bei uns zu haben. Jetzt hoffe ich nur noch, dass sie sich auch freuen werden, sie auf Dauer in unserer Familie willkommen heißen zu können. Und ich hoffe auf ihr Verständnis, dass ich sie verlassen muss, um ein neues Leben, ein Leben mit Joanna, zu beginnen.

»Worum geht es?«, fragt Mam, während sie und Dad sich neben mich setzen. »Ist etwas passiert?«

Ich habe etwas vorbereitet, das ich ihnen sagen möchte, und sie schauen mir zu, wie ich den Knopf drücke, der die Mitteilung auf dem Bildschirm erscheinen lässt.

»Es gibt da etwas, das ich euch verkünden möchte, und ich hoffe, es macht euch glücklich«, lesen sie.

Keiner von beiden sagt ein Wort, während sie sich in das vertiefen, was ich ihnen mitteilen möchte.

»Wie ihr wisst, lieben Joanna und ich uns sehr, aber es gibt da noch etwas, das ihr erfahren müsst. Wenn Joanna im Dezember zu uns kommt, werde ich sie fragen, ob sie mich heiraten will, und wir haben vor, nach Weihnachten gemeinsam nach England zu gehen. Wir haben monatelang darüber geredet, und ich weiß, dass es der richtige Schritt für mich ist. Ich hoffe, ihr freut euch für mich.«

Ich greife in meine Tasche und hole den Ring heraus,

den ich für Joanna habe anfertigen lassen. Meine Eltern starren ihn an, und einen Moment lang verschlägt es ihnen die Sprache.

»Der ist wunderschön!«, sagt Mam schließlich. »Oh, Martin! Das ist fantastisch!«

Sie beginnt zu lachen, und mein Vater lacht auch. Ich bin unglaublich erleichtert.

»Gratuliere, Junge!«, sagt Dad und legt den Arm um mich. »Das ist wirklich eine tolle Nachricht.«

Er beugt sich zu mir herüber. »Wir sind richtig stolz auf dich!«, sagt er.

Meine Eltern sind glücklich. Sie haben begriffen, dass die Zeit gekommen ist, mich loszulassen. Und ich bin unendlich erleichtert.

60
Auf, auf und davon

Draußen ist es noch dunkel, und ich warte auf Joanna, damit sie mich anziehen kann, aber bald wird die Sonne aufgehen. Ich habe ihr gesagt, dass wir etwas Besonderes machen werden, doch sie weiß nicht, was es ist. Ich habe ihr nur geraten, leichte Baumwollsachen anzuziehen, da es schnell heiß werden könnte. Es ist Dezember, und tagsüber haben wir oft eine Affenhitze. Joanna ist gerade angekommen, um ihren Weihnachtsurlaub zu machen, und wir verbringen ein paar gemeinsame Tage auf einer Farm im Busch. Vier Monate ist es her, dass wir uns das letzte Mal gesehen haben, und ich weiß, sie ist genauso dankbar wie ich, dass wir uns nie mehr trennen müssen. Am zweiten Weihnachtsfeiertag – nur sechs Tage, bevor sich unser erster Kontakt jährt – fliegen wir nach England, um unser neues Leben zu beginnen.

Der Ring, den ich für Joanna habe anfertigen lassen, steckt in meiner Tasche und ist mit einem Baumwollfaden an meinem Hosenbund befestigt, sodass er nicht verloren gehen kann, falls meine zittrigen Hände ihn fallen lassen sollten, wenn ich sie bitte, mich zu heiraten. Ich kann kaum glauben, dass ich hier sitze, um ihr bald einen Antrag zu machen. Ist es wirklich wahr?

Kann sich mein Leben derart verändert haben, oder ist es nur ein Traum wie jene, in denen ich mich wochenlang zu verlieren pflegte, als ich noch ein Geisterjunge war? Ich wage es nicht, mich zu kneifen, denn dann könnte ich ja aufwachen, und das möchte ich auf gar keinen Fall.

Joanna ist vor drei Tagen angekommen, und nachdem sie meine Eltern kennengelernt hatte, nahm sie mich mit zu der Farm ihrer Mutter, auf der diese lebt. Über mehrere Monate hinweg hatte ich Joannas Mutter bereits Briefe geschickt, da ich wusste, dass ich sie eines Tages um die Hand ihrer Tochter bitten würde, und jetzt hatte ich ihr das abschließende Schreiben überreicht.

»Ich möchte Joanna bitten, mich zu heiraten«, stand darin. »Doch vorher bitte ich Sie darum, uns Ihren Segen zu geben.«

Unendlich lange sagte ihre Mutter nichts, dann lächelte sie mich an. Sie ist eine großmütige Frau, die wahre Liebe erkennt, wenn sie ihrer ansichtig wird – selbst wenn sie in einer Form kommt, die manche Leute nicht akzeptieren.

Ich blicke hoch und lächle, als Joanna den Raum betritt.

»Ich bin fertig«, sagt sie und kommt auf mich zu.

Im Halbdunkel zeichnet sie sich als Silhouette gegen die weiße Wand ab. Mein Herzschlag setzt für einen Moment aus. Sie ist so wunderschön.

Wir begeben uns nach draußen an die kalte Luft und steigen in den Wagen, den wir gemietet haben. Ich sage Joanna, wohin sie fahren muss, doch als wir tiefer in den Busch kommen, fragt sie nicht mehr nach dem Weg. Weiß sie, was ich vorhabe, oder glaubt sie, dies sei nur wieder eine dieser alltäglichen Überraschungen, die ich ihr häufig biete?

Als wir über eine staubige Piste auf eine Lichtung in der Savanne zufahren, erkenne ich vor uns auf der Erde liegend die schlappe Hülle eines Heißluftballons. Joanna hatte sich immer gewünscht, sich die Erde von oben anzuschauen, und sie lacht, als ihr klar wird, was sie erwartet.

»Ich fasse es nicht, was du auf die Beine gestellt hast!«, sagt sie, bevor sie mir einen Kuss gibt.

Wir steigen aus. Der zuständige Ballonfahrer für unsere Fahrt wartet im grauen Morgenlicht, und schon bald beginnen die orangefarbenen Brenner die Dunkelheit zu erhellen, während am Horizont die ersten Streifen des morgendlichen Lichts erscheinen. Die Sonne geht auf, und bald werden wir sie aus der Höhe betrachten können. Joanna und ich sehen zu, wie der Ballon langsam aufgeblasen wird und sich von der Erde erhebt. Dann ist es so weit, und wir können in die Gondel einsteigen. Ich sitze auf einem hohen Stuhl, sodass ich mich auf einer Höhe mit Joanna befinde, und halte mich an einer Seite des Korbs fest, während sie nach mir einsteigt.

Der Ballonfahrer lächelt, um uns wissen zu lassen, dass wir startklar sind, und die Gondel löst sich langsam von der Erde. Ich beobachte Joannas Gesicht, als wir in die Höhe schweben. Sie lacht und starrt auf den Busch, der unter uns verschwindet. Wir steigen höher hinauf, und ich schaue zum Horizont. Es wird bereits heller. Der Himmel ist rosafarben, und die gedeckten Farben des Buschs unter uns nehmen erste Tupfer von Grün und Braun an. Die Erde rauscht davon, während ich auf die Stille lausche. Hier oben ist es so ruhig, dass wir als einzige Geräusche den Brenner des Ballons und einen gelegentlichen Vogelruf vernehmen.

Joanna und ich legen die Arme umeinander, während die Sonne immer höher steigt – hellweiß hinter grauen Wolken, dann die Dunkelheit rosa ausleuchtend, mit orangefarbenen Lichtstrahlen dazwischen. Der Horizont vor uns, der vorher schwarz war, nimmt durch die Sonne nach und nach einen goldenen Farbton an, und wir können die Erde unter uns sehen: einen Fluss, Bäume und einen Wasserfall, der in ein Tal stürzt, galoppierende Zebras, trinkende Gnus und Warzenschweine an einem Wasserloch, Giraffen, die sich Blätter von den Bäumen zupfen.

»Mein Gott, ist das schön!«, sagt Joanna überwältigt.

Der Augenblick ist gekommen. Ich greife in die Tasche und hole mein Handy hervor. Auf ihm habe ich eine Nachricht aufgezeichnet, mit Worten, die ich Joanna hören lassen will. Sie schaut mich erstaunt an, als ich ihr winzige Kopfhörer reiche, die sie sich in die Ohren steckt, und dann drücke ich auf den Knopf.

»Es gibt keine Worte, in welcher Sprache auch immer, die wirklich ausdrücken können, was ich für dich empfinde«, sage ich. »Du bist in mein Leben getreten und gabst ihm einen Sinn. Du hast meine bis dahin graue Welt mit kräftigen Farben überflutet, und mir ist, als habe ich dich schon immer gekannt. Es ist, als stünde die Zeit still, wenn wir zusammen sind. Du verleihst meinem Herzen nicht nur einen Grund, zu schlagen, sondern zu jubilieren und zu jauchzen.«

Sie schaut mir lächelnd in die Augen, und ich drücke ihre Hand.

»Mit jedem Tag wird meine Liebe zu dir stärker und tiefer, reicher und inniger, denn du bist innerlich und äußerlich wunderschön«, sage ich. »Und auch wenn das Leben nicht immer Milch und Honig bereithält – und zuweilen müssen wir auch etwas Salz essen –, so weiß ich doch ganz sicher, dass ich es ohne dich nicht aushalte und dass ich nicht einen Moment meines Lebens ohne dich verbringen möchte. Du bist meine Seelenverwandte, meine beste Freundin, mein Kumpel, meine Geliebte, mein Fels und meine Stärke, mein sanfter Ort, an dem ich mich in dieser verrückten Welt fallen lassen kann. Und deshalb möchte ich dich halten, dich hochschätzen, für dich sorgen, dich beschützen und dich mit allem lieben, das ich habe. Willst du mir die Ehre erweisen, mir das enorme Privileg gönnen, den

Rest deines Lebens mit mir zu teilen und meine Frau zu werden?«

Ich schiebe meine Hand in die Tasche und hole den Ring hervor. In Joannas Augen glänzen Tränen, als ich ihn ihr hinhalte – ein an einem Faden hängender goldener Ring, der im Morgenlicht glitzert.

Sie beugt sich zu mir herüber. »Ja, mein Liefie«, sagt sie. »Ich werde stolz sein, deine Frau zu sein.«

Sie küsst mich lange und innig, bevor sie sich von mir löst. Ich schließe sie in meine Arme, und wir schauen zum Horizont. Er breitet sich endlos vor uns aus.

61
Abschied

Der Umzugskarton steht in der gegenüberliegenden Zimmerecke, aber ich bin mir nicht sicher, ob ich den Inhalt sehen will. Der Karton ist bis oben hin voll mit Lego-Sachen, die ich als Kind so sehr geliebt habe. Doch besitze ich wieder die Kraft, das Phantom des Geisterjungen zu beschwören und zu sehen? Im Laufe der letzten Tage bin ich ihm so oft begegnet, dass ich nicht sicher bin, ob ich ein erneutes Aufeinandertreffen überstehe.

Joanna und ich packen für den Umzug nach England. Wir sind sowohl die normalen Gebrauchsgegenstände als auch jene Kartons durchgegangen, die meine Eltern all die Jahre aufbewahrt haben, in denen sich vieles von dem verbirgt, was mir widerfahren ist und entmutigende Erinnerungen an die Vergangenheit wachruft: alte Röntgenaufnahmen und medizinische Gutachten zusammen mit den Handschienen, die meine Finger früher daran hinderten, sich zu Klauen zusammenzurollen; ein altes Polster, das als Auflage für die Lätzchen diente, die meinen Speichel auffingen. Während jedes Teil alte Erinnerungen in mir aufkommen lässt, hat es für Joanna meine Geschichte zum ersten Mal lebendig werden lassen. Sie hat mich ja erst kennengelernt, nachdem ich körperlich bereits erheblich kräftiger geworden war, doch jetzt kann sie sich ein Bild davon machen, wie es damals um mich stand und wie weit die vergeblichen Hoffnungen meiner Eltern gingen, deutlich sichtbar am Beispiel mehrerer Löffel mit überdimensionierten Griffen, von denen sie glaubten, mit ihrer Hilfe könne ich wieder das Greifen lernen.

Manchmal versetzte es mir einen Schock, was ich da sah, denn als ich mich mit einem rasanten Tempo auf die Welt zubewegte, verblasste die Erinnerung daran, wie krank ich tatsächlich gewesen war. Obwohl ich ahne, wie hart dies für Joanna gewesen sein muss, weiß ich gleichzeitig, dass es nur eine einzige andere Person auf dieser Erde gibt, mit der ich dies hier hätte bewältigen können. Ich hätte mich zu Tode geschämt, jemand anderen all dies sehen zu lassen, und es wäre mir zu peinlich gewesen, vor anderen zu offenbaren, welch böse Erinnerungen wieder in mir hochgekommen sind. Mit Joanna neben mir hat mich hingegen lediglich ein Gefühl der Trauer erfasst, als ich den Geisterjungen wieder auftauchen sah und erkennen musste, wie jämmerlich dessen Leben gewesen war.

Gestern eröffnete mir meine Mutter, in der Garage gebe es noch ein weiteres Lager mit Kartons, doch sowohl meiner Mutter als auch meinem Vater schien es zu widerstreben, mir diese zu zeigen. Der Grund wurde mir sehr schnell klar, als Joanna und ich sie fanden.

Während die Kartons von Kim und David die Hinterlassenschaften eines Teenager-Lebens enthielten – Tonbänder mit Musik und Schulhefte, alte Poster und Kleidungsstücke – befand sich in meinen, aufgestapelt in einer Garagenecke, vergilbt und verstaubt, nur Kinderspielzeug. Es sah aus, als sei ein Junge gestorben, und man habe sein Leben schleunigst weggepackt – und dann wurde mir bewusst, dass dies ja auch der Realität entsprach.

»Schau mal hier!«, sagte Joanna, nachdem sie einige Kartons geöffnet und darin herumgewühlt hatte. In der Hand hielt sie ein buntes Kuscheltier.

»Er hieß Popple«, sagte meine Mutter leise.

Ich blickte hoch und entdeckte sie im Eingang stehend, als habe sie Angst, die Garage zu betreten und zu sehen, was wir da noch alles auspacken würden.

»Er war Martins Ein und Alles«, sagte sie.

Ich betrachtete das Stofftier und versuchte mich an eine Zeit zu erinnern, in der ein orangefarbener Kuschelhund mit lindgrünem Haar, roten Ohren, violetter Nase und blauen Pfoten die mir liebste Sache auf der Welt gewesen war. Ich hätte mich gerne an so viele Dinge erinnert. Wie gerne hätte ich diese Art von Erinnerung, über die andere verfügen, um zu wissen, was für ein Gefühl es ist, ein Kind zu sein, das ein Spielzeug so sehr liebt, dass es dies nicht aus der Hand geben will. Doch so sehr ich mich bemühte, es gelang mir nie, auch nur den geringsten Schimmer einer Erinnerung in mein

Gedächtnis zu rufen. Dort herrscht absolute Leere – nicht mal das Fitzelchen eines Bildes, an das ich mich klammern könnte.

Dennoch war es tröstlich für mich, wenigstens den Hinweis auf eine Vergangenheit zu bekommen, von der ich mich zuweilen gefragt hatte, ob sie überhaupt existiert hatte; auch wenn mir bewusst war, welch schmerzliche Erinnerung es für meine Eltern an all das sein musste, was sie verloren hatten. Während Mam sich neben mich stellte und Joanna weitere Kartons ausräumte – ein Holzpferd, das GD für mich gebastelt hatte, das Telegramm mit der Nachricht von meiner Geburt und Schulbücher –, spürte ich den Kummer meiner Mutter. Sie sagte nichts, als Joanna ganz unten in einem der Kartons auf ein einzelnes Stück liniertes Papier stieß. Es war ein Brief an den Weihnachtsmann, den ich im Alter von acht Jahren geschrieben hatte, in akkurater und fein säuberlicher Handschrift. Ich las ihn andächtig und versuchte, mich in dem Text, den ich vor so langer Zeit geschrieben hatte, wiederzuerkennen.

Lieber Weihnachtsmann,
vielen Dank für die Geschenke, die du mir letztes Jahr gebracht hast. Das waren genau die Sachen, die ich haben wollte.
Dieses Jahr wünsche ich mir zu Weihnachten: ein Skateboard, einen Meccano-Stabilbaukasten, Lego-

Teile Raumfahrt, eine Trinkflasche und ein Tacho für mein Fahrrad, eine Solarzelle, ein Auto mit Fernsteuerung.

Lieber Weihnachtsmann, auf meinem Wunschzettel steht ein Meccano-Stabilbaukasten. Wenn du so lieb bist, mir den zu bringen, kann es dann ein elektronischer sein?

Dein ergebener Geschenke-Empfänger
Martin Pistorius

P.S.: Ich stelle dir ein Glas mit etwas zum Trinken hin, wenn ich kann, und auch etwas zu essen. Ich sage meinem Vater, er soll die Tannenbaumlichter anlassen. Unsere Strümpfe liegen neben dem Baum.
P.P.S.: Außerdem eine Walkie-Talkie-Anlage.

Ich verspürte Trauer und Freude zugleich, als ich den Brief las: Trauer, weil ich mich nicht entsinnen konnte, ein so glücklicher Junge gewesen zu sein, und Freude, weil ich einmal genau jener war. Dann schaute ich meine Mutter an und sah, dass das Gehörte ihre Gesichtszüge hatte erstarren lassen.

Keiner sprach ein Wort, während Joanna den Brief wieder vorsichtig in den Karton zurücklegte, den Deckel zuklappte und sagte: »Für heute haben wir genug getan. Lasst uns Schluss machen!«

Jetzt sind wir wieder in der Garage, und ich schaue auf den Karton, in dem sich die Lego-Sachen befinden. Als Joanna ihn öffnet, erkenne ich jede Menge Teile: manche winzig klein, andere ziemlich groß, manche kaputt, andere total schmutzig. Es sind so viele, dass der Karton fast bis zum Rand voll ist, und ich weiß, dass es mindestens noch zwei weitere solcher Kartons gibt.

»Du konntest nie genug davon bekommen«, sagt Mam. »Du hast unheimlich gerne damit gespielt. Stunden konntest du damit verbringen, irgendetwas zu bauen. Lego ging dir über alles. Du warst ein wundervoller aufgeweckter kleiner Junge.«

In ihrer Stimme schwingt Kummer mit. Fast glaube ich ihre Tränen zu hören.

»Ich hätte David nie erlauben dürfen, mit den Sachen zu spielen«, sagt sie. »Aber er lag mir ständig damit in den Ohren, und ich habe immer ›Nein‹ gesagt, bis ich es ihm dann eines Tages doch erlaubte. Er ging mit seinem Spielzeug nie so vorsichtig um wie du.«

Als sie auf den Karton starrt, ist mir klar, dass sie einen glücklichen, gesunden kleinen Jungen vor Augen hat, der einst zufrieden lächelte, während er bunte Plastiksteine zusammenfügte.

»Ich habe die Sachen deinem Bruder überlassen, weil ich mir dachte, du würdest sie nicht zurückhaben wollen«, sagt Mam leise. »Ich habe nicht erwartet, dass du jemals zu mir zurückkehren würdest.«

Als mich meine Mutter anschaut und zugibt, dass sie ihre Hoffnung aufgegeben hatte, erkenne ich, dass die

Wunden der Vergangenheit für sie in gewisser Weise noch genauso frisch sind wie damals. Während der Junge, der so begeistert mit Lego spielte, für mich lediglich ein Fremder ist, existiert er für meine Eltern noch allzu real. Er ist das Kind, das sie liebten und verloren.

62
Loslassen

Ich sitze in der Farm von Joannas Mutter auf einem Bett. In wenigen Tagen geht es nach England. Joanna packt gerade die letzten Lego-Sachen ein, nachdem sie sie gewaschen hat. Obwohl ich sie mit nach England nehme, geht es mir etwas gegen den Strich, dass meine Vergangenheit so ordentlich durchforstet und wieder verpackt worden ist. Trauer hat sich in meinem Herzen breitgemacht, seit ich mein Elternhaus verlassen habe, und mit jedem Tag lastet dieser Zustand schwerer auf mir.

Ich kann den Gesichtsausdruck meiner Mutter nicht vergessen, als sie auf meine Lego-Sachen blickte. Sie schien so verloren, so verwundet zu sein, und ich bin sicher, dass mein Vater genauso leidet, auch wenn er seine Gefühle besser verstecken kann. Ich muss ständig an sie denken, an mich selbst als den glücklichen Jungen, dem ich in den Kartons begegnet bin. Ich hatte nie eine wirkliche Vorstellung davon gehabt, wie er als Kind gewesen sein mochte, bis ich in die Kartons schaute und ein Kind sah, das Elektronik und Meccano-Baukästen liebte, dem Weihnachtsmann höfliche Briefe schrieb und seine Eltern bewunderte. Ich muss unaufhörlich an ihn denken.

Meine Tränen kommen anfangs nur langsam, fließen leise die Wangen hinab, als Joanna den Blick hebt.

»Martin!«, ruft sie.

Sie richtet sich vom Boden auf und nimmt mich in die Arme. Ich atme heftig, und meine Schultern zucken, als ich an all das denke, was meine Eltern, mein Bruder, meine Schwester und ich verloren haben. Schuldgefühle packen mich, als ich an den Schmerz denke, den ich verursacht habe, und ich habe den Wunsch, dies alles rückgängig zu machen. Wenn ich meiner Familie doch nur das einfache, glückliche Leben geben könnte, das sie verdient hat. Dann macht sich Verwirrung in mir breit, als ich mich frage, weshalb meine Eltern so lange gebraucht haben, mich zu retten. Warum haben sie nicht erkannt, dass ich zu ihnen zurückgekehrt war, und wieso haben sie mich nicht vor all dem Übel bewahrt? Schließlich weine ich über all die Liebe, die sie einem Kind zuteil werden ließen, das langsam erkrankte, über die Hingabe, die sie mir seitdem geschenkt haben, und über den kleinen Jungen, dem ich gerade erst begegnet bin und den ich nie wirklich kennen werde, so sehr ich es mir auch wünschen mag. Alles, was ich von ihm habe, sind Papierreste und altes Spielzeug, und ich weiß, dass er mir nie real erscheinen wird. Er wird ein Schatten für mich bleiben, eine Erinnerung, festgehalten als irgendjemand Unbekanntes auf einem verblassenden Foto.

Joanna umarmt mich noch heftiger, während ich weiter Tränen vergieße. Ich weine und weine, und ich kann meinen Kummer über das, was so viele Menschen verloren haben, nicht bändigen. Auch wenn mir die Umarmung von Joanna momentan nur bedingt hilft, weiß ich doch, dass sie mich nie wieder so wie jetzt trösten muss. In meinem Inneren ist ein Damm gebrochen, indem ich mich der Vergangenheit gestellt habe. Noch beweine ich sie. Doch ich hoffe ihr schon bald ein letztes »Auf Wiedersehen!« zurufen zu können.

63
Ein neues Leben

Unsere Wohnung in England ist so winzig, dass mein elektrischer Rollstuhl zu groß für sie ist. In meinem normalen Rollstuhl kann ich mich ungehindert nur auf einem schmalen Streifen im Flur bewegen, und bei dem Versuch, mit dem Wasserkocher und dem Toaster fertig zu werden, habe ich mich bereits mehrfach verbrannt. Ein Spültuch habe ich in Brand gesetzt, und zum Putzen der Küchenfliesen benutzte ich Möbelpolitur. Aber die Rennstrecke von zwei Metern Flur, die ich beherrsche, ist mein ganz persönlicher Hollywood Boulevard, der Garten, in den ich durch das Fenster hinausschauen kann, ist Alhambra, und die Küche, in der ich meine Kochversuche mache, ist das feinste Restaurant von ganz Paris. Ich hatte mich gewaltig getäuscht, die einzigen nennenswerten Herausforderungen seien am Arbeitsplatz oder im Studium anzutreffen, wo es doch im täglichen Leben nur so davon wimmelt.

In den Monaten seit meiner Ankunft in England bin ich kräftiger geworden, und in der Wohnung kann ich mich einigermaßen gut hin und her bewegen, indem ich mich mit den Füßen von den Holzdielen abstoße. Allerdings sind meine Arme noch nicht stark genug, um den Rollstuhl zu lenken, doch ich kann jetzt den ganzen

Tag lang aufrecht sitzen. Die linke Hand ist noch unbrauchbar, aber die rechte wird mit der Zeit immer zuverlässiger. Ich versuche nur ganz selten, beide zu benutzen. Stattdessen erledige ich so gut wie alles mit der rechten Hand, und meinem Körper scheint es zu bekommen, mit neuen Anforderungen konfrontiert zu werden, denn Erfolge und Misserfolge halten sich ungefähr die Waage. Das Öffnen von Flaschen fällt mir noch schwer, wohingegen mir das Einfüllen von Kaffeepulver in die Tassen jetzt gelingt; andererseits ist das Zubinden der Schnürsenkel immer noch unmöglich, während ich keine Schwierigkeiten habe, den Staubsauger auf dem Holzfußboden herumzuschieben.

Dennoch liegt noch sehr viel buchstäblich außerhalb meiner Reichweite. Ich fühle mich nutzlos, wenn ich Joanna beim Aufhängen der Gardinen zuschaue, oder ich starre auf gewisse Sachen im Geschirrschrank, die unerreichbar für mich sind. Als ich eines Abends beschlossen hatte, das Essen zu machen, versuchte ich, mithilfe eines Besens eine Tüte Mehl vom Regal zu angeln, und dann musste ich mit ansehen, wie der ganze Segen auf mich zusauste, ohne dass ich auch nur das Geringste dagegen tun konnte. Als Joanna abends nach Hause kam, fand sie mich – und die restliche Wohnung – unter einer feinen Decke Mehl vor.

Der schlimmste Fehler unterlief mir allerdings, als ich mich als Gärtner versuchte. Joanna hatte so lange nach einer Wohnung mit Garten gesucht, dass ich bestrebt war, diesen in tadellosem Zustand zu halten. Als daher der Löwenzahn strahlend gelb aus dem Gras hervorzusprießen begann, fasste ich den Entschluss, da müsse etwas geschehen. Doch nachdem ich den Löwenzahn – und den übrigen Rasen – äußerst sorgfältig mit einem Unkrautvertilgungsmittel besprüht hatte, wachten wir am nächsten Morgen auf und fanden einen gelben Rasen vor. Uns blieb nichts anderes übrig, als dessen verzweifelten Todeskampf zu verfolgen, nachdem wir begriffen hatten, was ich falsch gemacht hatte. Jetzt haben wir die Erde mit Grassamen versorgt und hoffen inbrünstig, der in England so zuverlässig fallende Regen möge den neuen Rasen inspirieren, möglichst schnell zu wachsen.

Ich arbeite freiberuflich als Webdesigner, doch die restliche Zeit verbringe ich als Hausmann in der Ausbildung. Ich genieße es, die Führung eines Haushalts zu lernen, und Joanna beklagt sich dermaßen wenig über meine Fehler, dass ich mich ernsthaft frage, ob sie überhaupt mitbekommt, wie unfähig ich bin.

»Was sollen wir nur tun?«, jammerte sie, als wir einen herausstehenden Nagel in einem unserer Autoreifen entdeckten.

Ich hatte keine Ahnung.

»Sollen wir ihn rausziehen?«, fragte mich Joanna.

Mit der Zeit wird immer deutlicher, dass sie es als gegeben voraussetzt, in meinem Inneren müsse eine lange Liste praktischer Tipps verborgen sein, aus dem einfachen Grund, weil ich ein Mann bin. Doch nachdem sich Joanna davon überzeugt hatte, dass ich keinen Rat zu bieten vermochte, bückte sie sich und zog den Nagel kurz entschlossen heraus. Als daraufhin die Luft zischend aus dem Reifen entwich und wir beobachten durften, wie dieser langsam immer mehr in sich zusammensackte, schauten wir uns an und lachten.

»Wenigstens wissen wir jetzt, was wir beim nächsten Mal zu tun haben«, sagte sie.

Doch es gab auch Zeiten, da erwies sie sich als etwas dünnhäutiger, was ihre Geduld betraf. Kürzlich wandte sie sich an mich, als wir uns an einem Wochenendmorgen gerade fertig machten, um zum Einkaufen zu fahren.

»Sollen wir zuerst in den Supermarkt oder zur Apotheke?«, fragte sie.

Ich wusste es nicht. Mir fällt es immer noch derart schwer, meine Tage zu planen, dass ich jedes Mal heilfroh bin, wenn ich Joannas Vorschlägen einfach zustimmen kann.

»Ist mir egal«, tippte ich.

Doch statt von ihrem Stuhl aufzustehen und sich normal zu unterhalten, wie sie es sonst tut, bewegte sich Joanna nicht von der Stelle.

»Was ist los?«, tippte ich auf der kleinen tragbaren Tastatur, die sie mir anstelle der Alphabettafel besorgt hatte.

»Nichts«, sagte sie.

Trotzdem rührte sie sich immer noch nicht.

»Sicher?«

»Ganz sicher.«

Schweigend saßen wir uns gegenüber.

»Ich warte«, sagte Joanna schließlich.

»Worauf?«

»Dass du dich entscheidest, was wir heute Vormittag machen. Ich bin müde, und ich möchte, dass du endlich eine Entscheidung triffst. Du bist dazu in der Lage, das habe ich gesehen, wenn du arbeitest. Bei dem Kongress in Kanada hast du alle Aufmerksamkeit auf dich gezogen, und in dem Umfeld hast du dich vollkommen unter Kontrolle: Du gibst den Leuten Anweisungen und vermittelst ihnen Sicherheit, du berätst und führst sie. Jetzt will ich endlich, dass du dasselbe auch zu Hause machst. Ich weiß, dass es ungewohnt für dich ist, aber ich habe es satt, sämtliche Entscheidungen alleine zu treffen, mein Liefie! Und deshalb bleibe ich jetzt hier sitzen, bis du beschlossen hast, was wir heute unternehmen.«

Ich wusste nicht, was ich sagen sollte. Doch als ich Joanna genauer betrachtete, wurde mir klar, dass sie den ganzen Tag warten würde, falls es sein musste.

»Was hältst du davon, wenn wir zuerst in den Supermarkt gehen?«, fragte ich schließlich.

Ohne ein Wort zu sagen, stand sie auf, und wir machten uns auf den Weg. Langsam lerne ich, eine Wahl zu treffen, was wir unternehmen oder essen sollen, zu entscheiden, ob ich Hunger oder Durst habe. Doch wenn es darauf ankommt, im Juni, also schon in ein paar Monaten, bei unserer Hochzeit eine Entscheidung zu treffen, gibt es kein Entrinnen.

Joanna ist durch ihre Arbeit so stark gebunden, dass ich einen Großteil der Vorbereitungen übernommen habe. Sie hat schon so lange von diesem Tag geträumt, dass sie inzwischen mehr als hundert vergoldete Geschirrteile gesammelt hat, die sie für unsere Gäste benutzen wollte. Doch als wir uns dann überlegten, dass so viele Leute von weit her anreisen müssten, beschlossen wir, mal etwas ganz anderes zu machen. Und so gibt es jetzt einen schlichten Gottesdienst in einer Kirche, zu dem lediglich acht Personen eingeladen werden – meine Eltern, David und Kim, Joannas Mutter und drei ihrer Freundinnen, die in England leben. Die Trauung wird also im kleinsten Rahmen stattfinden, trotzdem bleibt mit dem Essen, den Blumen, der Ausstattung, dem Transport, den Örtlichkeiten und den Menüs noch genügend zu organisieren. Tatsächlich sind dermaßen viele Details zu berücksichtigen, dass ich eine ganze Liste mit Einzelheiten aufgestellt habe, die Joanna und ich gemeinsam durchgehen, bevor wir uns entscheiden, was wir wollen.

Das Einzige, worüber ich nicht mehr nachdenken muss, ist der Ring, den ich vor meiner Abreise aus Südafrika für Joanna habe anfertigen lassen. Es ist ein breiter Reifen aus Gelbgold mit eingelassenen Diamanten und einer Filigranarbeit, die zwei eng aneinandergeschmiegte Miesmuschelschalen darstellt. Sie symbolisieren unsere Liebe. Denn nichts bringt Muschelschalen auseinander, sobald sie sich am Strand zu einer Einheit geschlossen haben – nicht einmal die Macht des Meeres.

64
Warten

In der Kirche ist es kühl und still. Am Ende des langen Kirchenschiffs, das sich vor mir erstreckt, sitzen meine Mutter, mein Bruder und meine Schwester in einer Bank; in einer anderen sitzen Freunde. Ich warte direkt neben der Kirchentür und blicke zu dem riesigen bunten Kirchenfenster empor, das sich hinter dem Altar erhebt. Ich bin froh, dass die Farben stärker zu glänzen beginnen. Heute Morgen hat es ein wenig geregnet, und ich möchte nicht, dass uns irgendetwas diesen Tag vermiest. Doch als ich den Kopf drehe und nach draußen schaue, sehe ich vor der Tür nur hellen Sonnenschein. Es ist einer dieser prachtvollen Junitage, die es nur in England zu geben scheint, mit Hecken voller prächtiger Blumen, mit in voller Blüte stehenden Rosen und einem azurblauen Himmel, der sich endlos über einem erstreckt.

Ich denke an Joanna. Seit dem frühen Morgen habe ich sie nicht mehr gesehen, nachdem sie sich zu dem Landhaus aufgemacht hat, in dem sie ihre Vorbereitungen trifft und in dem wir später alle feiern werden. Es handelt sich um einen Gutsbesitz aus georgianischer Zeit, mit Rasenflächen, die sich in feinstem Grün vor dem Herrensitz ausbreiten, und um das Gebäude herum befinden sich Lavendelbeete, in denen Bienen träge auf Honigsuche herumfliegen – ein perfekter Anblick. Keiner von uns wird diesen Tag vergessen.

Meine Mutter lächelt, als ich das Kirchenschiff hinunterblicke. Seit sie aus Südafrika eingetroffen ist, will ihr das vor Glück strahlende Lächeln nicht mehr von den Lippen weichen. Mein Bruder und meine Schwester sitzen still und ruhig neben ihr. Es tut mir gut, sie hier zu wissen. Mein Vater steht neben mir, denn er wird mein Trauzeuge sein.

»Sie wird bald eintreffen«, sagt er glucksend, als er mich anschaut. »Du brauchst dir keine Sorgen zu machen.«

Er hat ja recht. Trotzdem bin ich voller glücklicher Ungeduld, Joanna endlich zu sehen. Ich sehne es so sehr herbei, sie zu heiraten, dass ich schon vor fast zwei Stunden gekommen bin. Es beruhigt mich, zusammen mit meinem Vater zu warten. Als er mir vorhin beim Ankleiden half – Zuknöpfen des weißen Hemdes und Binden der roten Krawatte, Hineinhelfen in den pechschwarzen Anzug mit grauen Nadelstreifen und Zubinden meiner schwarzen Schuhe –, stellte ich fest, dass ich seine ruhige und gleichförmige Art heute mehr als irgendwann sonst benötige. Sie gibt mir ein vertrautes Gefühl der Sicherheit; schließlich ist sie ja auch eine meiner ersten Erinnerungen.

Ich überlege, ob Dad jetzt vielleicht an seinen eigenen Hochzeitstag denkt, während er stille Zufriedenheit ausstrahlt. Das Eheleben meiner Eltern war alles andere als leicht, und ich vermute, keiner der beiden glaubt daran, das große Glück stünde unmittelbar bevor. Sie erinnern mich an Kinder, die sich nicht vorzustellen wagen, ein Märchen könne am Ende doch noch wahr werden. Ihre Augen strahlten etwas mehr, ihr Lächeln wurde etwas breiter, als Joanna und ich ihnen unsere Wohnung und all die anderen Einzelheiten unseres hiesigen Lebens zeigten. Sie gratulierten uns zu allem.

Es ist 13.25 Uhr. Joanna wird sich jetzt in der von Pferden gezogenen Kutsche befinden, die sie zur Kirche bringt. Sie wird wie eine Märchenprinzessin aussehen, und ich bin ihr wahrlich nicht angestammter Prinz. Ich mache mir Gedanken über sie. Ist sie glücklich? Nervös? Nur noch ein paar Minuten, dann sehe ich sie. Ich blicke auf mein Sprechgerät hinab, das auf meinen Knien liegt. Es ist ein alter Apparat, den ich jetzt schon seit ein paar Jahren habe, eine ausgeklügeltere Version dieses schwarzen Kastens, den mir meine Eltern damals um ein Haar gekauft hätten. Ich benutze das Ding nicht oft, heute jedoch habe ich es bei mir, da ich das Ehegelübde sprechen muss, um es rechtsverbindlich zu machen. Offenbar muss einem das Gelöbnis laut vorgetragen worden sein, um es bindend zu machen, und ein Zeuge muss mich überwachen, um dafür zu bürgen, dass ich den Knopf für das Jawort gedrückt habe, ohne dazu genötigt worden zu sein.

Ich denke an die Worte, die ich bald sagen werde. Jedes einzelne Wort hat sich in mein Gedächtnis eingebrannt, als ich es in das Kommunikationsgerät eingab.

In guten und in schlechten Zeiten,
In Armut und Reichtum,
In Krankheit und Gesundheit,
Bis dass der Tod uns scheidet.

Nie werde ich Worte sprechen, die von größerer Bedeutung sind. Jede Silbe, jede Zeile wird in mir widerhallen, wenn ich an das Gelübde denke, das ich mit diesen Worten besiegle. Ist es möglich, dass ich knapp acht Jahre nach meinen ersten Untersuchungen und Tests hier sitze und im Begriff bin, mit Joanna den Bund der Ehe einzugehen?

Sie war es, die mich gelehrt hat, die wahre Bedeutung des Bibelworts zu erfassen, das uns während des Gottesdienstes mit auf den Weg gegeben wird: ›Nun aber bleiben Glaube, Hoffnung, Liebe, diese drei; aber die Liebe ist die Größte unter ihnen.‹ Mein Leben hat alle drei umfasst, und ich weiß, die Größte unter ihnen ist wahrlich die Liebe – in all ihren Formen. Ich habe sie als Junge und Mann erfahren, als Sohn, Bruder, Enkel und Freund, ich habe sie zwischen anderen gesehen, und ich vertraue darauf, dass sie uns Kraft gibt, auch die dunkelsten Zeiten zu überstehen. Jetzt trägt sie mich höher hinauf zur Sonne, als ich je gedacht hatte fliegen zu können.

Ich vernehme hastige Schritte.

»Sie ist da!«, ruft jemand. »Schließt die Tür!«

Mein Vater beugt sich zu mir herunter, während der Organist zu spielen beginnt. »Bist du bereit, mein Junge?«, fragt er.

Ich nicke, und er schiebt mich das Kirchenschiff hinunter, derweil mir Erinnerungsfetzen durch den Kopf gehen. Ich habe so viel gesehen. Ich bin so weit gekommen. Als ich vor dem Altar halte, höre ich leises Rascheln hinter mir. Ich wende den Kopf und erblicke Joanna. Sie trägt ein langes weißes Kleid, reich verziert mit Perlen, und ein Schleier bedeckt ihr Gesicht. Auf ihrem Arm ruht ein Bouquet roter Rosen, und sie lächelt. Mein Herz kommt zur Ruhe.

Heute werde ich nicht zurückblicken. Es ist an der Zeit, die Vergangenheit zu vergessen.

Meine Gedanken gehören der Zukunft.

Sie ist hier.

Sie kommt auf mich zu.

DANKSAGUNG

Ich möchte meiner Familie danken, die mir in nicht geringem Maße geholfen hat, jene Person zu werden, die ich heute bin. Mam, Dad, Kim und David lehrten mich vieles, nicht zuletzt zu lachen, die Bedeutung einer Familie und den unabdingbaren Zusammenhalt in guten und in schlechten Zeiten. Euch alle liebe ich innig.

Mein Dank an Pookie und Kojak für ihre bedingungslose Liebe. Sie erbrachten den Beweis, dass Hunde wirklich des Menschen beste Freunde sind.

Des Weiteren danke ich Virna van der Walt, Erica Mbangamoh, Karin Faurie, Dr. Kitty Uys, Professor Juan Bornman, Maureen Casey, Kerstin Tonsing, Dr. Michal Harty, Simon Sikhosana, Dr. Shakila Dada, Jéanette Loots, Corneli Strydom, Alecia Samuels, Professor Diane Nelson Bryen, Elaine Olivier, Sue Swenson, Cornè Kruger, Jackie Barker, Riëtte Pretorius, Ronell Alberts, Tricia Horne und Sandra Hartley für ihre Unterstützung und die Lektionen, die sie mir über den Wert von Freundschaft erteilt haben.

Es gibt noch so viele andere, die ich gerne erwähnen würde. Der Hinweis möge genügen, dass ich Freunden, Kollegen und völlig Fremden zu Dank verpflichtet bin, die mein Leben in irgendeiner Weise verändert und mir bei meiner Lebensreise geholfen haben.

All ihr Freunde und Kollegen vom Institut für augmentative und alternative Kommunikation, ich danke euch für eure Hilfe, die Unterstützung und die Jahre, die wir zusammen verbracht haben. Ich möchte auch Gott danken, ohne den ich heute nicht hier wäre, und für alle Segnungen, die mir zuteil wurden und die ich weiterhin empfange.

Dank auch an Cilliers du Preez, der mir bei Computerproblemen immer zur Seite stand, an Albie Bester bei Microsoft South Africa sowie Paul und Barney Hawes und all die anderen Leute bei Sensory Software, die stets bereit waren, mir zu helfen, wenn Not am Mann war.

Schließlich danke ich Ivan Mulcahy, der nie weiter als eine E-Mail von mir entfernt war, Kerri Sharp bei Simon & Schuster, die an meine Geschichte glaubte, und zu guter Letzt danke ich Megan Lloyd Davies für die Stunden harter Arbeit und die Reise, die das Schreiben dieses Buchs bedeutete.